Jana Raile / Hannelore Sommer

Und wenn sie nicht gestorben sind …

Jana Raile / Hannelore Sommer

Und wenn sie nicht gestorben sind …

Märchen als Wegbegleiter für Abschied, Tod und Trauer

Kreuz

Trotz intensiver Bemühungen war es dem Verlag leider nicht in allen Fällen möglich, den jeweiligen Rechtsinhaber ausfindig zu machen. Für Hinweise sind wir dankbar. Rechtsansprüche bleiben gewahrt.

Bibliografische Information der Deutschen Bibliothek
Die Deutsche Bibliothek verzeichnet diese Publikation in der Deutschen Nationalbibliografie; detaillierte bibliografische Daten sind im Internet über http://dnb.ddb.de abrufbar.

Postfach 80 06 69, 70506 Stuttgart

www.kreuzverlag.de

Umschlaggestaltung: Bergmoser + Höller Agentur, Aachen
Umschlagbild: © waldhäusl
Satz: de·te·pe, Aalen
Druck: GGP Media GmbH, Pößneck

ISBN 978-3-7831-2956-4

Inhalt

Für Lisa

Vorwort

Es gibt nichts in der menschlichen Existenz, das das Märchen nicht schildern würde. Der Tod gehört zum Leben wie die Nacht zum Tag, auch wenn diese Vorstellung vielen Menschen heute fremd geworden ist, sie sogar ängstigt. Das Märchen weiß, dass Nicht-Sterben-Können einem Fluch gleichzusetzen ist, dass der Tod nichts Endgültiges bedeutet, sondern ein Tor zu neuem Leben.

Unser Verhältnis zum Tod ist ein unnatürliches geworden. Er wird aus dem Bewusstsein ausgeklammert und tabuisiert. Wird er in Kunst und Literatur dargestellt, so tritt er als der schreckliche, sensenschwingende Knochenmann auf. Aus den Märchen der Brüder Grimm ist uns die Gestalt des »Gevatter Tod« bekannt. Obwohl dieser Text nichts über sein Aussehen berichtet, wird er in Illustrationen als furchteinflößendes Skelett gezeigt.

Tod bedeutete Strafe und Verdammnis. Er galt als »der Sünde Sold«. Auch wurde dem Tod der Part des Teufels zugeordnet. Noch beängstigender ist die Schreckensvision vom Todesschlaf bis zum Jüngsten Tag. Das abendländische Denken ist durch diese Einflüsse von der Angst vor dem Tod beherrscht. Doch in den Märchen sind viele Motive enthalten, die uns den Tod so zeigen, wie wir ihn eigentlich sehen sollten: als Freund, mit dem wir ein neues, ein anderes Leben beginnen; als Erlöser von dem irdischen Leben, dessen wir überdrüssig geworden sind; als Geleiter in die Jenseitswelt, die wir erst nach einem Trank vom Wasser des Todes und des Lebens betreten dürfen. Im Märchen ist der Tod ein Teil des Lebens, der den Übergang in eine andere Form des Daseins einleitet.

Schon seit Urzeiten beschäftigen sich die Menschen mit dem Tod. Der Glaube, dass die Seele unsterblich sei und nach dem Sterben den Körper verlasse, verbindet die verschiedensten Religionen miteinander. Die Märchen erzählen in der Symbolsprache von solchen Vorgängen und Erlebnissen.

Viele Märchen warnen davor, sich gegen die ewigen Gesetze des Lebens zu stellen. Wer diese nicht befolgt, muss das irdische Leben verlassen und den Jenseitsbereich betreten. In Märchen und Mythen sind Geburt und Tod in einer Person verkörpert.

Der Mensch ist sich bewusst, dass er einmal sterben wird, er weiß jedoch nichts darüber, was ihn im Jenseits erwartet. Diese Unsicherheit lässt die Menschen an vielfältige Bilder glauben, die sich auch in Angst, Sehnsucht und Hoffnung zeigen.

Der Tod tritt uns aus den Märchen in vielerlei Gestalt und mit wechselnden Gesichtern entgegen. Die Fantasie der Menschen schafft bis heute neue Bilder und Metaphern, die den Tod und dessen Überwindung zum Inhalt haben. Wie eng die Verbindung von Leben und Tod ist, dass der Tod eine Metamorphose zu neuem Leben bedeutet, zeigen viele Märchen, die auch in diesem Buch zu lesen sind und gedeutet werden.

Im Märchen ist der Tod kein endgültiger Zustand. Es kann auch helfen, die Grundangst des heutigen Menschen vor dem Tod zu bewältigen und sie zu überwinden. Das Märchen fordert in seiner Symbolsprache dazu auf, das eigene Leben zu leben und dem Tod als Freund begegnen zu lernen.

Im April 2007, Sigrid Früh

Einführung

Ich war 19 Jahre jung und begleitete im Rahmen meiner Ausbildung als Krankenschwester eine 20-jährige Frau auf der Intensivstation. Bettina war an die Beatmungsmaschine angeschlossen, lag im künstlichen Koma, und es war nur eine Frage der Zeit, wann sie von uns gehen würde.

Ihr Verlobter stand am Bett, sprach mit ihr, redete von ihrer bevorstehenden Hochzeit, den gemeinsamen Kindern und ihrer Zukunft. Mir schien das alles so aussichtslos. Wollte er nicht verstehen, dass sie sterben wird? Ihre Eltern weinten und beteten für sie. Auch sie hofften, dass doch alles wieder gut wird. Das Pflegepersonal hatte alle Hände voll zu tun, und so war ich als Schwesternschülerin eine gern gesehene Ansprechpartnerin für Sorgen, Hoffnungen und Ängste der Angehörigen.

Jeden Tag bei Dienstantritt stellte ich mich ans Bett von Bettina, nahm ihre Hand und erzählte ihr das Märchen »Die Sterntaler«. Ich war betroffen. Bettina war so alt wie ich. Ihr Leben sollte schon vorbei sein, während meines gerade erst begann. Damals habe ich Sterntaler für Bettina erzählt, um sie auf ihrem Weg zu begleiten. Heute glaube ich, dass ich Sterntaler vor allem für mich erzählt habe. Bettina war verlassen von der Welt. Sie lag im künstlichen Koma, sie hatte keinen Zugang zu unserer Wirklichkeit. Sie konnte uns ihre Wünsche und Vorstellungen nicht mitteilen. Alle »wollten« etwas von ihr, vor allem, dass sie wieder gesund wird und zu uns zurückkehrt. Wir Menschen forderten sie. »Gib mir etwas …« Was Bettina mir geschenkt hat, ist unbezahlbar. Sie hat mich gelehrt, loszulassen, sich hinzugeben. Schritt für Schritt erlebte ich, wie Bettina etwas von ihrem Leben hingab. Ich bin sicher, dass für sie die Sterne vom Himmel gefallen sind und sie ein neues Kleid, anders als unsere leibliche Hülle, für sich gewonnen hat. Durch das Märchen »Die Sterntaler« konnte ich Abschied von Bettina nehmen. Sicher ist es für den Sterbenden nicht leicht, alles von sich zu geben, hinter sich zu lassen. Vor allem aber für die Zurückbleibenden ist es schwer, den geliebten Menschen loszulassen. Er hinterlässt eine große Lücke.

Märchen können Lebenden und Sterbenden Begleiter auf dem Weg sein. Sie verbinden uns mit unseren Wurzeln und Traditionen. Sie sprechen in Bildern vom Werden und Vergehen. Märchen laden uns ein, den Verstand für diesen Moment zu vergessen und mit dem Herzen zu suchen.

Die vorliegende Auswahl will einladen, in die Bilderwelt der Märchen einzutauchen. Gedankenanregungen begleiten uns auf dieser märchenhaften Reise, Übungen und Fallbeispiele ermuntern zu eigenen Experimenten. Vor allem aber will dieses Buch Trost spenden in schmerzvollen Situationen und teilhaben am Menschsein.

Märchen als Wegbegleiter

Ein Essay über Krisen und Lösungen

Märchen gelten schon seit Jahrhunderten als Wegbegleiter für den Menschen. Sie erzählen von Entwicklung und Verwandlung und sind der Schlüssel zu inneren Seelenbildern und Symbolen. Die Ansätze der Märchendeutung sind vielschichtig und können schnell zu Dogmen und Kategorisierungen führen. Mir ist es deshalb ein großes Anliegen, das vorliegende Buch als Idee oder Gedankenanregung zu sehen. Wenn es mir gelingt, eigene Gedanken oder auch Gefühle wie Ärger, Wut, Unverständnis oder auch Einverständnis bei meiner Leserschaft auszulösen, so habe ich mein Ziel erreicht. Ich will Anstöße geben, Märchen für den eigenen Lebensweg zu nutzen. Das Buch soll eine Einladung sein, den eigenen Märchenfaden zu spinnen und die Märchen auf dem Lebensweg als Freund und Helfer zu nutzen.

Märchenwege

Märchen streben nach Entwicklung und Verwandlung. Stagnation bedeutet Starre, Tod. Die Darsteller werden zu Stein, fallen in einen hundertjährigen Schlaf oder liegen im gläsernen Sarg und harren auf Erlösung. Leben ist ständige Veränderung. Es ist wissenschaftlich erwiesen, dass alles Leben immer in Bewegung ist, und doch sehnt sich der Mensch nach Beständigkeit. Was sich einmal bewährt hat, soll so bleiben. Wenn wir verliebt sind, hoffen wir, dass dieses Prickeln nie mehr aufhört, wenn wir einen schönen Abend mit der Familie verbracht haben, wollen wir, dass auch der nächste ebenso erfolgreich wird. Doch diese Wunschträume entsprechen selten der Realität. Der Mensch wird immer wieder mit Ängsten und Sorgen konfrontiert, die manches Mal unerträglich scheinen. Der Märchenheld und die Märchenheldin werden, ebenso wie jeder Mensch, durch bestehende Schwierigkeiten herausgefordert, ihr Leben in die Hand zu nehmen und ihr Glück zu machen. Es sind scheinbar unlösbare Aufgaben, die gestellt werden. Die Konfrontation mit Abschied und Tod oder Trauer erscheint uns oft als unlösbar. Der Hinterbliebene verwundert sich, dass am nächsten Morgen die Sonne wieder aufgeht, obwohl doch »alles aus und vorbei« ist.

Ich möchte ihnen jetzt in Kurzform eine Geschichte erzählen: »Es war einmal eine wunderschöne Königstochter. Sie mochte nichts lieber, als mit ihrer goldenen Kugel zu spielen. Dazu lief sie in den Wald, dessen Bäume weit auseinanderstanden, warf dann die Kugel in die Höhe und fing sie wieder auf. Einmal nun, da fiel die Kugel nicht in ihre ausgestreckte Hand, sondern daneben und rollte davon. Das Mädchen lief der Kugel nach, hob sie wieder auf und spielte weiter. So ging es den ganzen Vormittag. Dann ging das Mädchen zurück zum Schloss, verwahrte die goldene Kugel in einer Kiste auf ihrem Zimmer, wusch sich die Hände und setzte sich zum Essen ...« Jetzt könnte ich Ihnen vom Mittagessen erzählen und vom Mittagsschlaf ohne Träume, Sie würden weiterlesen und sich fragen: Und? Wann geht's endlich los? Wenn wir Geschichten hören oder lesen, erwarten wir Handlung und Spannung. Die Handlung habe ich Ihnen geliefert, aber die Spannung blieb aus. Sie würden in kürzester Zeit das Buch aus der Hand legen (wenn Sie es nicht schon getan haben) und sich ein anderes Buch holen. Die dauernde Harmonie würde Ihnen bald auf die Nerven gehen, der Mensch aber hofft beständig, dass alles gut ist, alles gut bleibt.

Märchen können Mut machen, Konfrontationen zu bestehen und auch für unlösbare Aufgaben eine Lösung zu finden. Märchen sind kein Allheilmittel, aber sie wecken ein inneres Wissen in unserer Seele, das am Ende alles gut ausgeht. In einhundert Prozent der Märchen besteht der Held seine Prüfungen und geht verwandelt daraus hervor. Er fügt sich in sein Schicksal, ohne zu hadern, und nimmt die Herausforderungen, die ihm gestellt werden, wie selbstverständlich an.

Der Helfer im Märchen

Folgt man dem Märchenlauf, erkennt man schnell, dass der Held, die Heldin niemals allein ist. Stets ist ein Helfer zur Seite, der ihn begleitet, führt oder unterstützt. In Krisensituationen verzweifeln wir leicht, da wir das Gefühl haben, ganz allein zu sein. Die Märchen aber sagen, dass stets ein Helfer da ist, mag er auch noch so klein und unscheinbar sein. Dieser Helfer kann der frische Wind sein, der uns um die Nase pfeift, bis die trüben Gedanken weniger werden, das freundliche Lächeln der Verkäuferin, ein Kinderlachen aus der Ferne, ein Buch, das uns in die Hände fällt, oder sonstige »Kleinigkeiten«. In unserem Kummer nehmen wir die kleinen Helfer nicht wahr, und dann geht es uns leicht wie den älteren Geschwistern der Heldin oder des Helden. Wir glauben, alle Last allein tragen zu müssen und alle Widrigkeiten allein durchkämpfen zu müssen. Ob wir sie wahrnehmen oder nicht, sie sind da, die Helfer. Genau diese Gewissheit vermitteln die Märchen, und sie weisen dadurch auf die wesentlichen Dinge des Lebens hin: »Sei wachsam, sei offen, und Wunder werden möglich.« Das heißt nicht, dass die Toten wieder lebendig werden, auch wenn das im Märchen durchaus möglich ist. Es heißt: »Nimm dein Schicksal an, und ungeahnte Möglichkeiten werden sich dir erschließen.« Nehmen wir zum Beispiel das Grimm'sche Märchen »Das Mädchen ohne Hände«. Der Vater hat seiner eigenen Tochter die Hände abgeschlagen, um nicht in die Fänge des Teufels zu geraten. Ein unfassbares Schicksal. Doch die junge Frau vertraut auf das Leben, verlässt ihren Vater und geht hinaus in die Welt. Nach vielen Irrungen findet sie schließlich ihr Glück. In unserem Kummer haben wir oft das Gefühl, dass es uns doch am allerschlimmsten getroffen hat. Wir geben uns dem Selbstmitleid hin und ertrinken fast in unserer Not. Die Märchen zeigen verschiedenste Schicksale und deren Bewältigung. Sie ermuntern, das eigene Leben in die Hand zu nehmen und dem Weg des Schicksals zu folgen. Sehen Sie sich selbst als Held, als Heldin, und nehmen Sie die Herausforderungen des Lebens an, anstatt sich ihnen zu verwehren.

Handeln statt Verhandeln

Das Märchen hat noch weitere Lebensweisheiten zu bieten: »Handeln ist Leben, Erstarrung ist Tod.« Wie viele Märchen man auch betrachtet, der Märchenheld handelt stets. »Sie war traurig, setzte sich hin und weinte.« »... doch der Traum zeigte ihr die Hütte der Alten. Abermals machte sie sich am nächsten Morgen auf den Weg ...« »... sie setzte sich ans Spinnrad und spann.« »Er wusste nicht, was er jetzt anfangen sollte. Da sah er neben der Feder...« »... Es half keine Ausrede, das Eselein wollte und musste die Laute spielen, war beharrlich und fleißig und lernte es am Ende so gut wie sein Meister selbst.«

Wir haben oft das Gefühl, wenn wir uns ganz still verhalten, wird der Schmerz vergehen. Wir halten die Luft an, unterdrücken unsere Tränen, ziehen uns zurück, sind müde und schlapp und warten darauf, dass alles schon wieder wird. All das sind Symptome, die sich zeigen, weil wir erstarren. Wir schneiden unseren eigenen Lebensfaden ab und warten darauf, eines Morgens die Augen zu öffnen, und alles ist überstanden: Wir sind wieder gesund, der Verstorbene ist wieder lebendig, die Welt ist wieder in Ordnung. Seien Sie ehrlich, wer lebt hier in einer »Märchenwelt«? Die Märchen machen uns nichts vor. Sie sprechen die Wahrheit klar und deutlich aus, und – nicht aber – sie verpacken die Wahrheit in schöne Bilder. Penny McLean formulierte es so: »Märchen sind die Samthandschuhe, mit denen das Schicksal Gesetze und Wahrheit präsentiert.« Märchen machen uns deutlich, dass wir nicht verharren dürfen. Wir müssen unseren Weg weitergehen, mag er uns noch so beschwerlich erscheinen. Innehalten, Pause machen, neue Kraft schöpfen ist notwendig und erlaubt, und für die Heldinnen und Helden ebenso lebensnotwendig wie für uns selbst. Handeln im Märchen heißt nicht in Hektik ausbrechen und verzweifelt gegen Wände rennen. Handeln im Märchen bedeutet in unserem Rhythmus voranschreiten. Es ist wohl die Eigenart des Menschen, schöne Dinge immer festhalten und schreckliche Dinge schnell loswerden zu wollen. Finden wir unseren Rhythmus, dann ist es wie beim Spinnen (am Spinnrad): Der Faden läuft von selbst. Sie geben den Rhythmus und das Material, alles andere »geschieht«. Wenn man zu spinnen beginnt, neigt man anfangs dazu, festzuhalten, und der Faden reißt. Man muss stets die Wolle nachgeben und ihr den Weg bereiten, damit der Faden läuft. Manches Mal ist das Material knotig, und man verheddert sich, dann wird der Faden dick, manches Mal gibt man zu wenig nach, und der Faden wird sehr dünn. Das könnte das Bild für die Unwegsamkeiten des Lebens sein. Doch das Wichtigste beim Spinnen ist nachgeben, sonst reißt der Faden. Das ist nicht nur das Gesetz des Spinnens, sondern auch das Gesetz der Märchen und das Gesetz des Lebens. Nachgeben, loslassen, achtsam sein und im Rhythmus bleiben sind die wesentlichen Aufgaben des Lebens.

Handeln im Märchen heißt offen und bereit sein für das, was kommt. Der Mensch hat sich angewöhnt, lieber zu verhandeln, als zu handeln. Manches Mal fordern wir sogar unser Schicksal heraus, im Glauben, mit ihm verhandeln zu können, oder wir machen Versprechungen: »Lieber Gott, wenn du mich heilst, dann werde ich endlich …« oder: »… wenn du mein Kind nicht sterben lässt, dann will ich nie wieder …« Das Leben aber ist nicht am Verhandeln, sondern an unseren Handlungen interessiert. Die Märchenheldin, der Märchenheld geht seinen Weg und findet am Ende sein Glück.

Die Hochzeit

»Da wurde ein prächtiges Hochzeitsfest gefeiert, und sie lebten noch lange in Glück und Freuden zusammen.« So oder ähnlich ist der typische Märchenschluss. Er malt eine Idylle, die paradiesisch erscheint: Einheit, Glück, Freude. Wenn wir in unserem Leid sind, erscheint uns dieses Ende sarkastisch und erinnert eher an »Friede, Freude, Eierkuchen«. In unserem Schmerz und unseren Ängsten können wir uns nicht vorstellen, dass es diese Idylle jemals wieder geben wird. Ja, wir wollen sie sogar gar nicht mehr haben. »Ich werde nie wieder glücklich sein« heißt auch »ich brauche dich, ich liebe dich, du darfst mich nicht verlassen«. Indem wir uns selbst aus Trauer oder Kummer ein neues Glück verbieten, schneiden wir uns vom Leben ab und fallen in Erstarrung. Natürlich will jeder Mensch einzigartig und unersetzbar sein. Das ist er auch, bis in alle Ewigkeit. Jeder Mensch ist einzigartig und unverwechselbar, und ebenso ist die Liebe zu diesem Menschen einzigartig und nicht austauschbar. Sie stirbt nicht mit dem Tod des Menschen. Die Liebe ist immer da und vergeht nie. Das ist die wahre Hoch-Zeit, sich im Herzen mit der Seele dieses Menschen zu verbinden. Dann kann, nach der Trauerphase, die Freude darüber wachsen, dass man Wesenszüge des Verstorbenen in sich selbst findet und entdeckt. Für den Sterbenden kann die Hochzeit im Märchen das kommende Paradies sein, die Einheit von Männlichem und Weiblichem, die Aufhebung der Gegensätze.

Was soll hilfreich daran sein, ein Märchen zu lesen, das mit einer Hochzeit endet, wenn man im Sterben liegt und seine junge Familie zurücklässt? Märchen geben Hoffnung und ohne Hoffnung gibt es kein Leben. Die Sorgen sind groß, wenn man die Familie verlassen muss: »Werden sie es schaffen? Wird genug Geld da sein? Werden die Kinder ruhig schlafen können?« Die Märchen sagen: Die Not ist groß, doch die Heldin, der Held wird die Aufgaben bewältigen und am Ende ein glückliches Leben führen. Das ist es doch, was wir uns für jeden wünschen: ein glückliches Leben. Die Märchen erzählen von der Hochzeit als einer wahrhaft hohen Zeit, sodass wir nicht daran zweifeln können, dass auch für uns wieder eine hohe Zeit kommen wird.

Und wenn sie nicht gestorben sind …

Das Märchen ist zu Ende. Wir haben eine spannende und aufregende Geschichte erlebt, haben mit dem Helden, der Heldin gebangt und gezittert, haben gehofft und gewagt und schließlich das große Finale, die Hochzeit, erlebt. Noch schwelgen wir in diesem

Glück, da hören wir: »Und wenn sie nicht gestorben sind, dann leben sie noch heute.« Für mich ist dieser Satz wahrhaft märchenhaft und humorvoll zugleich. Wir werden in magische Welten entführt, in denen Unmögliches möglich erscheint, Tiere sprechen können und Tote wieder lebendig werden, nur um mit diesem Satz in die Welt entlassen zu werden. Märchen sprechen in Bildern zu uns und verbinden uns mit unseren Seelenkräften. Sie erinnern uns an unser inneres Königreich und daran, dass jeder König ist in seinem eigenen Reich. Sie erzählen vom Lebensfaden, den es zu spinnen gilt, und von den Aufgaben, die bewältigt werden wollen. Sie kitzeln unsere Sinne und gemahnen an die Prüfungen. Sie erzählen von Trennung und Abschied und von Freude und Glück. Sie erinnern uns ans stete Voranschreiten und ans Innehalten, ans Wachsamsein und Ausruhen. Sie führen uns in dunkle Wälder und durch tiefe Brunnen, um uns am Ende umso herrlicher erstrahlen zu lassen. Und zuletzt holen sie uns mit einer heiteren Wendung in die Wirklichkeit zurück: »Und wenn sie nicht gestorben sind …«, mitten in der herrlichsten Pracht konfrontieren sie uns mit dem Sterben, dem Tod, der Endlichkeit, nur um augenzwinkernd hinterherzuschicken: »… dann leben sie noch heute.« Sie leben noch heute, sonst könnten Sie diese Zeilen nicht lesen, doch sind Sie sich Ihres Lebens bewusst? Das Märchen hält am Ende die schönste Lebensweisheit für uns bereit: »Lebe jetzt!«

Erzählen im Seelenbild

»…plötzlich wird mir bewusst: Er hat mich ganz in seinen Bann gezogen. Ich atme, wenn er atmet, ich spanne meine Muskeln an, wenn er die seinen anspannt, ich atme auf, wenn er aufatmet. Ich reiße mich aus seinem Bann und sehe mich vorsichtig um. 50 Zuhörer starren gebannt auf den Erzähler, 50 Menschen atmen, wenn der Erzähler atmet, verspannen und entspannen sich, als wären sie eins. Und dann fällt mir noch etwas auf: Wir sitzen hier in diesem Raum, und doch weilen wir gleichzeitig ganz in der Geschichte. Mit jedem Wort, auf das wir sehnsüchtig warten, öffnen sich Tore, Tore in eine andere Welt, in viele Welten, Tore ins Leben, Tore zu mir, Tore zu dir…«

Magie des Erzählens

Als Erzählerin entdecke ich immer wieder leuchtende Augen und offene, staunende Münder bei meinem Publikum. Es macht Freude, zu beobachten, wie aus Erwachsenen wieder Kinder werden, alte Menschen wieder staunen können und selbst Jugendliche ganz entrückt sind. Sorgen und Ängste, sogar Schmerzen verschwinden aus den Gesichtern der Menschen, die in die Märchenwelt eintauchen. Entspannung wird sichtbar, und der Raum ist erfüllt von einem magischen Etwas. Es scheint, als würde die Zeit für einen Moment stehen bleiben. Das Märchen verweilt in einer anderen Zeit, der Seelenzeit. Die Seelenzeit wirkt wundersam heilend auf den Menschen und ist dem Träumen sehr ähnlich. Der Mensch durchschreitet Raum und Zeit, taucht ganz in die Geschichte ein, findet sich selbst als Held, als Heldin wieder und kehrt erfüllt und entspannt in die Realität zurück.

Friedrich Hölderlin sagte einst: »O, ein Gott ist der Mensch, wenn er träumt, ein Bettler, wenn er nachdenkt, und wenn die Begeisterung hin ist, steht er da wie ein missratener Sohn, den der Vater aus dem Hause stieß.« Das »Märchenträumen« gibt uns Seelennahrung und hebt die Gesetze von Raum und Zeit auf. Wie entsteht diese magische Zeit? »Es war einmal ...« ist das Zauberwort, das wahre Wunder vollbringt. In der Zeit des »Es war einmal« ist alles wahrhaft und wirklich. Da gibt es kein Wenn und Aber, kein Warum. Das Märchen ist. Der Literaturwissenschaftler Max Lüthi meint dazu: »Im Märchen sublimiert sich die Welt. Man darf sagen, dass es alles Innere in Äußeres übersetze, alles im dunklen Raum der Seele Verborgene in Sichtbares verwandle. Die Erdenschwere fällt ab, die Dinge werden durchscheinend, leicht und hell. An die Stelle von Zeit und Raum tritt Wesentlichkeit.« Es ist die Wesentlichkeit der Märchen, die die Magie beim Erzählen möglich macht. Das im dunklen Raum der Seele Verborgene findet Ausdruck in den Märchenbildern und macht Erzähler und Zuhörer zu Verbündeten. Die Märchen kennen das Wesen des Menschen, und in ihrer Wesentlichkeit erzählen sie vom Auf und Ab des Lebens.

Märchenbilder

Märchen sprechen in Bildern. In der Fantasie formt sich ein innerer Film, der die Königin, den Prinzen, den Wolf oder die Hexe lebendig macht. Im Gespräch stellt sich schnell heraus, dass jeder eigene, persönliche Bilder zu dem Gesagten, Gehörten, Gelesenen entwickelt. Es sind die Archetypen oder Seelenbilder, die uns die Freiheit der eigenen Bilder geben. »(Das Märchen) trägt meist nicht die Bildform nur eines Volkes, da es auf Weltenwanderschaft ging, es bildet die intellektuell ungebrochene Rückverbindung zum göttlichen Ursprung.«[1]

Wie erzählt man diese Urbilder, diese Archetypen? Zuallererst: Die Seelenbilder sind da und wirken für sich. In der Beschäftigung mit dem Märchen taucht der Erzähler, die Erzählerin in die Märchenbilder ein, macht sich mit ihnen vertraut und lernt sie kennen. Anfangs sind es ganz simple Fragen: Wie alt ist die Königstochter, welche Farbe hat ihr Kleid, ihr Haar, ihre Augen? Ist sie groß oder klein, dick oder dünn? Erzählt wird dann: »Es war einmal eine Königstochter …« Je deutlicher das Bild in meiner Fantasie ist, desto klarer kann ich es erzählen und, o Wunder, der Zuhörende formt sich sein eigenes Seelenbild und sieht in der Fantasie seine Königstochter. Nehmen wir den Wald von Rotkäppchen. Wie sieht er aus, Ihr Rotkäppchenwald? Können Sie eine Straße sehen, oder einen Weg? Sehen Sie Kies, Sand oder Asphalt? Oder ist es nur die Ahnung eines Weges, mit weichem Waldboden? Welche Jahreszeit ist es? Heben Sie jetzt Ihren Blick etwas, so wie auch Rotkäppchen anfängt sich umzusehen. Wie eng stehen die Bäume? Gibt es Dickicht? Ist es ein Laub-, Nadel- oder Mischwald? Wie hoch reichen die Bäume? Können Sie den Himmel sehen? Wie weit können Sie in den Wald hineinsehen? Welche Tageszeit ist es? Je klarer Sie den inneren Film vor sich haben, desto leichter können Sie erzählen. Erzählt wird dann: »Die Großmutter aber wohnte draußen im Wald, eine halbe Stunde vom Dorf.«

Meine liebste Frage in der Arbeit mit Märchenbildern ist die der Kinder, wenn sie die Welt erkunden: Warum? Mit diesem Warum erforsche ich die Seelenbilder und suche nach Antworten in mir. Warum ist es ein Apfel und keine Birne? Was ist der Unterschied zwischen Apfel und Birne? Und schon geht es wieder ins Beschreiben. Die Form eines Apfels, die Form einer Birne, wie ist es, wenn man hineinbeißt, betrachten Sie die Früchte von allen Seiten, schneiden Sie sie auf, experimentieren Sie damit und staunen Sie, was durch diese Arbeit alles zum Vorschein kommt.

Nach und nach wird das Märchen vertraut, und die Seelenbilder leben in uns. Es sind keine starren Bilder, die wie auf der Leinwand einmal fixiert immer so bleiben. Mit jedem Erzählen wandeln sich die Bilder, wenn wir uns auf sie einlassen. Erzählen ist ein immerwährender Prozess, der Erzähler und Zuhörer prägt, formt, bildet. Wenn wir uns jedes Mal wieder auf die Botschaft der Bilder einlassen, statt sie abzuspulen, können sie ihre heilsame Kraft ganz entfalten und die Seele der Menschen berühren. Verena Kast drückte es in ihrer psychologischen Arbeit sehr passend aus: »Wie sehr wir uns auch um das Märchen bemühen, ein Teil des in ihm verborgenen Schatzes lässt sich heben, ein Teil bleibt uns verborgen und regt zu immer neuer Auseinandersetzung an.«[2] Erst die Bereitschaft des Erzählers zu immer neuer Auseinandersetzung lässt die Magie der Märchen zu.

Aufgaben des Erzählers, der Erzählerin

In meiner Erzählausbildung kommen die unterschiedlichsten Menschen zusammen. Mütter, deren Kinder groß sind, junge Menschen, die vom Erzählen fasziniert sind, Alte, die ihren Enkelkindern erzählen möchten, Menschen aus sozialen und therapeutischen Berufen sowie Menschen, die zu ihrem »technischen« Beruf einen fantasievollen Ausgleich suchen. Sehr schnell stellt sich heraus, dass sie erzählen wollen, weil ihnen Märchen wertvoll sind und persönlich etwas bedeuten. Sie wollen das Erzählen für sich lernen, weil sie spüren, dass Märchen ein unermesslicher Schatz sind, den sie noch nicht erfassen können. Wie erzähle ich richtig? Worauf muss ich achten? All diese Fragen höre ich in meinen Ausbildungsgruppen in ähnlichen Varianten und möchte hier einige Anregungen geben, was man als Erzähler und Erzählerin mit einbeziehen kann. Wesentlich scheint mir die Kenntnis darüber, dass wir mit jedem Erzählen unser Publikum beeinflussen. Wir wählen das Märchen aus und haben es für uns passend erarbeitet. Mit jeder Mimik, Gestik, mit jedem einzelnen Wort prägen wir unser Gegenüber.

Heißt das nun, dass wir Märchen möglichst neutral erzählen sollen? Haben Sie schon einmal versucht, auf wie viele Arten Sie das Wort »König« aussprechen können (z. B. aufrichtig, mächtig, ironisch, sozialkritisch, lächerlich…)? Die Brüder Grimm hatten immensen Einfluss auf die von ihnen gesammelten Märchen. Mit jeder Neuauflage haben sie die Märchen verändert, und doch ist der Kern der Märchen erhalten geblieben. »Märchen sind geistige Samenkörner, welche, in die kindlichen Seelen gepflanzt, den Gesetzen geistiger Wachstümlichkeit gemäß, darin ein intimes Leben entfalten und das beste Schutzmittel dagegen sind, dass der Mensch später oberflächlich wird ...«[3] Wenn wir uns dieses Samens bewusst sind, so wird deutlich, was Erzählen bewirkt: Mit jedem Märchen setzen wir einen Samen. Wie fruchtbar der Boden ist, wie die Pflanze wächst und sich entfaltet, darauf haben wir keinen Einfluss. Aber wir können entscheiden, wie wir den Samen legen; tiefgehend oder oberflächlich, säend oder pflanzend. Wir können den Boden bereiten, indem wir eine schöne Atmosphäre für das Erzählen schaffen.

Beim Erzählen wollen wir auch oder vor allem unterhalten. Was heute Fernsehen, Kino, Theater oder Radio ist, war früher Erzählen. Der Erzähler hat viele Rollen, in die er schlüpft, ohne sich zu verkleiden. Er kann es sich zur Aufgabe machen, den Charakter der Figuren zu erfassen. Ist ein Dummling dumm und ein Kluger gescheit? Drei Schwestern, warum ist (fast) immer die jüngste die Heldin? Was hat sie, was die anderen nicht haben? Beim Märchenergründen darf keinesfalls die Lust an der Geschichte verloren gehen. Wir wollen uns und unserem Publikum Freude bereiten und Wunder aufzeigen. Diese Freude sollte auch im Erzählen Ausdruck finden und nicht durch die tiefgründigen Seelenbilder verloren gehen. Wenn wir uns das Staunen im Erzählen bewahren können, tragen wir wesentlich dazu bei, dass das Märchen seine eigene Seele entfaltet.

In unserem sozialen Gefüge wachsen wir mit klaren Vorstellungen auf, werden von einer bestimmten Moral geprägt und machen eigene Erfahrungen. Märchen folgen anderen Wahrheiten. Es ist die Aufgabe der Erzählerin, des Erzählers, diese Wahrheiten zu erkunden und nicht die eigenen Probleme in die Geschichte zu projizieren. Jeder Mensch hat bestimmte Muster, die er immer wieder wiederholt. Haben wir als Frau z. B. Probleme mit dem Vater, weil er sehr dominant ist, so werden wir versucht sein, jeden Vater und König im Märchen dominant zu erzählen. Sind wir aber wach für die Botschaft des Märchens, werden wir den unterschiedlichsten Vaterfiguren begegnen. Wenn wir bereit sind, diese Facetten zu entdecken und kennenzulernen, können sich sogar unsere eigenen, festgefügten Muster lösen, und wir entdecken durch das Erzählen endlich den liebevollen Vater, nach dem wir uns so lange gesehnt haben, in uns. Es ist die Kunst des Erzählers, die Botschaften der Märchen und Geschichten zu erhalten. Dafür braucht es ein Sicheinlassen in die Geschichte und ein Bereitsein für eigene Verwandlung und Veränderung.

Jeder Mensch hat seinen eigenen Rhythmus, jede Geschichte auch. Wenn der Erzählende bereit ist, mit seinen Qualitäten und charakterlichen Eigenheiten den Rhythmus der Geschichte zum Leben zu erwecken, verbindet er sich mit der Geschichte. Der Zuhörende ist der Dritte in diesem Bund. Das Märchen als Bindeglied zwischen Erzähler und Zuhörer. Das Märchen ist die Botschaft, die Erzähler und Zuhörer interessiert. In dem Wissen, dass Märchen vom Leben erzählen, können Zuhörer und Erzähler sich selbst und den anderen im Spiegel der Geschichte erkennen. Wie laut oder leise, wie spannend oder unterhaltsam erzählt wird, mit wie viel Mimik oder Gestik, findet sich dann von selbst und ist individueller Ausdruck jedes Erzählers und jeder Erzählerin.

Klischees

Natürlich verfolgen Märchen Klischees. Das müssen sie auch. Sie trennen eindeutig zwischen Gut und Böse. Wobei Gut immer wunderschön und Böse hässlich ist. Gestalten wie Wolf, Hexe, Stiefmutter oder Zauberer sind grundsätzlich böse. Während alte Frauen oder Männer, die kleinen Zwerge am Wegrand oder gar Feen eher hilfreich sind, wenn wir sie denn anerkennen. Diese Klischees entsprechen unseren inneren Seelenbildern, die nur Gut und Böse kennen und keine Grauschattierungen haben. Natürlich will der Mensch gerne gut sein, doch jeder kennt den kleinen Teufel in sich, der plötzlich zum Vorschein kommt und alles schlechtmacht, oder die Eifersucht, gespiegelt in der Stief- oder Schwiegermutter. Andererseits haben wir aber auch mütterliche und väterliche Anteile in uns und ebenso die hilfreichen Alten. Die einzelnen Märchenfiguren sind Wesensanteile in uns. Die Einteilung in Gut und Böse ist daher sehr hilfreich, da wir sofort erkennen können, wer gerade am Zug ist. Auch der Zuhörer weiß sofort, wer gut und wer böse ist. Spielt man mit Kindern Märchen nach, so wollen sie am liebsten »der Böse« sein. Warum? Weil sie das Böse in sich erkennen und verstehen wollen. Jedes Kind hat Ängste; kann es sie benennen und erkennen, so werden sie greifbar und verlieren ihre Gefährlichkeit.

Den Märchen wird vorgeworfen, dass die Helden immer stark und tapfer sind, die Heldinnen stets zurückhaltend und abwartend. Sehen wir es als Anteile in uns, so ist die männliche Qualität das Voranschreiten und die weibliche das Tragen und Halten. Wenn Sie sich die Märchen wirklich vorurteilsfrei betrachten, werden Sie staunen, wie viele aktive Mädchen und Töchter durch die Märchenwelt streifen, um den Mann zu erlösen, und wie viele Tricks sie anwenden, um ihr Glück zu machen. Im Märchenbild gesprochen, ist der männliche Aspekt der Verstand und der weibliche Aspekt das Gefühl. Ziel der Märchen ist es, die Vereinigung von Kopf und Bauch zu erreichen. Wer dabei den Anfang macht, ist unerheblich. Oder mit den Worten der berühmten Märchenerzählerin Sigrid Früh ausgedrückt: »Nicht jene, die sich ausschließlich auf ihren Verstand verlassen, erreichen ihr Ziel, sondern die, welche von der Liebe motiviert werden. Liebe hat vielfältige Gesichter. Es kann die Liebe zum Geliebten oder zur Geliebten sein, zum Vater, zum Kind. Auf alle Fälle machen sich die meisten Märchenhelden auf den Weg, weil sie von Liebe getrieben werden. Sie haben Mut zur Liebe und Mut zum Gefühl. Sie stellen dies über alles Verstandesdenken und materielle Werte.«[4] Der Vorwurf des Klischeehaften im Märchen beinhaltet auch, dass sie veraltert und moralisch sind. Dieses Thema möchte ich am Märchen »Der Froschkönig« beispielhaft beleuchten. In der uns bekannten Grimm'schen Fassung fallen vom Vater folgende Aussagen: »Was du versprochen hast, das musst du auch halten« und: »Wer dir geholfen hat, als du in der Not warst, den sollst du hernach nicht verachten«. Diese Moral ist menschlich, aber nicht märchengemäß und wurde von Wilhelm Grimm eingefügt. Die erste handschriftliche Fassung sagt beide Male: »der König befahl«. Ich will hier nicht diskutieren, inwieweit Märchenfassungen geändert werden dürfen, sondern will den Unterschied zwischen menschlicher Moral und bildlicher Märchensprache deutlich machen. Selbst wenn ich mich als Erzählerin entscheide, die »moralischen« Sätze zu nehmen, so ist es umso wichtiger, dass ich sie nicht mit erhobenem Zeigefinger als Moral erzähle, sondern sie als einfache Tatsache darstelle. Warum? Weil es in den Märchen nicht um Moral, sondern um Selbstfindung geht. Es geht um Entwicklung und Verwandlung. Die Königstochter ist höchst pubertär und will keine Verantwortung für ihr Leben übernehmen, so scheint es auf den ersten Blick. In Wahrheit aber fürchtet sie sich vor der Verantwortung, und vor allem fürchtet sie sich vor dem Leben. Sie will nichts mit diesem »garstigen Frosch« zu tun haben. Was ist der garstige Frosch in Ihnen, mit dem Sie nichts zu tun haben wollen? Der Vater zwingt die Tochter mit seinen Befehlen zur Verantwortung, bis sie schließlich den Frosch packt und an die Wand wirft. Damit überwindet sie die Furcht vor ihm, »fasst sie ihn voll Zorn und warf ihn mit aller Gewalt wider die Wand in ihrem Bett«. Sie packte die Furcht vor dem Leben an und erreichte Erlösung. Wenn wir Seelenbilder erzählen, sind sie niemals moralisch, sondern erfüllend.

Märchen wurden ursprünglich erzählt und sind erst sehr spät als literarische Gattung fixiert worden, unter anderem durch die Brüder Grimm. Durch die schriftliche Festlegung beinhalten sie eventuell die Moralvorstellung der damaligen Zeit oder des Erzählers. Für die heutigen Erzähler und Erzählerinnen ist es meiner Meinung nach wichtig, das Wesentliche im Märchen zu erkennen, sozusagen das Skelett des Märchens zu bewahren.

Menschen brauchen Märchen

Erzählt wird, seit es Menschen gibt. Es ist einer unserer Wege zur Verständigung. Erlebnisse und Erfahrungen werden in Worte gefasst und weitergegeben. Damit vermitteln wir Botschaften, Nachrichten. Der Begriff »Märchen« kommt vom mittelhochdeutschen »maere« und heißt Kunde, Botschaft. Was aber ist die Kunde der Märchen? Barry Sanders sagt dazu: »Im Netz seiner Geschichten fängt der Erzähler alles ein: die Kunde von vergangenem Geschehen, Wahrheit, Heldentum, Religion, Philosophie, Moral, Liebe. Oder: Geschichten sind das Herzblut oraler Kulturen, und der Geschichtenerzähler ist das Herz des Stammes. Er pumpt Geschichten in das Kreislaufsystem des sozialen Organismus und hält sie dort in Bewegung. Seine Geschichten sind Geschichten, die sein Publikum erwartet und herbeiwünscht und deren Grundzüge es auswendig kennt.«[5]

Sorgen, Nöte und Ängste des Menschen werden im Märchen benannt, Lösungen werden gesucht und gefunden, Zerstörerisches vernichtet. Wolfdietrich Siegmund nutzt Märchengruppenstunden in der psychiatrischen Arbeit mit seinen Patienten, um allgemein menschliche Themen ans Licht zu bringen: »Einem Märchen zuhören heißt dem Leben zuhören, heißt nicht nur Text wahrnehmen, sondern sich selbst begegnen und dem Mitmenschen, der Welt und dem Welthindergrund, heißt Lösungswege erspüren, neuen Mut fassen, die Märchenbilder mit hineinnehmen in die nächste Woche und noch im Nachhinein Freude daraus empfangen.«[6] Märchen sprechen die Tiefe der Menschenseele auf eine einfache, bildhafte Art aus, die jedem Bildungsstand verständlich ist. Märchen sind Geschichten vom Volk für das Volk und damit für jeden Menschen, ob jung oder alt, gesund oder krank, gebildet oder ungebildet, erlebbar und erfassbar.

Der Tod und das Märchen

Scheherazade entkam dem Tod, indem sie 1001 Nacht lang erzählte. Ein König, von seiner früheren Frau bitter betrogen, schwor Rache, indem er jede seiner nachfolgenden Gemahlinnen am Morgen nach der Hochzeit hinrichten ließ. Scheherazade vermählte sich freiwillig mit dem König und erzählte ihm Nacht für Nacht Geschichten. Wenn er den Fortgang der Geschichten wissen wollte, musste er ihr das Leben schenken, doch jeden Abend beschloss er aufs Neue, dass sie am nächsten Tag sterben müsste. Doch Scheherazade faszinierte ihren Mann mit ihren Geschichten so sehr, dass sie Nacht für Nacht dem Tod einen weiteren Tag kostbaren Lebens abgewann. Was erzählte diese Frau, das den König so begeisterte? Sie erzählte um ihr Leben, sie erzählte vom Leben, so lange, bis der König von seiner Rachsucht geheilt war und sie nach 1001 Nacht endlich ein Leben in Freiheit an der Seite des Königs führen konnte.

Am Lebensende resümieren wir unser Leben und erzählen auf die eine oder andere Art unsere Lebensgeschichte: Erfolge und Misserfolge, Glück und Unglück, Liebe, Schmerz, Trennung ... Scheherazade musste schon sehr früh ihr Leben resümieren, und ihr Erzählen über das Leben schenkte ihr das Leben.

Tod im Märchen bedeutet stets Wandlung. Auf den ersten Blick haben viele Märchen nichts mit dem Tod zu tun, denn der Tod und seine (Unter-)Welt ist eingekleidet in märchenhafte Bilder. Wasser, Tor, Brunnen, altes Weib, Hexe, Gevatter ... Wenn wir diese Bilder in unserer Seele erforschen, erkennen wir, dass der Tod im Märchen eine Durchgangsstation zu einem anderen, neuen Leben ist und sich in fast allen Verwandlungsszenen findet. Das Leben danach ist stets lichtvoll, reich und frei von Sorgen, so will es das Märchen. Das Märchen hat verschiedene Einstellungen zum Tod und den Toten. Da gibt es das Bedürfnis, zu den Toten zu gehen oder die Toten wieder ins Leben zu integrieren, schließlich den Wunsch, zu wissen, wohin die Toten gehen, das Jenseits zu erforschen, die Sehnsucht, den Tod nicht als Ende, als Zerstörung und

Vernichtung, sondern als Wandel und Neuanfang im Sinn eines »Stirb und werde« zu verstehen. Der Tod und das Märchen haben etwas mit der Bilanz des Lebens zu tun und fordern uns auf, unser Leben zu ändern, solange noch Zeit ist.

Eine kleine Anleitung

Für vieles gibt es heutzutage Anleitungen. Gebrauchsanweisung, Sicherheitsanweisung, Spielanleitung. Nutzen Sie dieses Buch als spielerische Möglichkeit für märchenhafte Erlebnisse. Gönnen Sie Ihrem Verstand eine Verschnaufpause und geben Sie Ihrer Seele Raum, sich zu entfalten. Märchen leben von ihrer Ganzheitlichkeit und haben sich gerade deshalb über Jahrtausende erhalten. Sie sprechen vom Wesen des Menschen, erzählen von Ängsten und Wünschen, von Hoffnung und Verzweiflung, von Mut und Furcht. Vor allem aber erzählen sie von Lösung und Wandlung. Sie zeigen Wege aus ausweglosen Situationen und schenken Vertrauen. Märchen spiegeln die Vollkommenheit wider, sie trennen bewusst in Gut und Böse, Leben und Tod, Falsch und Richtig, um den Menschen wieder zur Ein-heit ohne Zwei-fel zu führen. Begeben Sie sich auf die Reise des Märchenhelden, der Märchenheldin und staunen Sie über die Wunder von Leben und Tod.

Die Märchen

Die ausgewählten Volksmärchen sind zum Lesen und Vorlesen geeignet. Mit ihren Bildern sprechen sie nicht den Verstand, sondern das Wesen des Menschen an. Es braucht keine Erklärungen für die Geschichten. Sie wirken unbewusst, auf der Seelenebene. Märchen sind Seelennahrung für Junge und Alte, für Kranke und Gesunde, für Trauernde und Sterbende, für Herz und Gefühl.

Die Stichwörter

Oftmals sucht man verzweifelt nach einer passenden Geschichte, die die Situation des Betreffenden widerspiegelt. Die Stichwörter sollen Hilfe sein, das passende Thema zu finden. Sie finden sie am Ende des Buches noch einmal alphabetisch geordnet und mit den entsprechenden Seitenzahlen versehen. Ebenso weisen schon die Kapitelüberschriften auf bestimmte Themen hin. Die Stichwörter sind Anregungen, denn es gibt noch viel mehr Dimensionen in jedem Märchen zu entdecken.

Die Gedanken

Kinder können die Sprache der Seelenbilder noch erfassen und verstehen intuitiv, wovon die Geschichte erzählt. Mit dem Schuleintritt verliert der Mensch immer mehr das sogenannte »magische Denken«, und das logische Denken wird entwickelt und gefördert. Die vorliegenden Gedanken versuchen, eine Brücke zwischen Seelenbild und Logik zu bilden, und regen an, sich selbst im Spiegel des Märchens wiederzufinden. Es sind Gedanken, die den Menschen in seinem individuellen Prozess von Abschied, Trauer und Tod begleiten können. Sie werden bewusst nicht als Deutung ausgelegt. Die Symbolsprache der Märchen wird hier als Wegbegleiter in Krisensituationen genutzt.

Die Übungen

Stille und Meditation helfen auf der Reise zum Ich. Die Übungen laden ein, innezuhalten und einen Aspekt des Märchens näher zu erfühlen. Das jeweilige Thema finden Sie am Anfang jeder Übung. Am schönsten ist es, wenn die Übung von jemandem laut vorgelesen wird. Lassen Sie nach jedem Punkt eine kleine Pause, um das Gesprochene erlebbar zu machen. Oder: Lesen Sie selbst die Übung laut mit Pausen vor. Schließen Sie dann die Augen und erinnern Sie das Gelesene und erlauben Sie den Bildern, in Ihnen aufzusteigen.

Die meisten Übungen passieren in der Stille, in der Imagination. Es braucht keine Beweglichkeit, um sie ausführen zu können, sondern ein In-sich-Gehen. Sie können auch im Bett liegend ausgeführt werden. Sie sind ebenso für Gruppen wie für Einzelpersonen geeignet. Ich habe für die Übungen die Anrede »Sie« gewählt. Ich lade Sie gerne ein, diese Anrede in ein »Du« zu verwandeln. Meditation ist ein Zur-Mitte-Kommen und beinhaltet immer eine Vertrauensbasis zwischen Meditationsleiter und Meditierenden. Diese Übungen sind ein Angebot. Ich empfehle Ihnen, jede Übung vor der Ausführung zu lesen. Dann wissen Sie, was Sie erwartet, und Sie können sich leichter darauf einlassen.

Die Symbole

Die ausgewählten Symbole finden sich in den jeweiligen Märchen wieder. Der Psychoanalytiker Carl Gustav Jung bezeichnete die Symbolsprache als Archetyp. Es meint die im kollektiven Unbewussten enthaltenen und vererbten Urbilder von menschlichen Vorstellungsmustern. In Religionen und Kulturen finden sich unterschiedliche Ansätze für die gleichen Symbole. Sie zeigen das vielgestaltige Reich der Symbole und geben Anregungen, die eigene, passende Antwort zu finden. Auch Sprichwörter und Redewendungen zeigen, dass die Urbilder bis heute in unserer Kultur verankert sind.

Die Fallbeispiele

Märchen sind aus dem Leben gegriffen und haben sich über Jahrtausende erhalten. Die Fallbeispiele, erlebt und aufgeschrieben von Hannelore Sommer, zeigen den Einsatz von Märchen in der Hospizarbeit. Durch die Beispiele wird auch deutlich, dass die Gedanken und Hintergründe weniger wichtig sind als die Begegnung zweier Menschen. Märchen können Türöffner für Gefühle sein, unabhängig von irgendwelchen Deutungen.

Die Fallbeispiele von Jana Raile entstammen dem Erzählen in der Gemeinschaft, das beim Einzelnen seine Wirkung entfaltet, was sich früher oder später herausstellt. Auch hier zeigt sich, dass allein das Hören von Märchen über Tage und Wochen in der Seele des Menschen wirkt.

Der Tod in Gestalt

Der Tod hat viele Gesichter und ist mit zahlreichen Gedanken und Gefühlen besetzt. Für den einen ist er Feind, für den anderen Freund und Helfer.

Sehen wir den Tod als Feind, so scheint er alles zu zerstören, was sich der Mensch im Lauf des Lebens aufgebaut hat: Status, Arbeit, Heimat, Familie, Freunde, Unabhängigkeit ... Der Tod zwingt den Menschen, das Äußere zurückzulassen und sich auf eine Reise ins Unbekannte zu begeben. Manche Menschen empfinden den Tod auch als persönliche Niederlage und Demütigung. Er wird entweder verdrängt oder mit allen Mitteln bis zum Äußersten bekämpft.

Sehen wir den Tod als Freund, kann er uns helfen, das Leben bewusster zu gestalten. Er setzt der Lebenszeit eine Grenze und zwingt den Menschen, innerhalb dieser Zeitspanne produktiv und nützlich zu sein. Die Sterbeforscherin Elisabeth Kübler-Ross machte in ihren Ausführungen immer wieder deutlich, dass der Tod integraler Bestandteil des Lebens ist und der menschlichen Existenz Sinn verleiht.

In der Literatur tritt der Tod als Gevatter Tod, Freund Hein, Klapperbein, Schnitter, Richter oder Erlöser auf. Seine Attribute sind Sense, Pfeil, Sanduhr oder Sarg, er selbst erscheint meist alt und mager, als Skelett oder mit schwarzem Umhang, der sein Gesicht verdeckt. In den Märchen begegnen wir dem Tod auch in Gestalt weiblicher »Todesgöttinnen« in vagen Beschreibungen und oft lichtvollen Bildern. Der Schreck, der die Menschen beim Anblick des Todes packt, scheint weniger in der Gestalt des Todes begründet als in der Tatsache, dass er der Tod ist. Die folgenden Märchen zeigen den Tod in unterschiedlichen Gestalten, helfend und zerstörend, und beschreiben die Pole, an denen der Mensch mit dem Tod kämpft.

Der Gevatter Tod, Brüder Grimm

Stichwörter: Lebenslicht, Kampf, Ohnmacht

Es hatte ein armer Mann zwölf Kinder und musste Tag und Nacht arbeiten, damit er ihnen nur Brot geben konnte. Als nun das dreizehnte zur Welt kam, wusste er sich in seiner Not nicht zu helfen, lief hinaus auf die große Landstraße und wollte den Ersten, der ihm begegnete, zu Gevatter bitten. Der Erste, der ihm begegnete, das war der liebe Gott, der wusste schon, was er auf dem Herzen hatte, und sprach zu ihm: »Armer Mann, du dauerst mich, ich will dein Kind aus der Taufe heben, will für es sorgen und es glücklich machen auf Erden.« Der Mann sprach: »Wer bist du?« »Ich bin der liebe Gott.« »So begehr ich dich nicht zu Gevatter«, sagte der Mann, »du gibst dem Reichen und lässest den Armen hungern.« Das sprach der Mann, weil er nicht wusste, wie weislich Gott Reichtum und Armut verteilt. Also wendete er sich von dem Herrn und ging weiter. Da trat der Teufel zu ihm und sprach: »Was suchst du? Willst du mich zum Paten deines Kindes nehmen, so will ich ihm Gold die Hülle und Fülle und alle Lust der Welt dazu geben.« Der Mann fragte: »Wer bist du?« »Ich bin der Teufel.« »So begehr ich dich nicht zu Gevatter«, sprach der Mann, »du betrügst und verführst die Menschen.« Er ging weiter, da kam der dürrbeinige Tod auf ihn zugeschritten und sprach: »Nimm mich zu Gevatter.« Der Mann fragte: »Wer bist du?« »Ich bin der Tod, der alle gleichmacht.« Da sprach der Mann: »Du bist der Rechte, du holst den Reichen wie den Armen ohne Unterschied, du sollst mein Gevattersmann sein.« Der Tod antwortete: »Ich will dein Kind reich und berühmt machen, denn wer mich zum Freunde hat, dem kanns nicht fehlen.« Der Mann sprach: »Künftigen Sonntag ist die Taufe, da stelle dich zu rechter Zeit ein.« Der Tod erschien, wie er versprochen hatte, und stand ganz ordentlich Gevatter.

Als der Knabe zu Jahren gekommen war, trat zu einer Zeit der

Pate ein und hieß ihn mitgehen. Er führte ihn hinaus in den Wald, zeigte ihm ein Kraut, das da wuchs, und sprach: »Jetzt sollst du dein Patengeschenk empfangen. Ich mache dich zu einem berühmten Arzt. Wenn du zu einem Kranken gerufen wirst, so will ich dir jedes Mal erscheinen. Steh ich zu Häupten des Kranken, so kannst du keck sprechen, du wolltest ihn wieder gesund machen, und gibst du ihm dann von jenem Kraut ein, so wird er genesen; steh ich aber zu Füßen des Kranken, so ist er mein, und du musst sagen, alle Hilfe sei umsonst, und kein Arzt in der Welt könne ihn retten. Aber hüte dich, dass du das Kraut nicht gegen meinen Willen gebrauchst, es könnte dir schlimm ergehen.«

Es dauerte nicht lange, so war der Jüngling der berühmteste Arzt auf der ganzen Welt. »Er braucht nur den Kranken anzusehen, so weiß er schon, wie es steht, ob er wieder gesund wird oder ob er sterben muss«, so hieß es von ihm, und weit und breit kamen die Leute herbei, holten ihn zu den Kranken und gaben ihm so viel Gold, dass er bald ein reicher Mann war. Nun trug es sich zu, dass der König erkrankte: Der Arzt ward berufen und sollte sagen, ob Genesung möglich wäre. Wie er aber zu dem Bette trat, so stand der Tod zu den Füßen des Kranken, und da war für ihn kein Kraut mehr gewachsen. »Wenn ich doch einmal den Tod überlisten könnte«, dachte der Arzt, »er wird's freilich übelnehmen, aber da ich sein Patenkind bin, so drückt er wohl ein Auge zu: Ich will's wagen.« Er fasste also den Kranken und legte ihn verkehrt, sodass der Tod zu Häupten desselben zu stehen kam. Dann gab er ihm von dem Kraute ein, und der König erholte sich und ward wieder gesund. Der Tod aber kam zu dem Arzt, machte ein böses und finsteres Gesicht, drohte mit dem Finger und sagte: »Du hast mich hinter das Licht geführt: Diesmal will ich dir's nachsehen, weil du mein Patenkind bist, aber wagst du das noch einmal, so geht dir's an den Kragen, und ich nehme dich selbst mit fort.«

Bald hernach verfiel die Tochter des Königs in eine schwere Krankheit. Sie war sein einziges Kind, er weinte Tag und Nacht, dass ihm die Augen erblindeten, und ließ bekannt machen, wer sie vom Tode errettete, der sollte ihr Gemahl werden und die

Krone erben. Der Arzt, als er zu dem Bette der Kranken kam, erblickte den Tod zu ihren Füßen. Er hätte sich der Warnung seines Paten erinnern sollen, aber die große Schönheit der Königstochter und das Glück, ihr Gemahl zu werden, betörten ihn so, dass er alle Gedanken in den Wind schlug. Er sah nicht, dass der Tod ihm zornige Blicke zuwarf, die Hand in die Höhe hob und mit der dürren Faust drohte; er hob die Kranke auf, und legte ihr Haupt dahin, wo die Füße gelegen hatten. Dann gab er ihr das Kraut ein, und alsbald röteten sich ihre Wangen, und das Leben regte sich von Neuem.

Der Tod, als er sich zum zweiten Mal um sein Eigentum betrogen sah, ging mit langen Schritten auf den Arzt zu und sprach: »Es ist aus mit dir, und die Reihe kommt nun an dich«, packte ihn mit seiner eiskalten Hand so hart, dass er nicht widerstehen konnte, und führte ihn in eine unterirdische Höhle. Da sah er, wie tausend und tausend Lichter in unübersehbaren Reihen brannten, einige groß, andere halbgroß, andere klein.

Jeden Augenblick verloschen einige, und andere brannten wieder auf, also dass die Flämmchen in beständigem Wechsel hin und her zu hüpfen schienen. »Siehst du«, sprach der Tod, »das sind die Lebenslichter der Menschen. Die großen gehören Kindern, die halbgroßen Eheleuten in ihren besten Jahren, die kleinen gehören Greisen. Doch auch Kinder und junge Leute haben oft nur ein kleines Lichtchen.« »Zeige mir mein Lebenslicht«, sagte der Arzt und meinte, es wäre noch recht groß. Der Tod deutete auf ein kleines Endchen, das eben auszugehen drohte, und sagte: »Siehst du, da ist es.« »Ach, lieber Pate«, sagte der erschrockene Arzt, »zündet mir ein neues an, tut mir's zuliebe, damit ich meines Lebens genießen kann, König werde und Gemahl der schönen Königstochter.« »Ich kann nicht«, antwortete der Tod, »erst muss eins verlöschen, eh ein neues anbrennt.« »So setzt das alte auf ein neues, das gleich fortbrennt, wenn jenes zu Ende ist«, bat der Arzt. Der Tod stellte sich, als ob er seinen Wunsch erfüllen wollte, langte ein frisches großes Licht herbei, aber weil er sich rächen wollte, versah er es beim Umstecken absichtlich, und das Stückchen fiel um und verlosch. Alsbald sank der Arzt zu Boden und war nun selbst in die Hand des Todes geraten.

Gedanken

Der Knabe hat einen klugen Vater. Er wählt den Tod als Gevatter für seinen Jüngsten, denn wer den Tod »zum Freunde hat, dem kann's nicht fehlen«. Wie schließt man Freundschaft mit dem Tod? Welche Bilder, Vorstellungen haben wir vom Tod?

Die Brüder Grimm verbildlichen den Tod, wie viele ihn sehen: Er ist dünnbeinig, macht ein böses und finsteres Gesicht, hat eine eiskalte Hand und ist rachsüchtig. Will man mit einem solchen Wesen Freundschaft schließen? Es scheint fast, als wäre ein Bruch zwischen der Gestalt, die gerne zum Gevatter genommen wird, und dem Tod, der später rachsüchtig und böse scheint.

Wie kann ich den Tod als Gevatter annehmen? Gevatter sein heißt eingebunden sein in ein (christliches) Glaubenssystem und diesen Glauben an das Patenkind (altertümlich »dot«!) zu vermitteln. Der Tod als Gevatter des Lebens? »Ohne den Tod gibt es keine Erneuerung. … Die positive Kraft kann ohne die negative keinen Moment lang existieren. Der Tod ist also nicht Gegenspieler, sondern Gehilfe des Lebens.«[7]

Der Mensch ist sich als einziges Wesen seiner Sterblichkeit bewusst. Von ferne betrachtet, ist der Tod eine Tatsache, die jeden ereilt. Man kann also durchaus versuchen, mit dem Tod Freundschaft zu schließen; aber wenn der Tod einen geliebten Menschen fordert oder uns selbst ins Auge fasst, spätestens dann hört die Freundschaft auf.

Der Pate schenkt seinem Mündel ein Kraut. Gehen wir einmal davon aus, dass jeder von uns mit Eintritt ins Leben dieses Kraut als »Wundermittel« besitzt. Das Leben führt uns durch unterschiedliche Phasen, körperliche Veränderungen finden statt, kleine Krankheiten und Zipperlein schütteln uns, aber das Lebenskraut macht uns schnell wieder gesund und gibt uns neue Kraft.

Das Märchen erzählt, dass der Tod immer am Bett steht, die Frage ist nur, ob am Kopf- oder Fußende. Der Mensch ist sich der Anwesenheit des Todes nicht bewusst, er ist dem Leben ergeben, und im Schlaf sieht er Regeneration und Erholung, aber nicht den »kleinen Bruder des Todes«. Unerwartet schaut uns der Tod ins Auge, plötzlich, überraschend oder auch langsam, dahinschleichend. Gerade eben waren wir noch ganz dem Leben ergeben, jetzt sehen wir den Tod. Ohnmacht befällt uns. Warum ich? Warum mir? Wir sind bereit, alles zu tun, um dem Tod noch etwas vom Leben abzuringen. Alles? Auch wenn wir gegen die Gesetze des Todes verstoßen? »Aber hüte dich, dass du das Kraut nicht gegen meinen Willen gebrauchst, es könnte dir schlimm ergehen.« Wir suchen den Tod zu überlisten. »Er wird's freilich übelnehmen, aber da ich sein Patenkind bin, so drückt er wohl ein Auge zu.« Der Mensch will die Herrschaft über sein Leben behalten, er will sein Schicksal selbst in der Hand halten. Einmal das Kraut des Lebens gekostet, ist es so kostbar, dass der Mensch die Macht nicht abgeben will.

Der junge Arzt hat die warnenden Worte seines Paten vergessen. Er ist betört von der großen Schönheit der Königstochter, betört von der Schönheit des Lebens? »Er sah nicht, dass der Tod ihm zornige Blicke zuwarf, die Hand in die Höhe hob und mit der dürren Faust drohte.« Ist es Drohung oder Warnung? Aus dem Spiel des Lebens wird der Kampf mit dem Tod. Der Mensch ist selten bereit, sich in sein Schicksal zu fügen, er kämpft um sein Leben. Es ist das Sichaufbäumen gegen das Unvermeidliche. Es ist ein Kampf, der meist im Stillen geschieht, ein Kampf, der allein ausgefochten wird, bei dem die Vertrauten hilflos daneben stehen. Kämpfen heißt aber auch: sich der Situation zu stellen, nicht (mehr) davonzulaufen. Kämpfen ist ein wichtiger Prozess. Wut, Angst, Trauer, Schuldzuweisungen, ein Karussell der Gefühle beginnt, immer in der Hoffnung, den Tod zu überlisten. Scheinbar gelingt es: Die schöne Königstochter wird wieder gesund. Im Angesicht des Todes scheint uns das Leben schöner und begehrenswerter als jemals zuvor. Aber der Tod hat uns bereits im Griff.

Das Märchen schildert uns nun ein eindrückliches Bild: In einer unterirdischen Höhle brennen tausend und abertausend Lichter in unübersehbaren Reihen, einige groß, andere halbgroß, andere klein. »Das sind die Lebenslichter der Menschen. Die großen gehören den Kindern, die halbgroßen Eheleuten in ihren besten Jahren, die kleinen gehören Greisen. Doch auch Kinder und junge Leute haben oft nur ein kleines Lichtchen.« Dieses Bild berührt, es erzählt so einfach vom Leben, dass es fast schmerzt. Es ist nicht einzusehen, warum auch Kinder und junge Leute ein kleines Licht haben sollten. Und doch entspricht es der Wahrheit, die wir immer wieder erleben. Lebenslichter brennen und verlöschen. Auch Leben und Tod folgen dieser Gesetzmäßigkeit und können sie nicht ändern.

Als der Arzt erkennt, dass er nur ein kleines Licht besitzt, will er ein neues, größeres. Erst in der Sterblichkeit erkennen wir die Kostbarkeit des Lebens und fürchten, das Beste versäumt zu haben. Mozart schrieb am 4. April 1787 an seinen Vater Leopold: »Da der Tod (genau zu nehmen) der wahre Endzweck unsers Lebens ist, so habe ich mich seit ein paar Jahren mit diesem wahren, besten Freunde des Menschen so bekannt gemacht, dass sein Bild nicht alleine nichts Schreckendes mehr für mich hat, sondern recht viel Beruhigendes und Tröstendes. Und ich danke meinem Gott, dass er mir das Glück gegönnt hat, mir die Gelegenheit (Sie verstehen mich) zu verschaffen, ihn als den Schlüssel zu unserer wahren Glückseligkeit kennenzulernen. Ich lege mich nie zu Bette, ohne zu bedenken, dass ich vielleicht, so jung, als ich bin, den andern Tag nicht mehr sein werde, und es wird doch kein Mensch von allen, die mich kennen, sagen können, dass ich im Umgange mürrisch oder traurig wäre, und für diese Glückseligkeit danke ich alle Tage meinem Schöpfer und wünsche sie von Herzen jedem meiner Mitmenschen.«

Der junge Arzt will sich nicht in sein Ende fügen und bittet um Aufschub, damit er sein Leben genießen kann. Doch der Tod kann ihm keine Verlängerung gewähren. »›Erst muss eins verlöschen, eh ein neues anbrennt.‹ ›So setzt das alte auf ein neues, dass es gleich fortbrennt, wenn jenes zu Ende ist‹, bat der Arzt. Der Tod stellte sich, als ob er seinen Wunsch erfüllen wollte …« Die Brüder Grimm bezeichnen den Tod als rachsüchtig, deshalb versieht er sich beim Umstecken und das Licht verlischt. Für die Zurückbleibenden scheint der Tod heimtückisch, vielleicht sogar rachsüchtig. Aus der Sicht des Toten könnte es eine große Gnade sein, wenn uns im letzten Moment Hoffnung auf ein Weiterleben gegeben ist. Für die Lebenden ist die Lücke, die der Tote hinterlässt, stets schmerzhaft. Für den Sterbenden könnte es ein Geschenk sein, das Licht des Lebens noch einmal hell leuchten zu sehen.

Gehen wir noch einmal zum Anfang der Geschichte: »Wer bist du?« »Ich bin der Tod, der alle gleichmacht.« … »Du bist der Rechte, du holst den Reichen wie den Armen ohne Unterschied, du sollst mein Gevattersmann sein.« Kann es gelingen, den Tod als Gehilfen des Lebens zu sehen? Können wir den Tod zum Freund nehmen?

Übung

Diese Übung ist dem Lebenslicht gewidmet.

Zünden Sie eine Kerze an. Wenn Sie Lust haben, wählen Sie ganz bewusst eine bestimmte Kerzenfarbe und Kerzenform. Stellen Sie die brennende Kerze vor sich hin, optimal ist in Augenhöhe. Wählen Sie einen für Ihre Augen angenehmen Abstand, mindestens aber dreißig Zentimeter. Blicken Sie in das Licht der Kerze. Konzentrieren Sie sich einfach auf die Flamme. Wenn Gedanken kommen, lassen Sie diese weiterziehen. Schauen Sie in das Licht und versuchen Sie, ihren Kopf leer zu machen. Nehmen Sie sich ca. 3 Minuten dafür Zeit. Dann schließen Sie die Augen. Sehen Sie noch immer das Licht der Kerze, jetzt vor Ihren geschlossenen Augen. Stellen Sie sich jetzt vor, dass Sie selbst diese Flamme sind. Ihr ganzer Körper ist eingehüllt in dieses Licht. Nehmen Sie mit jedem Einatmen das Licht in sich auf. Füllen Sie jede Zelle Ihres Körpers mit diesem Licht. Spüren Sie, wie das

Licht Sie erfüllt und einhüllt. Lassen Sie Ihr Lebenslicht leuchten. Dann verabschieden Sie sich langsam und öffnen behutsam die Augen. Blicken Sie noch einmal auf das Kerzenlicht. Beginnen Sie sich zu recken und zu strecken. Löschen Sie die Kerze ganz bewusst, und lassen Sie Ihr inneres Licht leuchten. Diese Übung können Sie auch für einen anderen Menschen machen. Stellen Sie sich vor, wie das Lebenslicht ihn einhüllt und jede Zelle seines Körpers erfüllt.

Das Lebenslicht leuchtet in uns, solange wir leben. Häufig entdecken wir es in den Augen der Menschen.

Symbol

Redewendungen: Einem das Lebenslicht ausblasen, das Licht der Welt erblicken, jemandem geht ein Licht auf, einem ein Licht aufstecken, das leuchtet ein, sein Licht unter den Scheffel stellen, er ist kein großes Licht, etwas ans Licht bringen, jemanden hinters Licht führen, bei Lichte besehen, Licht am Ende des Tunnels, ein Lichtblick.

Das Licht ist weltweit Symbol der Göttlichkeit, des geistigen Elements, das nach dem uranfänglichen Chaos der Dunkelheit das All durchströmte und die Finsternis in ihre Schranken wies. Die Trennung von Licht und Finsternis ist im Schöpfungsbericht der Genesis die erste Gottesmanifestation, während Sonne und Mond erst später schlicht als »Leuchten« an das Firmament gehängt werden. Die Israeliten sahen das Leben als Funken und Licht, das Sterben als Erlöschen an. Die griechische Kunst stellt den Tod mit der umgestürzten, erloschenen Fackel dar.

Im Buddhismus bedeutet das Licht bildhaft das Erkennen der Wahrheit und die Überwindung der Materie auf dem Weg zur absoluten Realität, dem farb- und formlosen Nirwana. Im Hinduismus ist das Licht Metapher für Weisheit, und im Islam trägt das Licht einen heiligen Namen, denn »Allah ist das Licht des Himmels und der Erde«. In der jüdischen Geheimlehre der Kabbala entsteht erst nach dem Licht die Finsternis. Das Urlicht ist Inbegriff der Gottheit, wie im Christentum der Erlöser als »Licht der Welt« bezeichnet wird. Kerzen sind Lichtträger, z.B. Osterkerze, Tauf- und Kommunionskerzen.

Im Brauchtum spielt das Lebenslicht bis heute eine große Rolle: So viele Jahre das Kind zählt, so viele Kerzen werden auf den Geburtstagskuchen gesteckt. Das in der Mitte stehende Lebenslicht darf nur das Geburtstagskind selbst ausblasen. In anderen Gegenden darf man die Lichter vom Geburtstagskuchen überhaupt nicht ausblasen, schon gar nicht das in der Mitte stehende Lebenslicht, sondern muss es bis zu Ende brennen lassen. Im Rheinland kannte man den Brauch, unmittelbar vor der Geburt des Kindes eine geweihte Kerze anzuzünden, und man deutete es übel aus, wenn das Kind nicht zur Stelle war, wenn das Licht erlosch. Im Erzgebirge wurden bei der Aufbahrung der Leiche so viele Lichter angebrannt, als der Verstorbene vollendete Lebensjahre hinter sich hatte; die das letzte Lebensjahr bedeutende Kerze lag unangezündet und zerbrochen daneben. Eine Hausinschrift in Tuttlingen (Württemberg) lautet:

Bläst, o Welt, in deinem Haus
der Tod des Lebens Lichtlein aus,
wird am Geruch es offenbar,
wer Talglicht oder Wachslicht war.

Fallbeispiel

In der Hospizsprechstunde besuchte mich eine Enkelin, die um ihre Großmutter besorgt war. Diagnose: CA; Mammakarzinom beidseitig; Total-OP; jetzt Knochenmetastasen.

Frau M. wohnte in einem Seniorenstift. Da die Enkeltochter berufstätig war und zwei Stunden entfernt lebte, bat sie mich um Hilfe durch die Hospizbewegung. Wir verabredeten uns zum nächsten Tag im Kaffeegarten des Stiftes und tauschten Informationen aus. Bei einer Tasse Tee schilderte mir die Enkeltochter die Lebensgeschichte ihrer Großmutter. Es war eine herzliche Verbindung zwischen den beiden zu spüren.

Frau M. war 89 Jahre alt. Als jüngere Frau lag sie schon dreimal in einem Sterbezimmer (so war es früher), und immer wieder ist sie dem Tod von der Schippe gesprungen. Die Enkelin sagte: »Das sind die Worte meiner Großmutter. Ja, sie ist unverwüstlich, sie rappelt sich immer wieder auf. Sie glaubt, das geht immer so weiter. Sie hat zwar Sprüche auf ihrer Zunge wie: Ich bin ja nun auch schon alt genug und muss mal für die Jungen Platz machen. Aber im Grunde hofft sie auf eine Besserung. Doch jetzt habe ich große Angst, denn ihr Allgemeinzustand verschlechtert sich zusehends.« Anschließend betraten wir das Zimmer der Bewohnerin. Wir besprachen und regelten alles nach ihren Wünschen, und ich verabredete mich für den nächsten Tag mit ihr.

Ich brachte Frau M. ein paar Blumen aus unserem Garten mit und stellte sie in eine Vase. Sie bat mich, die Blumen neben das Bild ihres Mannes zu stellen und die Kerze auf dem Nachttisch anzuzünden. Sie sprach gefasst und ohne sentimentale Rührseligkeiten über vergangene Zeiten: »Ich habe einen Wunsch. Ich möchte zu meinem neunzigsten Geburtstag all meine Freunde einladen und Gerdalein (so heißt ihre Enkeltochter) wird mir eine Hochzeitssuppe kochen.« Sie erzählte mir auch von ihren früheren Aufenthalten im »Sterbezimmer«: »Manchmal, wenn die Schwestern hereinkamen und sich laut wunderten, dass ich noch atme, fürchtete ich: Sie werden mich noch lebendig begraben.« Im Gespräch mit ihr wurde deutlich, dass ihr bewusst ist, dass alles Leben irgendwann zu Ende geht. Aber es war keine leichte Erkenntnis für sie. Den Gedanken an ihre eigene Vergänglichkeit ließ sie nicht zu. Einmal fragte sie mich: »Was meinen Sie, kommt man wirklich in den Himmel oder ins Fegefeuer?« Da Frau M. gläubig war, sprach ich ihr Mut zu in unserer gemeinsamen Hoffnung auf eine Auferstehung. Gleichzeitig dachte ich an das Märchen »Der Gevatter Tod«. Sie kannte es und wollte es gerne hören. Bei unseren weiteren Treffen sprachen wir über unsere Gedanken.

Gevatter Tod ließ sie Vertrauen zu ihrem Ende fassen. Der Gedankenaustausch half ihr bei der Bewältigung der Ängste und ermöglichte neue Gedanken. Die Kerze musste bei unseren Gesprächen immer brennen. »Meine Kerze ist nun bald zu Ende, und nicht mehr lange, dann werde ich bei meinem Mann sein.« Ich würde sagen: »gestorben wie im Märchen«. Durch die Auseinandersetzung mit dem Tod verlor der Tod für Frau M. seinen Schrecken. Sie starb in ihrer vertrauten Umgebung, im Beisein ihrer Enkeltochter. Sie hatte sich auf dem Weg bis zum Tod gedanklich mit ihm auseinandergesetzt und sich bewusst von allen verabschieden können. Sie hoffte auf ein Wiedersehen mit ihrem geliebten Mann.

Ihren 90. Geburtstag hat Frau M. nicht mehr erreicht, doch der Wunsch, mit Freunden Hochzeitssuppe zu essen, wurde bei ihrer Beerdigungsfeier erfüllt.

Tod und Licht

Ich glaube,
dass, wenn der Tod unsere Augen schließt,
wir in einem Licht stehn,
von welchem unser Sonnenlicht
nur der Schatten ist.
Arthur Schopenhauer

Die Boten des Todes, Brüder Grimm

Stichwörter: Verlust, Verdrängung, Abschied

Vor alten Zeiten wanderte einmal ein Riese auf der großen Landstraße, da sprang ihm plötzlich ein unbekannter Mann entgegen und rief: »Halt! Keinen Schritt weiter!« »Was«, sprach der Riese, »du Wicht, den ich zwischen den Fingern zerdrücken kann, du willst mir den Weg vertreten? Wer bist du, dass du so keck reden darfst?« »Ich bin der Tod«, erwiderte der andere, »mir widersteht niemand, und auch du musst meinen Befehlen gehorchen.« Der Riese aber weigerte sich und fing an, mit dem Tode zu ringen. Es war ein langer, heftiger Kampf, zuletzt behielt der Riese die Oberhand und schlug den Tod mit seiner Faust nieder, dass er neben einem Stein zusammensank. Der Riese ging seiner Wege, und der Tod lag da besiegt und war so kraftlos, dass er sich nicht wieder erheben konnte. »Was soll daraus werden«, sprach er, »wenn ich da in der Ecke liegen bleibe? Es stirbt niemand mehr auf der Welt, und sie wird so mit Menschen angefüllt werden, dass sie nicht mehr Platz haben, nebeneinander zu stehen.« Indem kam ein junger Mensch des Wegs, frisch und gesund, sang ein Lied und warf seine Augen hin und her. Als er den halb Ohnmächtigen erblickte, ging er mitleidig heran, richtete ihn auf, flößte ihm aus seiner Flasche einen stärkenden Trank ein und wartete, bis er wieder zu Kräften kam. »Weißt du auch«, fragte der Fremde, indem er sich aufrichtete, »wer ich bin und wem du wieder auf die Beine geholfen hast?« »Nein«, antwortete der Jüngling, »ich kenne dich nicht.« »Ich bin der Tod«, sprach er, »ich verschone niemanden und kann auch mit dir keine Ausnahme machen. Damit du aber siehst, dass ich dankbar bin, so verspreche ich dir, dass ich dich nicht unversehens überfallen, sondern dir erst meine Boten senden will, bevor ich komme und dich abhole.« »Wohlan«, sprach der Jüngling, »immer ein Gewinn, dass ich weiß, wann du kommst, und so lange wenigstens sicher vor dir bin.« Dann zog er weiter, war lustig und guter Dinge und lebte in den Tag hinein. Allein Jugend und Gesundheit hielten nicht lange an, bald kamen Krankheiten und Schmerzen, die ihn bei Tag plagten und ihm nachts die Ruhe wegnahmen. »Sterben werde ich nicht«, sprach er zu sich selbst, »denn der Tod sendet erst seine Boten, ich wollte nur, die bösen Tage der Krankheit wären erst vorüber.« Sobald er sich gesund fühlte, fing er wieder an, in Freuden zu leben. Da klopfte ihm eines Tages jemand auf die Schulter: Er blickte sich um, und der Tod stand hinter ihm und sprach: »Folge mir, die Stunde deines Abschieds von der Welt ist gekommen.« »Wie«, antwortete der Mensch, »willst du dein Wort brechen? Hast du mir nicht versprochen, dass du mir, bevor du selbst kämest, deine Boten senden wolltest? Ich habe keinen gesehen.« »Schweig«, erwiderte der Tod, »habe ich dir nicht einen Boten über den andern geschickt? Kam nicht das Fieber, stieß dich an, rüttelte dich und warf dich nieder? Hat der Schwindel dir nicht den Kopf betäubt? Zwickte dich nicht die Gicht in allen Gliedern? Brauste dir's nicht in den Ohren? Nagte nicht der Zahnschmerz in deinen Backen? Wird dir's nicht dunkel vor den Augen? Über das alles, hat nicht mein leiblicher Bruder, der Schlaf, dich jeden Abend an mich erinnert? Lagst du nicht in der Nacht, als wärst du schon gestorben?« Der Mensch wusste nichts zu erwidern, ergab sich in sein Geschick und ging mit dem Tode fort.

Gedanken

Der Tod im Kampf mit einem Riesen. Wer mag sich das vorstellen? Wieso sollte der Riese gewinnen? Wir wissen doch, dass der Tod mächtig ist und jeden holt. Wer ist dieser Riese, der den Tod besiegen kann? Immer wieder sind die Menschen »dem Tod von der Schippe gesprungen«. Heute scheint die ärztliche Wissenschaft der Riese zu sein. Lebenserhaltende und lebensverlängernde Wege wurden in der Medizin entwickelt, viele Krankheiten gänzlich besiegt. Für diesen Moment hat der Riese den Tod tatsächlich besiegt, er ist kraftlos und kann sich nicht wieder erheben: »Was soll daraus werden«, sprach er, »wenn ich da in der Ecke liegen bleibe?« Der Tod erscheint als menschlich, er hat Gefühle, Sorgen, Ängste. Wie wohltuend ist dieses Bild, fast könnte man Mitleid mit dem Tod haben.

Ein junger und gesunder Mensch ist es, der sich dem Tod zuwendet und ihm einen »stärkenden Trank« einflößt. Erst dann erfährt er, wen er da gerettet hat. Und jetzt scheint es, als würde der Pakt mit dem Leben geschlossen. Kaum im Leben, gibt der Tod ein Versprechen an den Menschen: »Ich bin der Tod, ich verschone niemanden und kann auch mit dir keine Ausnahme machen. Damit du aber siehst, dass ich dankbar bin, so verspreche ich dir, dass ich dich nicht unversehens überfallen, sondern dir erst meine Boten senden will, bevor ich komme und dich abhole.« Doch der Mensch erkennt die Boten des Todes nicht.

Immer, wenn etwas zu Ende geht, sterben wir kleine Tode, doch selten machen wir uns das bewusst. Die menschliche Entwicklung hält Übergänge, die man als Tod des Alten bezeichnen könnte, bereit: Schulabschluss, Arbeitsplatzwechsel, Heirat, Elternschaft, Umzug, Partnerwechsel sind nur einige Beispiele.

Der Mensch will die Boten des Todes nicht wahrhaben: »Ich wollte nur, die bösen Tage der Krankheit wären erst vorüber.« Mit dem Eintritt ins Leben kennen wir den Tod. Immer wieder schickt er seine Boten, uns zu erinnern. Der Tod macht aber auch deutlich, dass nicht nur Krankheit und Schwäche seine Boten sind: »… hat nicht mein leiblicher Bruder, der Schlaf, dich jeden Abend an mich erinnert? Lagst du nicht in der Nacht, als wärst du schon gestorben?« Manchmal kommt der Tod nicht schleichend, sondern überfällt den Betroffenen, dann ist keine Zeit mehr zum Abschiednehmen, was für die Hinterbliebenen umso schmerzlicher ist. Doch wann immer der Tod kommt, meist trifft er den Menschen unvorbereitet. Durch die Beschäftigung mit Märchen oder die Arbeit im Hospiz können wir ein Bewusstsein für den Tod gewinnen. Ob er uns deshalb nicht trotzdem überfällt, kann keiner sagen.

Übung

In dieser Übung nutzen wir unseren Atem als Sinnbild für Leben und Tod.

Setzen oder legen Sie sich bequem hin. Spüren Sie Ihren Körper. Nehmen Sie Ihren Atem wahr, ohne etwas an ihm zu verändern. Allein durch die Aufmerksamkeit auf die Atmung spüren Sie vielleicht, dass Ihr Atem tiefer wird. Auch Seufzen oder Gähnen darf sein. Erlauben Sie sich einfach, Ihren Atem zu spüren. Er ist wie eine Welle. Ein und aus. Ein und aus. Erlauben Sie sich, einen Rhythmus zu finden. Wenn Ihre Gedanken abschweifen, so kommen Sie wieder zu Ihrem Atem zurück. Sie brauchen nichts weiter zu tun, als Ihren Atem wahrzunehmen. Sie spüren vielleicht, dass nicht Sie bestimmen, wann Sie einatmen oder ausatmen. Es ist ein Fluss, der von selbst fließt. Es braucht kein Kommando Ihrerseits. Sie können Ihrem Atem ganz vertrauen. Ein – aus, ein – aus. Finden Sie Ihren Rhythmus und lassen Sie alle Gedanken weiterziehen, halten Sie nichts fest. Ich werde Ihnen jetzt einige Assoziationen bilden. Sie können diese Assoziationen mit Ihrem Atem mitnehmen. Immer im Rhythmus, ein – aus. Ein – aus. Kommen – Gehen. Ein – aus. Aufnehmen – Abgeben. Ein – aus. Leben – Tod. Ein – aus. Licht – Dunkel. Ein – aus. Stirb – werde. Ein – aus. Kommen – Gehen. Ein – aus. Aufnehmen – Abgeben. Ein – aus. Leben – Tod. Ein – aus. Licht – Dunkel. Ein – aus. Stirb – Werde. Ein – aus. Sie können diese Assoziationskette beliebig wiederholen oder auch erweitern. Dann lassen Sie Ihren Atem weiterfließen. Spüren Sie Ihren Körper, wie Sie sitzen oder liegen, und beginnen Sie langsam Ihre Füße und Hände zu bewegen, sich zu recken und zu strecken. Öffnen Sie die Augen und kommen Sie wieder ganz ins Hier und Jetzt zurück.

Sprichwörter: Das ist der Tod einer Sache, weder Tod noch Teufel fürchten, jemandem den Tod an den Hals wünschen, den Tod finden, dem Tod ins Auge schauen, jemanden auf den Tod nicht ausstehen können, gegen den Tod ist kein Kraut gewachsen, es geht um Leben und Tod, himmelhoch jauchzend, zu Tode betrübt, tausend Tode sterben, umsonst ist der Tod und der kostet das Leben.

Der Mensch weiß so gut wie nichts über den Tod. Der Brockhaus findet zahlreiche Definitionen: Biologisch gesehen, ist der Tod das Erlöschen aller Lebensvorgänge, als klinischer Tod wird der Stillstand von Herzkreislauf und Atmung bezeichnet. Es gibt den allgemeinen und den örtlichen Tod, den natürlichen und unnatürlichen Tod. Je nachdem, wo er eintritt, ist es ein Herztod, Gehirntod, Lungentod. Er kann sich im Erschöpfungstod oder als Todeskampf auswirken. Der Tod kennt sichere und unsichere Zeichen sowie den Scheintod. Philosophische Ansätze sehen den Tod als Grenzsituation. Aus materialistischer Sicht ist der Tod der Schlusspunkt eines einmaligen, nun abgelaufenen biologischen Prozesses. In einigen Religionen wird der Tod als Durchgang zur Wiederverkörperung gesehen. In der christlichen Religion gilt er als der »Sünde Sold« (Römer 6,23). In den älteren matriarchalischen Religionen akzeptierte man die Realität des Todes. Für sie war es Pflicht, neben der Schönheit der Natur auch ihre Hässlichkeit und ihren Verfall wahrzunehmen (siehe »Frau Holle«). Dem Tod wurde ebenso viel Bedeutung beigemessen wie der Geburt. Beide waren gleichwertig, zwei Durchgänge durch dasselbe Tor. Der eine führt hinaus, der andere hinein. Orientalische Weisen versuchten ihr Bewusstsein durch Gebete so zu schärfen, dass sie den Tod nur als Erfindung ihres Geistes erkennen konnten. Die sibirischen Schamanen versuchten in Initiationszeremonien den Tod kennenzulernen. In Märchen und Sagen erscheint der Tod in vielen Gestalten und Formen, als Mann, als Frau, hässlich, schön bis göttergleich.

Fallbeispiel

Herr K. war 78 Jahre alt und wünschte sich eine Hospizbegleitung im Seniorenheim. Er litt an Knochen-CA mit Metastasen, eine Behandlung lehnte er schon vor 15 Jahren ab. Nach Auskunft der Heimleiterin hatte Herr K. Ängste während der Nacht. Er war bei vollem Bewusstsein und sehr bestimmend. Das Pflegepersonal konnte keinen richtigen Kontakt zu ihm finden. Als ich sein Zimmer betrat, sah ich in starre, irritierte Augen. Ich stellte mich ihm vor. Herr K. empfing mich mit den Worten: »Erst will ich mal sehen, ob wir uns verstehen.« Ich antwortete: »Ja, das finde ich gut, das wollen wir erst einmal sehen.«

Ich durfte mich neben sein Bett setzen. Herr K. sagte: »Ich würde so gern Fencheltee trinken, doch die jungen Mädchen hier haben ja keine Zeit. Ich bin froh, dass Sie für mich Zeit haben.« So fing unsere Unterhaltung an. Ich bestellte Fencheltee, und Herr K. erzählte mir von seinem Hof, seiner Arbeit und der Krankheit: »Ich habe die ganzen Jahre ausgehalten und meine Arbeit getan. Brauchte nie einen Arzt. Nun ging es einfach nicht mehr.« Danach schickte er mich nach Hause, und wir verabredeten uns für den nächsten Tag.

Schon nach unserer ersten Begegnung fiel mir das Märchen ein: »Die Boten des Todes«. Am nächsten Tag erfuhr ich, dass seine Frau im selben Haus eine Etage tiefer wohnte. Als ich Herrn K. nach ihr fragte, machte er eine abwehrende Handbewegung und sagte: »Sie ist plemplem.« Aber dann öffnete er sich: »Ich habe viel nachgedacht, was ich Ihnen erzählen möchte.« Er sprach über alle noch unerledigten Geschäfte, Nachlass, Beerdigung, Zeitungsannonce, Anruf seines Neffen und Notars. Er reichte mir sein Telefon, und ich verband Herrn K. mit seinem Neffen. Dieser versprach, am nächsten Tag zu kommen. Der Neffe erledigte alle notwendigen Dinge, sodass Herr K. entlastet war. »So, nun kommt der Teufel mich bald holen. Ich habe meiner Frau viel angetan. Ich will auf keinen Fall allein sein.« Ich hatte das Gefühl, dass Herr K. jetzt Zeit fand, über sein Sterben nachzudenken. Also wagte ich einen ersten Versuch: »Ich würde Ihnen gerne eine Geschichte erzählen.« (Ich habe nicht Märchen gesagt, da ich fürchtete, Herr K. könnte Märchen als »Kinderkram« ablehnen.) Er stimmte zu, und ich erzählte ihm »Die Boten des Todes«. Er hörte andächtig zu und schien ganz in sich zu ruhen. Ich konnte förmlich spüren, wie er über diese Geschichte nachdachte. »Ja, das stimmt«, war sein Abschlusskommentar, »ich habe es nicht wahrhaben wollen. Ich dachte, das geht immer so weiter.«

Von Bekannten erfuhr ich, dass er seine Frau oft geschlagen hatte und sie nur zu ihm kommen durfte, wenn er es erlaubte. Auf seine bange Frage: »Was wird mich nun erwarten?«, antwortete ich: »Sie können doch noch über alles mit Ihrer Frau sprechen und ihr sagen, was sie bedrückt.« »Ja, ich möchte noch einige Dinge in Ordnung bringen. Können Sie die Geschichte auch meiner Frau erzählen?« Erstaunlich war für mich, dass er sich nach einer gewissen Anlaufzeit auch auf seine Gefühle ansprechen ließ. Weinen war eigentlich seine Sache nicht, aber seine Gefühle beschäftigten ihn doch sehr. Er versuchte, das Weinen zu unterdrücken, indem er sich seine Nase putzte und eine Pause machte, dann fasste er sich wieder und erzählte mit bebender Stimme weiter. Wir verabredeten uns für den nächsten Tag, und er gestattete mir, seine Frau zu holen. Als wir uns bekannt gemacht hatten, erzählte ich auf Wunsch von Herrn K. noch einmal die Geschichte.

Jetzt verstand ich, warum er sich das gewünscht hatte: »Siehst du«, sprach er zu seiner Frau, »ich habe nie auf dich gehört, und nun werde ich bald sterben.« Die Geschichte war für ihn ein Anknüpfungspunkt, um mit seiner Frau ins Gespräch zu kommen. Er sprach über das Grab, wo auch sie später beerdigt werden sollte. Er machte ihr eine Liebeserklärung und verabschiedete sich. Beide lagen sich in den Armen und weinten. Er bat seine Frau, nachts bei ihm zu bleiben. Sie schlief auf der Schlafcouch, und in derselben Nacht starb er friedlich im Schlaf.

Frau Trude, Brüder Grimm

Stichwörter: Neugier, Angst, Ohnmacht, Tod und Teufel

Es war einmal ein kleines Mädchen, das war eigensinnig und vorwitzig, und wenn ihm seine Eltern etwas sagten, so gehorchte es nicht: Wie konnte es dem gut gehen? Eines Tages sagte es zu seinen Eltern: »Ich habe so viel von der Frau Trude gehört, ich will einmal zu ihr hingehen, die Leute sagen, es sehe so wunderlich bei ihr aus, und erzählen, es seien so seltsame Dinge in ihrem Hause, da bin ich ganz neugierig geworden.« Die Eltern verboten es ihr streng und sagten: »Die Frau Trude ist eine böse Frau, die gottlose Dinge treibt, und wenn du zu ihr hingehst, so bist du unser Kind nicht mehr.« Aber das Mädchen kehrte sich nicht um das Verbot seiner Eltern und ging doch zu der Frau Trude. Und als es zu ihr kam, fragte die Frau Trude: »Warum bist du so bleich?« »Ach«, antwortete es und zitterte am ganzen Leibe, »ich habe mich so erschrocken über das, was ich gesehen habe.« »Was hast du gesehen?« »Ich sah auf Eurer Stiege einen schwarzen Mann.« »Das war ein Köhler.« »Dann sah ich einen grünen Mann.« »Das war ein Jäger.« »Danach sah ich einen blutroten Mann.« »Das war ein Metzger.« »Ach, Frau Trude, mir grauste, ich sah durchs Fenster und sah Euch nicht, wohl aber den Teufel mit feurigem Kopf.« »Oho«, sagte sie, »so hast du die Hexe in ihrem rechten Schmuck gesehen: Ich habe schon lange auf dich gewartet und nach dir verlangt, du sollst mir leuchten.« Da verwandelte sie das Mädchen in einen Holzblock und warf ihn ins Feuer. Und als er in voller Glut war, setzte sie sich daneben, wärmte sich daran und sprach: »Das leuchtet einmal hell!«

Gedanken

Das Mädchen ist klein. Klein als jung verstanden oder klein gehalten von den Eltern? Das Mädchen ist eigensinnig, vorwitzig und gehorcht nicht. »… wie konnte es dem gut gehen?«, fragt das Märchen. Eigensinnig heißt: Sie hat einen eigenen Sinn, ihren eigenen Kopf. Das ist anstrengend und unangenehm. Vorwitzig deutet darauf hin, dass sie vielleicht eine kleine »Besserwisserin« ist. Der Witz, das eigentlich Lebendige, Leichte, ist vom Vorwitz verdrängt. Sie ist neu-gierig, gierig wonach? Dieses Kind ist anders als die anderen, die Eltern finden keinen Zugang zu ihr. Was sie ihr auch sagen, sie gehorcht nicht. Das Kind scheint wie besessen zu sein von dem Gedanken an diese wunderliche Frau Trude. Obgleich ihr die Eltern damit drohen, dass sie dann nicht mehr ihr Kind sei, muss sie doch zur Frau Trude. Für sie ist es reizvoll, die zu sehen, von der sie schon so viel gehört hat. Wer ist Frau Trude? Die Eltern sagen, sie ist eine böse Frau, die gottlose Dinge treibt. Sie selbst bezeichnet sich als Hexe in ihrem rechten Schmuck.

Es fällt auf, dass diese Frau namentlich genannt wird. Für gewöhnlich kommen im Märchen allenfalls »Allerweltsnamen« wie Hans oder Grete vor. Diese sonderbare Frau aber wird »Trude« genannt. Vom altnordischen »throta« hergeleitet, bedeutet es stoßen, treten und passt mit dem Bild der Truden zusammen, die in nächtlichen Alpträumen erscheinen und den Menschen peinigen. Damit wäre Frau Trude der Alp, der uns drückt. Sie könnte ein Sinnbild für unsere Todesangst sein. Diese Angst zwickt und zwackt den Menschen und bedrückt ihn im wahrsten Sinne des Wortes. Todesangst packt das Mädchen, als es in das Haus des Todes/Teufels kommt. Der Tod/Teufel nährt und wärmt sich nun an seinem Lebenslicht.

»Trude« kann aber auch von »thrudr« abstammen und bedeutet dann Kraft, Frau. In der Mythologie finden wir Thrudr als eine der Walküren, ein nordischer Totenengel, der über den Schlachtfeldern schwebt und die Seelen der tapferen Krieger nach Walhalla holt. Die Walküren haben viel gemeinsam mit den Moiren oder

Nornen (siehe »Dornröschen«), die das menschliche Leben spinnen. Eliade bezeichnet die Walküren als Seelenführerinnen und bringt sie mit der Mythologie des Todes in Verbindung.[8] Luisa Francia bezeichnet die Truden als furchterregend und wild; immer auf der Schwelle zwischen Leben und Tod sind sie Begleiterinnen in Übertrittsritualen[9].

Im Seelenbild des Märchens gesprochen, liegt der folgende Gedanke nahe: Frau Trude ist die FRAU, die Urfrau, das Leben an sich. Frau Trude spiegelt das Leben mit all seinen Facetten und Farben: Schwarz für Sterblichkeit und Tod: der Köhler. Grün für Wachstum und Wandel: der Jäger. Rot für Schmerz und Leid: der Metzger.

In der Angst vor dem Tod dämonisiert und tabuisiert der Mensch die Urkraft, gespiegelt durch die Eltern des Mädchens. Das Mädchen dagegen ist angezogen von Frau Trudes Kraft und neugierig auf das Leben. Als es dann das Leben in seiner ganzen Größe erblickt, scheint es ihm schrecklich und unfassbar. Es zittert am ganzen Leib und beginnt nun ebenfalls wie die Eltern diese Urkraft zu fürchten: »… und sah Euch nicht, wohl aber den Teufel mit feurigem Kopf«. Der Urkraft ist es egal, ob sie als Hexe oder Göttin, als Teufel oder Dämon gesehen wird, sie spiegelt dem Menschen seine Sicht wider. Frau Trude nennt sich also selbst Hexe, die ja bekanntlich mit dem Teufel im Bund steht. Jetzt erst kommen wir zum Kern der Geschichte: »Ich habe schon lange auf dich gewartet und nach dir verlangt, du sollst mir leuchten.« Der Mensch ist dem Leben verpflichtet, das Leben verlangt nach uns. Je leichter und freier wir uns dem Lauf des Lebens hingeben, desto heller kann unser Lebenslicht leuchten. Frau Trude ist zufrieden, sie wärmt sich am Feuer des Mädchens: »Das leuchtet einmal hell!«, bis es ganz verglüht. Geben wir uns dem Leben hin, so verzehrt es uns.

Christian Morgenstern hat ein wundervolles Gedicht dazu verfasst:

Wirf dich weg! Sonst bist du nicht
meiner Art und meines Blutes.
Wehe! Wachst du zagen Mutes
über deinem Lebenslicht,
dessen Flamme gar nichts wert,
wenn sie nicht – ihr Wachs – verzehrt.
Brenne durstig himmelan!
Brenne stumm hinab; doch brenne!
Dass dein Los von dem dich trenne,
der sich nicht verschwenden – kann.
Lass ihm seine Angst und Not!
Du verstehe nur – den Tod.

Übung

Jeder von uns hat kleinere oder größere Teufel in sich, die uns plagen und uns vor allem Angst einjagen. Angst lähmt. Wenn wir dem Teufel aber ins Gesicht schauen, dann verliert er seine Übermacht. Ich lade sie nun ein, in dieser Übung einem Ihrer inneren Teufel zu begegnen.

Machen Sie es sich bequem, sodass Sie gut sitzen oder liegen. Dann schließen Sie die Augen. Spüren Sie den Boden, der Sie trägt. Spüren Sie Ihren Körper. Wenn Sie Verspannungen spüren, dann lassen Sie sie los. Nutzen Sie dazu auch Ihren Atem. Mit jedem Ausatmen lassen Sie die Verspannungen los. Jetzt wenden Sie sich Ihrer inneren Kraft zu. Laden Sie Ihre Lebenskraft ein, sich zu zeigen. Wo sitzt Ihre Lebenskraft in Ihrem Körper? Betrachten Sie Ihre Lebenskraft, wie sieht sie aus? Manchmal ist es nur ein Gefühl, manchmal steigen Bilder auf. Alles ist richtig. Erlauben Sie sich, Ihre Lebenskraft wahrzunehmen, wie sie sich auch immer zeigen will. Dann bitten Sie Ihre Lebenskraft, Sie zu Ihrem Teufel zu führen. Verbinden Sie sich mit Ihrer Lebenskraft und bitten Sie diese, Sie zu Ihrem inneren Teufel zu führen. Was ist es, das Sie quält, das Sie schwächt, das Sie beherrscht? Geben

Sie Ihrem Teufel eine Form, eine Farbe, ein Gefühl. Schauen Sie sich Ihren Teufel genau an. An der Seite Ihrer Lebenskraft hat der Teufel keine Macht über Sie. Schauen Sie sich Ihren Teufel an. Geben Sie ihm eine Form, eine Gestalt, ein Gefühl, einen Begriff. Was immer Ihnen in den Sinn kommt, ist richtig. Betrachten Sie Ihren Teufel und nehmen Sie wahr, welche Gefühle in Ihnen aufsteigen. Spüren Sie, wie die Macht des Teufels über Sie schwindet, weil Sie ihm eine Gestalt gegeben haben. Nutzen Sie Ihren Atem und spüren Sie, wie sich mit jedem Ausatmen die Macht des Teufels über Sie löst. Atmen Sie so lange Ihre Hilflosigkeit gegenüber dem Teufel aus, bis Sie spüren, dass der Teufel jetzt keine Macht mehr über Sie hat. Schauen Sie den Teufel an, nehmen Sie wahr, wie er sich verändert hat. Nehmen Sie wahr, dass er keine Macht mehr über Sie hat. Bitten Sie jetzt Ihre Lebenskraft, Sie wieder zurückzuführen. Danken Sie Ihrer Lebenskraft für die Begleitung, in dem Wissen, dass Sie sich jederzeit mit ihr verbinden können. Spüren Sie jetzt wieder Ihren Körper und fangen Sie langsam an, sich zu bewegen. Recken Sie ihre Füße und Hände, strecken Sie sich, öffnen Sie die Augen und kommen Sie wieder ganz im Hier und Jetzt an.

Wenn Sie wollen, können Sie Ihrem Teufel jetzt eine Gestalt geben. Malen Sie ihn oder gestalten Sie eine Collage. Nehmen Sie sich Zeit für diese Arbeit. Sie können sich Ihren Teufel immer wieder vornehmen. Je mehr Sie sich mit ihm beschäftigen, umso weniger Macht hat er über Sie. Vielleicht erleben Sie sogar, wie er zu Ihrer Kraft wird.

Symbol

Da ist der Teufel los, den Teufel im Leib haben, zum Teufel noch mal, der Teufel soll mich holen, den Teufel an die Wand malen, auf Teufel komm raus, etwas fürchten wie der Teufel das Weihwasser, in Teufels Küche kommen, armer Teufel, in der Not frisst der Teufel Fliegen, den Teufel mit dem Beelzebub austreiben.

Die englischen Wörter *devil*, Teufel, und *divinity*, Göttlichkeit, haben eine gemeinsame indoeuropäische Wurzel: *devi* (Göttin) oder *deva* (Gott), ein Wort das im Persischen zu *daeva*, Teufel, wurde. Das altenglische *divell,* Teufel, kann auf das lateinische *divus, divi*, »Gott, Götter«, zurückgeführt werden. So vermischen sich offenbar seit Urzeiten Götter- und Teufelsvorstellungen miteinander.

Die Armenier opferten am Ostertag ein Schaf für Christus, aber dreißig für den Teufel, weil sie davon ausgingen, dass der Teufel mehr Einfluss auf die diesseitige Welt, das Hier und Jetzt, hätte.

»Ich erschaffe das Licht und mache das Dunkel, ich bewirke das Heil und erschaffe das Unheil. Ich bin der Herr, der das alles vollbringt« (Jesaja 45,7). Aufgrund dieser Bibelstelle befürworteten einige Geistliche die Theorie, dass Gott den Teufel absichtlich noch vor dem Anfang der Welt geschaffen habe, weil das Prinzip des Bösen notwendig war, um den Glauben der Menschen zu prüfen. Die Perser hielten Gott und den Teufel für Zwillingsbrüder, die gleichzeitig aus dem Schoß der zweifachen Mutter der unendlichen Zeit, Zurvan, geboren wurden. Einige Dämonologen gehen von sieben Teufeln aus, die den sieben Todsünden entsprechen: Luzifer ist der Stolz, Mammon ist Habgier und Geiz, Asmodeus die Wollust, Satan der Zorn, Beelzebub die Völlerei, Leviathan der Neid, Belphegor die Trägheit.

Der Teufel repräsentiert das Böse. Sein Wohnsitz ist meist die Hölle. Er wird im Allgemeinen als übernatürliches Wesen dargestellt. Er ist der Anführer der Dämonen, ist Verführer der Menschen und Verursacher aller Übel. Er treibt es mit den Hexen und hat die Sünder in seiner Gewalt.

Er ist das Gegenbild Gottes. Seine Attribute stammen wohl in erster Linie von dem etruskischen Unterweltsdämon Charu – geierschnabelartige Nase, spitze Tierohren, Flügel, hauerartige Zähne (ähnlich dem Dämon Tuchulcha) – der als Symbol des Todes den Hammer trägt. Dazu kommen körperliche Eigenschaften des Bocks wie Hörner und Bocksbeine, Bocksschwanz, wodurch das symbolhafte Bild an den griechischen Naturgott Pan erinnert.

In Volkssagen tritt er als Jäger in grünem oder rotem Gewand auf, auf mittelalterlichen Plastiken auch als schöner und verführerischer »Fürst dieser Welt«, dessen Rücken jedoch von Kröten, Schlangen und Würmern zerfressen ist. Als Gegenbild zur himmlischen Dreifaltigkeit wird auch der Höllenfürst nicht selten dreigesichtig dargestellt.

Fallbeispiel

Meine Cousine Rita war ein hübsches Mädchen mit langen blonden Zöpfen. Mein Bruder spielte immer Galopprennen mit ihr, dabei hielt er beide Zöpfe und wedelte sie hoch und runter. Ich mochte sie eigentlich nicht so sehr, denn sie war von sich eingenommen und vorwitzig, da kam ich nicht mit. Alles wusste sie besser. Sie trug eine Gitarre über ihrer Schulter, obwohl sie gar nicht spielen konnte. Sie war schon sonderbar.

Besonders übermütig war sie bei Frau P., einer Nachbarin, bei der sie alle möglichen Dummheiten anstellte. Uns anderen war Frau P. unheimlich, sie war sehr alt und sah aus wie eine »Hexe«. Einmal hatte Frau P. die Graspeden für den Abtransport vor dem Gartentor gesammelt, und Rita überredete uns, sie heimlich wieder zurückzuwerfen. Wir wagten nicht zu widersprechen. Frau P. schimpfte natürlich mit uns, nicht mit Rita, die uns ja dazu angestiftet hatte.

Als Rita eine junge Frau war, lebte sie ihr Leben sehr bewusst, war immer modisch gekleidet, ging zum Tanzen und hatte viele Verehrer. Mit 28 Jahren heiratete sie und bekam einen Sohn. Sie bauten ein Haus, richteten sich ein und waren glücklich. Auch wir verstanden uns unterdessen gut.

Mit 36 Jahren klagte Rita über Leibschmerzen. Der Arzt vertröstete sie: Es wird schon wieder vergehen. Ihr Leib wurde immer dicker, und der Arzt schickte sie nach einem Jahr endlich ins Krankenhaus. Diagnose: CA im Unterleib mit Metastasen im ganzen Körper. Rita war am Boden zerstört. Das Leben ist ungerecht. Operation, Chemotherapie, Übelkeit, Schwäche. Alles vorbei? Angst und Ohnmacht lähmten sie.

Als ich sie besuchte, waren die neuen Möbel mit weißem Stoff bedeckt, »damit sie nicht verstauben«, sagte sie. Das Wohnzimmer wurde nicht benutzt, alle saßen im kleinen Zimmer unten, da sie die Stufen bis zum Wohnzimmer nicht mehr gehen konnte. Ihr Haar war inzwischen ausgefallen, und sie trug eine Perücke. Ich besuchte Rita nun regelmäßig. Sie hatte alles über ihre Krankheit studiert und wusste, was sie an Medikamenten vertrug und was nicht. Die Ärzte lobten sie und »arbeiteten« mit ihr zusammen, dennoch vermied Rita, über ihr Ende zu sprechen. Über ihre Krankheit sprach sie mit sehr viel Hoffnung. Als wir an einem Tag sehr sprachlos nebeneinandersaßen, las ich ihr das Märchen »Frau Trude« vor. Es erinnerte mich an unsere Kindheit und die jetzige Situation. Was dann geschah, machte mich sprachlos: Sie plante mit mir ihre Beerdigung. Ich musste einen Stift und einen Zettel nehmen und alles aufschreiben. Sie bestimmte, wer informiert werden sollte und dass wir dann die weißen Laken von den Möbeln im Wohnzimmer nehmen sollten. Sie erklärte mir, wo der Kaffee steht, der zur Beerdigung gekocht werden sollte, und, und, und. Sie hatte sich bereits bis ins kleinste Detail mit ihrer Beerdigung beschäftigt und nie etwas gesagt. Da konnte ich nicht mehr mithalten. Ich weinte, sie tröstete mich, und dann weinten wir beide. Wieder hatte ich das Gefühl, dass sie alles wusste und mir überlegen war, aber diesmal bewunderte ich sie. Rita wurde nur 40 Jahre alt.

Zur Beerdigung nahmen wir die weißen Tücher von den Möbeln im Wohnzimmer und weihten sie ein. Wir erledigten alles, was ich aufgeschrieben hatte. Das Märchen »Frau Trude« schrieb ich auf ein Blatt, rollte es zusammen und warf es mit Blumen in ihr Grab.

Juan Holgado und Frau Tod, Spanien

Stichwörter: Haus, Verdrängung, Leichtigkeit

Meine Herren! Ihr sollt wissen, dass es einmal einen Mann gab, der Juan Holgado hieß. Sein Name passte ihm aber sehr schlecht, denn da er arm war, besaß er morgens und abends nur drei Pfennige Hunger und drei Pfennige Mangel.

Eines Tages sagte Juan Holgado zu seiner Frau: »Unsere Kinder sind eine Rotte Fressmäuler und im Stande, das Brot samt dem Ofen, wo es bäckt, zu verschlingen. Ich möchte wohl einmal einen Hasen essen, aber ohne diese Raubvögel, die mir den Bissen aus dem Munde nehmen.«

Seine Frau, die herzensgut war, verkaufte ein Dutzend Eier, die ihre Hühner gelegt hatten, und kaufte einen Hasen, bereitete ihn zu und sagte am anderen Morgen zu ihrem Manne: »Dort im Topfe steht ein Hase für dich und daneben liegt Brot: Gehe auf's Feld, verzehre ihn und lass ihn dir gut bekommen.« Juan Holgado war nicht taub, er nahm den Topf und das Brot und begab sich damit fort.

Nachdem er anderthalb Meilen gegangen war, setzte er sich unter einem Olivenbaum zufriedener als ein König nieder, befahl sich der heiligen Jungfrau der Einsamkeit und begann sein Mittagsmahl. – Doch ohne zu wissen, wie und woher sie gekommen, stand plötzlich eine alte Frau mit schwarzem Kleide und so hässlich wie ein falscher Schwur vor ihm und setzte sich ihm gegenüber hin. Sie war so gelb und trocken wie ein Pergament von Simancas; die Augen lagen ihr tief im Kopf und waren erloschen wie eine Nachtlampe, der es an Öl fehlt; der Mund war groß wie eine große Tasche, und was die Nase anbetrifft, hatte sie gar keine, selbst keine Spur davon.

Dieser ungerufene Gast kam Juan Holgado nicht im Geringsten angenehm, aber er konnte die Gesellschaft nun nicht vermeiden, und da er kein Grobian war, so fragte er, ob sie an seiner Mahlzeit teilnehmen wolle. Die Alte, die nichts sehnlicher wünschte, antwortete, um nicht unhöflich und undankbar zu sein, nehme sie seine Einladung an, und fing an zu essen. Meine Herren! Das war aber kein Essen, sondern ein Schlingen, denn eins, zwei, drei saß ihr der ganze Hase zwischen Rücken und Brust.

Wäre es nicht viel besser gewesen, dachte seufzend Juan Holgado, dass ich den Hasen ruhig zu Hause mit Weib und Kindern verzehrt hätte und nicht die Teufelsalte?

Als die Alte fertig war und selbst den Schwanz vom Hasen verschlungen hatte, sagte sie: »Juan Holgado, dein Hase hat mir sehr gut geschmeckt.«

»Das hab' ich wohl gemerkt!«, antwortete Juan Holgado.

»Ich will dir deine Artigkeit vergelten.«

»Lebt tausend Jahre«, antwortete trocken Juan Holgado.

»Das werd' ich wohl«, erwiderte die Alte, »denn du musst wissen, dass ich der Tod in eigener Person bin.«

Juan Holgado fuhr zusammen, als wenn vor seinen Ohren ein Kanonenschuss abgeschossen worden wäre.

»Erschrecke nicht«, fuhr die Alte fort, »ich werde dich nicht mitnehmen. Um dir aber deine Aufmerksamkeit zu vergelten, will ich dir einen Rat geben. Werde Arzt, und ich werde dafür sorgen, dass es bald keinen anderen geben wird, der mehr Ruhm und Geld gewinnen soll als du.«

»Gnädige Frau Tod, ich bin schon ganz zufrieden und werde es Ihnen danken, wenn Sie sich meiner recht lange nicht erinnern. Was das Arztwerden betrifft, so passt das nicht für mich.«

»Warum denn nicht?«

»Weil ich keine feinen Studien gemacht habe.«

»Das tut nichts.«

»Ich weiß weder Griechisch noch Latein.«

»Ganz gleich.«

»Gnädige Frau, ich kann ja nicht einmal schreiben, weil mir der Puls zittert, und auch nicht lesen, weil mir das Schwarze auf dem Papier im Wege ist.«

»Noch eins!«, rief die Frau Tod, welche über alle diese Bedenklichkeiten ärgerlich wurde. »Potztausend, Juan Holgado, dein Kopf ist wirklich bombenfest; hörst du denn nicht, dass ich dir sage, das tue alles nichts? Ich sage dir, dass ich mir gar nichts aus der Gelehrsamkeit der Doktoren mache. Ich komme und gehe nicht nach ihrem Willen, sondern nach meinem; und ganz wie und wann es mir beliebt, kriege ich einen von euch beim Ohr und nehme ihn mit, ohne mich um die Doktoren zu kümmern. Als die Welt bevölkert wurde, gab es noch keine Doktoren, und deshalb ging auch damals alles schnell und gut; seitdem aber die Ärzte erfunden sind, sind keine Methusalems mehr vorhanden. Du sollst Arzt sein, auf meine Ehre, und wenn du dich weigerst, so nehme ich dich mit, so wahr zwei und drei fünf sind. – Nun schweige und höre mich an: Du sollst in deinem Leben dem Kranken nichts anderes als klares Brunnenwasser verschreiben, hast du gehört?«

»Ja, ich hör' es«, antwortete Juan Holgado, der so ärgerlich auf die Frau Tod war, dass er ihr lieber eine Ohrfeige gegeben als sie noch weiter angehört hätte.

»Wenn du ins Zimmer des Kranken trittst und mich am Kopfende des Bettes sitzen siehst, so sage nur bestimmt heraus, dass er stirbt und dass er sich dazu vorbereite. Siehst du mich aber nicht da, so versichere, der Kranke werde wieder gesund, und verschreibe ihm Wasser.« Bei den letzten Worten machte die hässliche Dame eine französische Reverenz und empfahl sich.

»Gute Frau«, rief ihr Juan Holgado nach, »ich möchte mich nicht von Euch mit dem gewöhnlichen ›Auf Wiedersehen‹ verabschieden und hoffe, daß Ew. Gnaden auch nicht den Wunsch hegen, mich wieder zu besuchen, denn ich habe nicht immer Hasen, um Sie zu bewirten.«

»Mach' dir keine Sorge, Juan Holgado«, antwortete die Alte; »solange du nicht deine Wohnung zusammenfallen siehst, werde ich nicht zu dir kommen.«

Juan Holgado kehrte nach Hause zurück und erzählte seiner Frau alles, was ihm begegnet war. Seine Frau, die klüger war als er, meinte, dass er nur alles, was ihm die Frau Tod gesagt, glauben könnte, denn nichts sei auf der Welt wahrhafter und zuverlässiger als der Tod. Darauf ging sie im ganzen Dorfe herum und kündigte an, dass ihr Mann der beste Arzt unter den Sternen sei, dergestalt, dass er gleich auf den ersten Blick erkenne, ob der Kranke leben oder sterben werde.

Eines Nachmittags stand eine Menge junger Dirnen vor der Tür eines Hauses, als Juan Holgado vorüberging.

»Seht doch Juan Holgado«, sagte eine von ihnen, »der sich auf einmal noch in seinem Alter vor uns für einen Arzt ausgeben will!«

»Er ist wohl verrückt oder will uns zum Besten haben.«

»Hat sich der Narr eingebildet, dass er nur eine Sache zu sagen braucht, damit man sie glaube? Es ist pure Eitelkeit, er will, dass man ihn Don nenne, und der Don passt ihm wie dem Esel der Dreimaster.«

»Wir wollen doch diesen aufgeblasenen Narren einmal anführen«, sagte wieder eine andere; »ich stelle mich krank, und was gilt's, er glaubt es?«

Gesagt, getan. Sie ließen einen großen Korb Kaktusfeigen, davon sie gegessen hatten, vor der Tür stehen, und im Nu lag die, die den Spaß ausgedacht hatte, im Bett und stöhnte Ach und Weh, dass es bis zum Himmel scholl.

Die anderen unterdrückten das Lachen und liefen schnell zu Juan Holgado, um ihn herbeizuholen. Er folgte ihnen sogleich und bemerkte vor dem Hause die große Menge von Kaktusschalen. Im Zimmer der Kranken war das Erste, was sich seinen Augen darbot, die Frau Tod, die ganz ernst am Bett des Mädchens saß.

»Die Kranke ist sehr schwach«, sagte Juan Holgado, »und stirbt.«

»Was hat sie denn?«, fragten die anderen Mädchen, die sich des Lachens nicht enthalten konnten.

»Sie hat«, erwiderte Juan Holgado, »zu viel Kaktusfeigen gegessen, die sie nun nicht verdauen kann und wovon sie keinem mehr etwas erzählen wird.«

Zwei Stunden darauf stand das Mädchen vor Gott. Nun mögt

Ihr Euch selbst vorstellen, meine Herren, welchen Ruf dies Ereignis dem Juan Holgado gab! Es gab bald in der ganzen Gegend keinen Kranken und keine ärztliche Consultation mehr, dazu man nicht Juan Holgado berufen, und so gewann er so viel Geld, dass er gar nicht wusste, was er damit anfangen sollte. Er kaufte seinen Söhnen Sterne, die man vorn, und Schlüssel, die man hinten trägt. Was ihn aber selbst anlangte, wollte er nicht solchen Flitter, sondern strebte mehr nach einem behäbigen Leben. So kam es, dass er so dick wurde und so gut aussah, dass es ein wahres Vergnügen war, ihn anzusehen. Sein Gesicht war so rund und voll wie die liebe Gottessonne, seine Beine wurden wie Säulen und sein Bauch wie die halbe Kirchkuppel. Währenddessen pflegte Juan Holgado sehr eifrig sein Haus. Ritzten die Kinder etwas an der Wand, so ritzte ihnen der Vater zur Strafe in die Haut. Immer hielt er Baumeister, die das Haus in gutem Stande erhalten mussten, eingedenk der Worte der Frau Tod, dass sie ihn nicht besuchen werde, solange sein Haus nicht baufällig sei.

Doch die Jahre, die je mehr bergunter, desto schneller laufen, brachten nichts Gutes mit sich. Juan Holgado machte ihnen schlechte Miene und um sich zu rächen, nahm ihm nun das eine die Haare, das andere die Mundwerkzeuge, ein drittes bog ihm das Rückgrat krumm, und noch ein anderes schenkte ihm ein lahmes Bein.

Eines Tages ward er bettlägerig, und Frau Tod ließ ihn durch eine Fledermaus grüßen, was dem Juan Holgado gar nicht scherzhaft vorkam. Eines andern Tages bekam er den Altenhusten, und Frau Tod ließ ihm durch eine Eule sagen, dass sie ihn bald besuchen werde. Juan Holgado sagte der Eule, sie solle sich fortscheren. Am folgenden Tage hatte er eine Ohnmacht, und Frau Tod ließ ihm durch das Heulen seines Hundes ankündigen, dass sie schon auf dem Wege sei. Juan Holgado warf im Ärger mit der Krücke nach dem Hunde. Aber was half es. Es wurde immer schlimmer mit ihm, und Frau Tod klopfte endlich selbst an die Tür. Schnell ließ Juan Holgado die Tür verschließen und verriegeln, aber Frau Tod huschte durch das Schlüsselloch und nun war sie da.

»Frau Tod«, sagte Juan Holgado mit einem sauren Gesicht, »habt Ihr mir nicht gesagt, dass Ihr nicht kommen würdet, solange mein Haus nicht baufällig würde? Ich habe deshalb trotz Eurer Boten Ew. Gnaden gar nicht erwartet.«

»Ei was«, antwortete Frau Tod, »hast du nicht deine Kräfte verloren, sind dir nicht Zähne und Haare ausgefallen? Dein Körper ist dein Haus.«

»Das wusste ich nicht«, sagte der Kranke, »und deshalb macht mich Eure Ankunft bestürzt.«

»Desto schlimmer für dich, Juan Holgado«, entgegnete Frau Tod, »denn derjenige, der immer vorbereitet ist, erschrickt nicht, wenn ich komme. Aber ihr Lebenden seid blind, wenn ihr nicht einsehet, dass ihr geboren werdet, um zu leiden, und sterbt, um zu ruhen.«

Gedanken

Juan Holgado scheint ein wenig faul, aber eigentlich ein netter und genügsamer Kerl zu sein. Obgleich ihm die hässliche Frau, die vor ihm steht, nicht angenehm ist, ist er doch bereit, seine Mahlzeit zu teilen. Auch aus anderen Märchen kennen wir das Motiv der geteilten Mahlzeit, und die Mitesser stellen sich bald als notwendige Helfer heraus. Ist Frau Tod, so schrecklich und hässlich sie auch beschrieben ist, ein Helfer? Juan Holgado will aber von dieser Hilfe gar nichts wissen. Er weiß, wo sein Platz als einfacher Mann ist, und er ist keineswegs daran interessiert, Arzt zu werden. Schließlich muss ihm Frau Tod sogar drohen, damit er ihre Hilfe annimmt. Es ist ein heiterer Dialog, der sich da zwischen den beiden entspinnt, und nach dem anfänglichen Schrecken von Juan Holgado scheint Frau Tod für ihn ein Mensch zu sein wie jeder andere auch. Sie will, dass er irgendetwas tut, und er will nicht. Warum sollte Frau Tod Interesse daran haben, dass Juan Holgado ein großer Arzt wird? Oder ist sie Frau Leben, die will, dass er seiner Bestimmung folgt? Heiter und leicht führt uns das Märchen weiter durch die Heilerfolge von Juan Holgado. Er ist keinen Prüfungen ausgesetzt wie der junge Arzt im Märchen »Gevatter Tod«. In diesem spanischen Märchen sitzt Frau Tod am Kopfende, während der Gevatter Tod am Fußende steht. Eine interessante Kleinigkeit. Der Gevatter sieht dem Sterbenden ins Angesicht, Frau Tod aber scheint gleichsam den Toten in ihren Schoß zu betten – die männliche und die weibliche Variante des Todes.

Juan Holgado lebt so dahin, macht seine Arbeit, ist reich, aber schert sich nicht darum. Höchstens für seine Kinder nimmt er das leicht verdiente Geld, und eingedenk der Worte von Frau Tod investiert er alles in sein Haus. Das Märchen beschreibt auf bildhafte Weise die fünf Phasen des Sterbens, die Elisabeth Kübler-Ross in ihrer Sterbebegleitung immer wieder erlebt hat. Die erste Phase ist das Nicht-wahrhaben-Wollen: »Juan Holgado machte ihnen (den Jahren) schlechte Miene, und um sich zu rächen, nahm ihm nun das eine die Haare, das andere die Mundwerkzeuge, ein drittes bog ihm das Rückgrat krumm, und noch ein anderes schenkte ihm ein lahmes Bein.« Es folgt die zweite Phase, der Zorn: »Eines Tages ward er bettlägerig und Frau Tod ließ ihn durch eine Fledermaus grüßen, was dem Juan Holgado gar nicht scherzhaft vorkam. Eines andern Tages bekam er den Altenhusten, und Frau Tod ließ ihm durch eine Eule sagen, dass sie ihn bald besuchen werde. Juan Holgado sagte der Eule, sie solle sich fortscheren. Am folgenden Tage hatte er eine Ohnmacht, und Frau Tod ließ ihm durch das Heulen seines Hundes ankündigen, dass sie schon auf dem Wege sei. Juan Holgado warf im Ärger mit der Krücke nach dem Hunde. Aber was half es. Es wurde immer schlimmer mit ihm, und Frau Tod klopfte endlich selbst an die Tür. Schnell ließ Juan Holgado die Tür verschließen und verriegeln, aber Frau Tod huschte durch das Schlüsselloch und nun war sie da.« Die dritte Phase ist das Verhandeln: »Frau Tod«, sagte Juan Holgado mit einem sauren Gesicht, »habt Ihr mir nicht gesagt, dass Ihr nicht kommen würdet, solange mein Haus nicht baufällig würde? Ich habe deshalb trotz Eurer Boten Ew. Gnaden gar nicht erwartet.« Gefolgt von der vierten Phase, der Depression: »Das wusste ich nicht«, sagte der

Kranke, »und deshalb macht mich Eure Ankunft bestürzt.« Als Letztes folgt nun die fünfte Phase, die Zustimmung, die uns die Geschichte leider vorenthält und dafür mit einem (für Märchen ungewöhnlichen) Plädoyer endet. Das Märchen hat von Anfang an einen burschikosen Ton, und doch kann man Frau Tod bei ihren letzten Worten nur zustimmen: Wir brauchen den Tod nicht fürchten, wenn wir auf ihn vorbereitet sind. Der Tod bringt uns Ruhe und erlöst unser Leiden.

Übung

Diese Übung ist dem Haus als Wohnstatt der Seele gewidmet.

Setzen oder legen Sie sich bequem hin und schließen Sie die Augen. Nehmen Sie Ihren Atem wahr und spüren Sie, wie Sie sich entspannen. Ich lade Sie nun auf eine Reise in Ihr Innerstes ein. Stellen Sie sich ein Haus vor, und betrachten Sie dieses Haus von außen. Wie sieht es aus? Welche Farbe hat es? Ist es groß oder klein? Wie viele Stockwerke hat es? Ist es schlicht oder pompös? Verspielt oder einfach? Wie groß sind die Fenster? Schauen Sie sich jetzt die Türe an. Wie groß ist die Eingangstür? Hat sie ein Fenster oder ein Guckloch? Ist sie verziert oder schmucklos? Treten Sie jetzt ein in das Haus. Schauen Sie sich um, gehen Sie durch die Räume, nehmen Sie die Aufteilung der Zimmer wahr. Gehen Sie auf Entdeckungsreise durch Ihr Haus. Nehmen Sie sich Zeit. Sie brauchen nicht das ganze Haus auf einmal zu erkunden. Sie können jederzeit wieder in dieses Haus zurückkehren, um sich andere Räume anzuschauen. Streifen Sie durch das Haus wie ein aufmerksamer Besucher, der voller Interesse und Staunen die Räume betrachtet. Sie kommen jetzt an eine Tür und halten inne. Sie wissen nicht genau, was hinter dieser Tür ist, aber Sie fühlen eine innere Freude, wie damals am Weihnachtsabend, bevor die Tür aufging. Ich lade Sie nun ein, diese Tür zu öffnen. Treten Sie ein. Ein Geschenk erwartet Sie in diesem Raum. Nehmen Sie es mit. Es ist nur für Sie bestimmt. Sie wissen jetzt, dass es Zeit wird, zu gehen. Verabschieden Sie sich von dem Zimmer, in dem Wissen, dass Sie jederzeit wieder zu diesem Haus zurückkehren können. Sie schließen die Türe des Zimmers und gehen zurück zur Haustür. Sie treten aus dem Haus heraus und werfen noch einen kurzen Blick zurück. Dann verabschieden Sie sich ganz und kehren langsam wieder ins Hier und Jetzt zurück. Sie öffnen die Augen, regen und bewegen sich und kommen wieder ganz an.

Symbol

Hallo, altes Haus, das Haus bestellen, aus dem Häuschen sein, ans Haus gebunden sein, mit der Tür ins Haus fallen, Haus und Hof, Haus und Herd, Häuser auf jemanden bauen, jemandem das Haus einrennen, das Haus hüten, ein offenes Haus führen, etwas steht ins Haus, von Haus aus, nach Art des Hauses, die Axt im Haus erspart den Zimmermann, hausbacken sein, ist die Katze aus dem Haus, tanzen die Mäuse auf dem Tisch.

Das Haus steht symbolisch für den Menschen, der seinen Platz gefunden hat. Das Haus war in vielen Kulturen Treffpunkt für gemeinsame Beratungen, Feste, Riten. Als geordneter umfriedeter Bezirk ist es das Sinnbild des Kosmos bzw. der kosmischen Ordnung. Auch Gräber wurden gelegentlich wie Häuser gestaltet in Bezug auf die letzte Wohnstatt des Menschen. Wie der Tempel ist das Haus auch Symbol des menschlichen Körpers, häufig mit der Vorstellung, dass der Leib für die Seele eine Herberge auf eine bestimmte Zeit ist. In der Traumdeutung spielt das Haus eine wesentliche Rolle. Alles, was im Haus geschieht, geschieht in unserem Inneren. Es ist ein weibliches Symbol im Sinn der Hüterin des Hauses, der Mutter. Die Fassade entspricht der äußeren Erscheinung, das Dach dem Kopf, Geist oder Bewusstsein, der Keller den Trieben, Instinkten oder dem Unbewussten, die Küche den psychischen Verwandlungen.

Trauer und Verdrängung

Der Mensch trauert auf unzählige Arten, doch es ist immer eine Trauer um etwas. Man kann um verpasste Gelegenheiten oder nicht gelebte Wünsche ebenso trauern wie um den bevorstehenden Verlust des eigenen Lebens oder den Tod eines geliebten Menschen. Trauer macht dem Menschen die Unvollkommenheit des eigenen Wesens deutlich. Sie zeigt, was fehlt. Sie erinnert uns, bildlich gesprochen, dass wir das Paradies verloren haben und damit in die Welt der Dualität gelangt sind. Gelebte Trauer kann erlösend und heilvoll sein und letztlich zur Integration des Fehlenden führen. Einen geliebten Menschen kann man nicht wieder lebendig machen, doch das, was er in der Begegnung in uns geweckt hat, können wir lebendig halten. Sein Lächeln werden wir nie wieder sehen, aber die Bedeutung seines Lächelns, das Gefühl (von Liebe, Zuversicht, Vertrauen, Geborgenheit ...), das dieses Lächeln in uns weckte, können wir in uns finden und verankern.

Das chinesische Yin-Yang-Symbol zeigt bildlich sehr schön, wie alles in allem enthalten ist, und dass wir die Gegensätze brauchen, um zur Einheit zu kommen, dass aber auch in jedem Dunkel ein Licht ist und in jedem Licht ein Dunkel.

Verdrängung ist meist die andere Seite der Trauer. Es ist ein Nicht-wahrhaben-Wollen der Realität. Auch die Verdrängung kann sich auf die geistig-seelischen Bereiche wie den physischen Verlust beziehen. Nicht gelebte Trauer schränkt den Menschen ein und raubt ihm die Kraft für Integration, Verwandlung und Neues. Die den meisten bekannten Märchen beschäftigen sich mit dem Prozess der gelebten und nicht gelebten Trauer.

Dornröschen, Brüder Grimm

Stichwörter: Lebensfaden, Verdrängung, Angst

Vorzeiten waren ein König und eine Königin, die sprachen jeden Tag: »Ach, wenn wir doch ein Kind hätten!«, und kriegten immer keins. Da trug sich zu, als die Königin einmal im Bade saß, dass ein Frosch aus dem Wasser ans Land kroch und zu ihr sprach: »Dein Wunsch wird erfüllt werden, ehe ein Jahr vergeht, wirst du eine Tochter zur Welt bringen.« Was der Frosch gesagt hatte, das geschah, und die Königin gebar ein Mädchen, das war so schön, dass der König vor Freude sich nicht zu lassen wusste und ein großes Fest anstellte. Er lud nicht bloß seine Verwandte, Freunde und Bekannte, sondern auch die weisen Frauen dazu ein, damit sie dem Kind hold und gewogen wären. Es waren ihrer dreizehn in seinem Reiche, weil er aber nur zwölf goldene Teller hatte, von welchen sie essen sollten, so musste eine von ihnen daheim bleiben. Das Fest ward mit aller Pracht gefeiert, und als es zu Ende war, beschenkten die weisen Frauen das Kind mit ihren Wundergaben: die eine mit Tugend, die andere mit Schönheit, die dritte mit Reichtum, und so mit allem, was auf der Welt zu wünschen ist. Als elfe ihre Sprüche eben getan hatten, trat plötzlich die dreizehnte herein. Sie wollte sich dafür rächen, dass sie nicht eingeladen war, und ohne jemand zu grüßen oder nur anzusehen, rief sie mit lauter Stimme: »Die Königstochter soll sich in ihrem fünfzehnten Jahr an einer Spindel stechen und tot hinfallen.« Und ohne ein Wort weiter zu sprechen, kehrte sie sich um und verließ den Saal. Alle waren erschrocken, da trat die zwölfte hervor, die ihren Wunsch noch übrig hatte, und weil sie den bösen Spruch nicht aufheben, sondern nur ihn mildern konnte, so sagte sie: »Es soll aber kein Tod sein, sondern ein hundertjähriger tiefer Schlaf, in welchen die Königstochter fällt.«

Der König, der sein liebes Kind vor dem Unglück gern bewahren wollte, ließ den Befehl ausgehen, dass alle Spindeln im ganzen Königreiche sollten verbrannt werden. An dem Mädchen aber wurden die Gaben der weisen Frauen sämtlich erfüllt, denn es war so schön, sittsam, freundlich und verständig, dass es jedermann, der es ansah, liebhaben musste. Es geschah, dass an dem Tage, wo es gerade fünfzehn Jahr alt ward, der König und die Königin nicht zu Haus waren und das Mädchen ganz allein im Schloss zurückblieb. Da ging es allerorten herum, besah Stuben und Kammern, wie es Lust hatte, und kam endlich auch an einen alten Turm. Es stieg die enge Wendeltreppe hinauf und gelangte zu einer kleinen Türe. In dem Schloss steckte ein verrosteter Schlüssel, und als es ihn umdrehte, sprang die Türe auf, und saß da in einem kleinen Stübchen eine alte Frau mit einer Spindel und spann emsig ihren Flachs. »Guten Tag, du altes Mütterchen«, sprach die Königstochter, »was machst du da?« »Ich spinne«, sagte die Alte und nickte mit dem Kopf. – »Was ist das für ein Ding, das so lustig herumspringt?«, sprach das Mädchen, nahm die Spindel und wollte auch spinnen. Kaum hatte sie aber die Spindel angerührt, so ging der Zauberspruch in Erfüllung, und sie stach sich damit in den Finger.

In dem Augenblick aber, wo sie den Stich empfand, fiel sie auf das Bett nieder, das da stand, und lag in einem tiefen Schlaf. Und dieser Schlaf verbreitete sich über das ganze Schloss: Der König und die Königin, die eben heimgekommen waren und in den Saal getreten waren, fingen an einzuschlafen, und der ganze Hofstaat mit ihnen. Da schliefen auch die Pferde im Stall, die Hunde im Hofe, die Tauben auf dem Dache, die Fliegen an der Wand, ja, das Feuer, das auf dem Herd flackerte, ward still und schlief ein, und der Braten hörte auf zu brutzeln, und der Koch, der den Küchenjungen, weil er etwas versehen hatte, in den Haaren ziehen wollte, ließ ihn los und schlief. Und der Wind legte sich, und auf den Bäumen vor dem Schloss regte sich kein Blättchen mehr.

Rings um das Schloss aber begann eine Dornenhecke zu wachsen, die jedes Jahr höher ward und endlich das ganze Schloss umzog und darüber hinaus wuchs, dass gar nichts mehr davon zu sehen war, selbst nicht die Fahne auf dem Dach. Es ging aber die

Sage in dem Land von dem schönen schlafenden Dornröschen, denn so ward die Königstochter genannt, also dass von Zeit zu Zeit Königssöhne kamen und durch die Hecke in das Schloss dringen wollten. Es war ihnen aber nicht möglich, denn die Dornen, als hätten sie Hände, hielten fest zusammen, und die Jünglinge blieben darin hängen, konnten sich nicht wieder losmachen und starben eines jämmerlichen Todes. Nach langen, langen Jahren kam wieder einmal ein Königssohn in das Land und hörte, wie ein alter Mann von der Dornenhecke erzählte, es sollte ein Schloss dahinter stehen, in welchem eine wunderschöne Königstochter, Dornröschen genannt, schon seit hundert Jahren schliefe, und mit ihr schliefe der König und die Königin und der ganze Hofstaat. Er wusste auch von seinem Großvater, dass schon viele Königssöhne gekommen wären und versucht hätten, durch die Dornenhecke zu dringen, aber sie wären darin hängengeblieben und eines traurigen Todes gestorben. Da sprach der Jüngling: »Ich fürchte mich nicht, ich will hinaus und das schöne Dornröschen sehen.« Der gute Alte mochte ihm abraten, wie er wollte, er hörte nicht auf seine Worte.

Nun waren aber gerade die hundert Jahre verflossen, und der Tag war gekommen, wo Dornröschen wieder erwachen sollte. Als der Königssohn sich der Dornenhecke näherte, waren es lauter große schöne Blumen, die taten sich von selbst auseinander und ließen ihn unbeschädigt hindurch, und hinter ihm taten sie sich wieder als eine Hecke zusammen. Im Schlosshof sah er die Pferde und scheckigen Jagdhunde liegen und schlafen, auf dem Dache saßen die Tauben und hatten das Köpfchen unter den Flügel gesteckt. Und als er ins Haus kam, schliefen die Fliegen an der Wand, der Koch in der Küche hielt noch die Hand, als wollte er den Jungen anpacken, und die Magd saß vor dem schwarzen Huhn, das sollte gerupft werden. Da ging er weiter und sah im Saale den ganzen Hofstaat liegen und schlafen, und oben bei dem Throne lagen der König und die Königin. Da ging er noch weiter, und alles war so still, dass einer seinen Atem hören konnte, und endlich kam er zu dem Turm und öffnete die Türe zu der kleinen Stube, in welcher Dornröschen schlief. Da lag es und war so schön, dass er die Augen nicht abwenden konnte, und er bückte sich und gab ihm einen Kuss. Wie er es mit dem Kuss berührt hatte, schlug Dornröschen die Augen auf, erwachte und blickte ihn ganz freundlich an. Da gingen sie zusammen herab, und der König erwachte und die Königin und der ganze Hofstaat und sahen einander mit großen Augen an. Und die Pferde im Hof standen auf und rüttelten sich; die Jagdhunde sprangen und wedelten; die Tauben auf dem Dache zogen das Köpfchen unterm Flügel hervor, sahen umher und flogen ins Feld; die Fliegen an den Wänden krochen weiter; das Feuer in der Küche erhob sich, flackerte und kochte das Essen; der Braten fing wieder an zu brutzeln; und der Koch gab dem Jungen eine Ohrfeige, dass er schrie; und die Magd rupfte das Huhn fertig. Und da wurde die Hochzeit des Königssohns mit dem Dornröschen in aller Pracht gefeiert, und sie lebten vergnügt bis an ihr Ende.

Gedanken

Endlich ist das ersehnte Kind auf der Welt, da stellt sich schon der erste Schreck ein. Es soll in seinem fünfzehnten Lebensjahr sterben. Egal in welchem Alter, es trifft schmerzhaft, wenn die dreizehnte Fee vor uns tritt und unser Leben begrenzt. Der Mensch weiß, dass er sterblich ist, und doch versucht er, vor dieser Wahrheit zu fliehen. Die dreizehnte Fee, die hier den Tod symbolisieren könnte, wird einfach nicht zum Fest geladen. Doch geladen oder nicht, zum Leben gehört der Tod und die dreizehnte Fee lässt sich nicht aussperren. Sie nimmt den Platz ein, der ihr gebührt, und »ohne jemand zu grüßen oder nur anzusehen, rief sie mit lauter Stimme: ›Die Königstochter soll sich in ihrem fünfzehnten Jahr an einer Spindel stechen und tot hinfallen.‹ Und ohne ein Wort weiter zu sprechen, kehrte sie sich um und verließ den Saal.« Es ist ihre Aufgabe, sie ist die Schicksalsfrau, die den Lebensfaden abschneidet (mehr Informationen finden Sie unter dem Symbol). Die Brüder Grimm formulieren: »Sie wollte sich dafür rächen, dass sie nicht eingeladen war«. Wie oft erscheint der Tod den Sterbenden oder auch den Hinterbliebenen als ein Racheakt? Gott oder in früheren Zeiten irgendein Zauber muss für diesen Tod verantwortlich sein. Was haben wir getan, dass er sich derart an uns rächt? Der Mensch kann sich nicht vorstellen, dass der Tod sein Freund ist, gerade deshalb lädt er ihn nicht zum Fest ein.

Die zwölfte Fee kann den Wunsch nicht ändern, nur mildern. »Es soll aber kein Tod sein, sondern ein hundertjähriger tiefer Schlaf, in welchen die Königstochter fällt.« In den 70er Jahren gab es in Amerika einen großen Versuch: Unheilbar Kranke wurden eingefroren, mit dem Versprechen, sie wieder aufzutauen, wenn die heilende Arznei gefunden ist. Stellen Sie sich einmal vor, Sie werden jetzt, Anfang des 21. Jahrhunderts, eingefroren und wachen im 22. Jahrhundert wieder auf. Die Welt verändert sich so rasant, dass schon die ältere Generation Schwierigkeiten hat, der jungen zu folgen, obwohl beide Generationen die Neuerungen miterleben. Nein, das kann die zwölfte Fee nicht meinen. Vielleicht soll es ein Trost sein. Auch in unserem Sprachgebrauch benutzen wir gerne die Formulierung: »er ist eingeschlafen«. »Einschlafen« klingt, wie die Grimms es im Märchen formulieren, milder als »tot«.

Der König versucht nun alle Spindeln zu vernichten, er will den Tod nicht akzeptieren, er will ihn loswerden. Was weiß die Königstochter davon? Warum sind die Eltern am fünfzehnten Geburtstag ihrer Tochter nicht da?

Von der Tochter erfahren wir, dass sich alle Wünsche der Feen erfüllen. Sie scheint eine gesunde Neugier (auf das Leben?) zu entwickeln, denn an ihrem Geburtstag »ging es allerorten herum (...), wie es Lust hatte«. Sie hat noch nie eine Spindel gesehen. Die Spindel könnte Sinnbild für den Lebensfaden sein, den sie jetzt spinnen will. Der Mensch hat viele Pläne für sein Leben. Er will das »Gesponnene« verwirklichen, erleben. Genau da sticht sich die Königstochter in den Finger und fällt in einen tiefen Schlaf. »Der Schlaf ist der kleine Bruder des Todes«, sagte schon Homer. Hundert Jahre sind mehr als ein Menschenleben zählt.

Jetzt passiert das Unglaubliche: Das ganze Schloss fällt mit in diesen Schlaf. Die Eltern, die Angestellten, sogar die Tiere. Und eine Dornenhecke umgibt das Schloss. Märchenhafte Bilder für eine tragische Situation. Der geliebte Mensch ist nicht mehr da. Der Hinterbliebene igelt sich ein, baut eine Dornenhecke rings um sich und lässt niemanden mehr an sich heran. Immer wieder kommen Menschen, Freunde und versuchen die Dornenhecke zu durchdringen, aber es gelingt nicht. Soll das wirklich hundert Jahre so gehen?

Das Märchen sagt ja. Nach hundert Jahren erwacht Dornröschen wieder zum Leben. Hundert Jahre sind mehr, als ein Menschenleben zählt. Hundert Jahre bedeuten in der Kindersprache unvorstellbar lang, eine Ewigkeit. Wenn wir im Schmerz sind, ist es unvorstellbar, dass er irgendwann vergehen wird. Die Dornen bieten aber auch Schutz vor Eindringlingen. Vielleicht können wir lernen, den Toten in unserem Innersten lebendig zu halten. Das braucht Zeit, Trauerzeit. Wann die hundert Jahre vorbei sind, muss jeder für sich selbst entscheiden. Oder mit den Worten Schopenhauers: »Wer das Wesen der Welt erkannt hat, sieht im Tode das Leben, aber auch im Leben den Tod.«

Der König aus diesem Märchen könnte Abbild für den Menschen sein. Solange wir den Tod verdrängen, erscheint er als Schreckbild. Der Trauernde fällt selbst in eine Starre, die ihn ums Leben bringt. Wenn Trauer verdrängt wird, wünscht sich der Hinterbliebene selbst den Tod. Kübler-Ross erzählte in einem ihrer Vorträge von einem Mann, der bei einem Unfall seine acht Kinder, seine Frau und seine Schwiegereltern verlor. Er wünschte sich nur noch, wieder mit seiner Familie vereint zu sein (Kübler-Ross, Elisabeth, Über den Tod und das Leben danach). Der König im Märchen bleibt mit seiner Familie vereint, aber zu welchem Preis? Jetzt lebt keiner mehr, alles schläft, sogar die Tiere ringsumher. Der Tod ist nicht vermeidbar, ebenso wenig die Trauer. Ein bewusstes Abschiednehmen verkürzt die Trauerzeit. Abschied und Wandel als Möglichkeit und Herausforderung.

Übung

Diese Übung ist dem Spinnen des Lebensfadens gewidmet.

Machen Sie es sich bequem, sodass Sie gut und entspannt sitzen oder liegen. Schließen Sie Ihre Augen und konzentrieren Sie sich auf Ihre Atmung. Sie brauchen nichts zu tun. Der Atem fließt ganz von selbst. Ein und aus, ein und aus. Geben Sie sich ihrem Atem hin. Lassen Sie ihn fließen. Wie die Wellen des Meeres. Ein, aus, ein, aus. Stellen Sie sich vor, wie der Atem in jede kleinste Zelle Ihres Körpers fließt und Sie erfüllt.

Ich lade Sie jetzt ein, mit mir eine Reise zu machen. Eine Reise zu Ihrem Lebensfaden. Stellen Sie sich Ihren Lebensfaden vor. Betrachten Sie ihn genau. Welche Farbe hat Ihr Lebensfaden? Ist er einfarbig oder bunt? Ist er aufgewickelt oder lose? Ist er dick oder dünn? Ist er gleichmäßig gesponnen oder unregelmäßig?

Gehen Sie jetzt zum Anfang Ihres Lebensfadens. Lassen Sie Ihren Lebensfaden durch die Finger gleiten und betrachten Sie ihn sich. Vielleicht fallen Ihnen Situationen ein, vielleicht kommen Gedanken oder Gefühle. Lassen Sie alles vorüberziehen, halten Sie es nicht fest, lassen Sie den Faden durch Ihre Finger gleiten, ohne innezuhalten und ohne Eile. Lassen Sie Erinnerungen aufsteigen, ohne sich in sie zu versenken. Folgen Sie Ihrem Lebensfaden bis zum Jetzt, bis zu diesem Augenblick. Sie halten den Lebensfaden in Ihrer Hand. Was war heute für Sie die schönste Situation? Spüren Sie, wie diese Situation in Ihren Lebensfaden eingewebt ist. Dann verabschieden Sie sich von diesem Bild in dem Bewusstsein, dass Ihr Lebensfaden mit Ihnen ist. Spüren Sie wieder Ihren Atem, öffnen Sie langsam die Augen und kommen Sie ins Hier und Jetzt zurück.

Symbol

Sein Leben hängt an einem seidenen Faden, da beißt die Maus keinen Faden ab, hier laufen alle Fäden zusammen, den Faden verlieren, nach Strich und Faden, alle Fäden in der Hand halten, der rote Faden, fadenscheinig.

Der Faden ist ein allgemeines Symbol der Verbindung. Die Upanischaden (indische Lehre zwischen 800 und 600 v. Chr.) sprechen von einem Faden, der die diesseitige und die jenseitige Welt miteinander verbindet. Die Zeit und das Leben werden vielfach mit einem Faden verglichen. Aus der griechischen Mythologie kennen wir die Moiren, die Schicksalsgöttinnen, die durch ihr Handeln das Walten des Schicksals symbolisieren. Sie spinnen den Lebensfaden, hüten Leben, Tod und das Gewebe der Lebendigkeit. Klotho ist die Spinnerin des Lebensfadens, Lachesis teilt das Schicksal zu und misst den Faden, Atropos zerschneidet ihn. Bei den Römern sind es die Parzen und bei den Germanen die Nornen, die am Weltenbaum Ygdrasil an einer Quelle sitzen. Urd spinnt den Faden und spricht über den Anfang des Lebens, Verdandi misst den Faden und bestimmt über die Dauer, Skuld schneidet den Faden ab und beendet das Leben. Über die Ereignisse im menschlichen Leben beraten sie zu dritt. Wer etwas von ihnen wissen will, kann sie auf Kreuzwegen rufen.

In der Wolke sitzt die schwarze
Parze mit der Nasenwarze,
und sie zwickt und schneidet,
schnapp!!
Knopp sein Lebensbändel ab.
Wilhelm Busch

Fallbeispiel

Zu meiner Zeit als Heimleiterin kam Frau W. zu mir und bat mich, ihren Mann in unserem Heim aufzunehmen. Sie kannte unsere hospizliche Zuwendung zu Sterbenden, da auch ihre Eltern bis zu ihrem Tod bei uns gelebt hatten. Ihr Mann wollte nicht mehr ins Krankenhaus, und sie konnte die Pflege nicht zu Hause bewältigen. Sie wollte mit unserer Unterstützung Tag und Nacht bei ihm sein. So zog sie bis zum Tod ihres Mannes mit in das Zweibettzimmer.

Herr W., 46 Jahre alt mit Magen-CA, hatte alle Therapien durchgestanden, immer in der Hoffnung auf Besserung. Doch wieder verschlechterte sich sein Zustand, und er spürte jetzt, dass keine Hoffnung mehr war, und hatte große Ängste. Wie sollte es weitergehen? Sein Schmerz war groß. Er fühlte sich vom Schicksal verfolgt. Bereits vor einem Jahr war seine Tochter durch einen Verkehrsunfall ins Koma gefallen. Er wollte stark sein, um seiner Frau und seiner Tochter zur Seite zu stehen.

Obwohl sein Leben nur noch an einem seidenen Faden hing, sprachen beide immer nur von Besserung. Sie konnten und wollten nicht glauben, dass das Schicksal sie so hart treffen sollte. Sie zogen sich immer mehr zurück und empfingen auch keine Freunde und Bekannten mehr.

Wenn Frau W. ihre Tränen, ihren Schmerz, ihre Verzweiflung und Ausweglosigkeit nicht mehr aushalten konnte, kam sie zu mir, und wir tranken eine Tasse Kaffee. Hier konnte sie ihren Schmerzen freien Lauf lassen.

Mir fiel das Märchen von Dornröschen ein, und wir sprachen darüber. Da keine Worte mehr möglich waren, erzählte ich beiden schließlich das Märchen. Es war wie ein Aufatmen, ein Loslassen von Schmerz, ein Annehmen von Schicksal und auch eine Hoffnung für ewige Liebe. »Denn die Liebe ist stark wie der Tod und Leidenschaft unwiderstehlich wie das Totenreich« (Hoheslied 8,5 und 4,9).

Im Sterbeprozess werden Beziehungen zwischen Menschen gelebt, die Bedeutung über das Leben des Verstorbenen hinaus haben. Plötzlich wird dem Zurückbleibenden bewusst, dass nicht nur der Mensch, sondern auch ein Teil dieser einzigartigen Beziehung stirbt. Aber die Liebe bleibt. Mascha Kaléko drückt es in ihrem Gedicht »Leben ohne dich« folgendermaßen aus:

> Leben ohne dich.
> Vor meinem eigenen Tod ist mir nicht bang,
> nur vor dem Tode derer, die mir nahe sind.
> Wie soll ich leben, wenn sie nicht mehr da sind?
> Allein im Nebel tast ich todentlang.
> Und lass mich willig in das Dunkel treiben.
> Das Gehen schmerzt nicht halb so wie das Bleiben.
> Der weiß es wohl, dem Gleiches widerfuhr,
> und die es trugen, mögen mir vergeben.
> Bedenkt: den eigenen Tod, den stirbt man nur,
> doch mit dem Tod der anderen muss man leben.[10]

Herr und Frau W. konnten endlich zusammen weinen und einander festhalten. Ohne Worte. Herr W. starb noch in der Nacht, und Frau W. kam noch regelmäßig auf eine Tasse Kaffee zu uns.

Frau Holle, Brüder Grimm

Stichwörter: Fleiß, Hingabe, Trauer

Eine Witwe hatte zwei Töchter, davon war die eine schön und fleißig, die andere hässlich und faul. Sie hatte aber die hässliche und faule, weil sie ihre rechte Tochter war, viel lieber, und die andere musste alle Arbeit tun und das Aschenputtel im Hause sein. Das arme Mädchen musste sich täglich auf die große Straße bei einem Brunnen setzen und musste so viel spinnen, dass ihm das Blut aus den Fingern sprang. Nun trug es sich zu, dass die Spule einmal ganz blutig war, da bückte es sich damit in den Brunnen und wollte sie abwaschen; sie sprang ihm aber aus der Hand und fiel hinab. Es weinte, lief zur Stiefmutter und erzählte ihr das Unglück. Sie schalt es aber so heftig und war so unbarmherzig, dass sie sprach: »Hast du die Spule hinunterfallen lassen, so hol sie auch wieder herauf.« Da ging das Mädchen zu dem Brunnen zurück und wusste nicht, was es anfangen sollte; und in seiner Herzensangst sprang es in den Brunnen hinein, um die Spule zu holen. Es verlor die Besinnung, und als es erwachte und wieder zu sich selber kam, war es auf einer schönen Wiese, wo die Sonne schien und vieltausend Blumen standen. Auf dieser Wiese ging es fort und kam zu einem Backofen, der war voller Brot; das Brot aber rief: »Ach, zieh mich raus, zieh mich raus, sonst verbrenn ich: Ich bin schon längst ausgebacken.« Da trat es herzu und holte mit dem Brotschieber alles nacheinander heraus. Danach ging es weiter und kam zu einem Baum, der hing voll Äpfel und rief ihm zu: »Ach, schüttel mich, schüttel mich, wir Äpfel sind alle miteinander reif.« Da schüttelte es den Baum, dass die Äpfel fielen, als regneten sie, und schüttelte, bis keiner mehr oben war; und als es alle in einen Haufen zusammengelegt hatte, ging es wieder weiter. Endlich kam es zu einem kleinen Haus, daraus guckte eine alte Frau, weil sie aber so große Zähne hatte, ward ihm angst, und es wollte fortlaufen. Die alte Frau aber rief ihm nach: »Was fürchtest du dich, liebes Kind? Bleib bei mir, wenn du alle Arbeit im Hause ordentlich tun willst, so soll dir's gut gehn. Du musst nur Acht geben, dass du mein Bett gut machst und es fleißig aufschüttelst, dass die Federn fliegen, dann schneit es in der Welt; ich bin die Frau Holle.« Weil die Alte ihm so gut zusprach, so fasste sich das Mädchen ein Herz, willigte ein und begab sich in ihren Dienst. Es besorgte auch alles nach ihrer Zufriedenheit und schüttelte ihr das Bett immer gewaltig, auf dass die Federn wie Schneeflocken umherflogen; dafür hatte es auch ein gut Leben bei ihr, kein böses Wort und alle Tage Gesottenes und Gebratenes. Nun war es eine Zeitlang bei der Frau Holle, da ward es traurig und wusste anfangs selbst nicht, was ihm fehlte. Endlich merkte es, dass es Heimweh war; ob es ihm hier gleich vieltausendmal besser ging als zu Haus, so hatte es doch ein Verlangen dahin. Endlich sagte es zu ihr: »Ich habe den Jammer nach Haus gekriegt, und wenn es mir auch noch so gut hier unten geht, so kann ich doch nicht länger bleiben, ich muss wieder hinauf zu den Meinigen.« Die Frau Holle sagte: »Es gefällt mir, dass du wieder nach Haus verlangst, und weil du mir so treu gedient hast, so will ich dich selbst wieder hinaufbringen.« Sie nahm es darauf bei der Hand und führte es vor ein großes Tor. Das Tor ward aufgetan, und wie das Mädchen gerade darunterstand, fiel ein gewaltiger Goldregen, und alles Gold blieb an ihm hängen, sodass es über und über davon bedeckt war. »Das sollst du haben, weil du so fleißig gewesen bist«, sprach die Frau Holle und gab ihm auch die Spule wieder, die ihm in den Brunnen gefallen war. Darauf ward das Tor verschlossen, und das Mädchen befand sich oben auf der Welt, nicht weit von seiner Mutter Haus; und als es in den Hof kam, saß der Hahn auf dem Brunnen und rief: »Kikeriki, unsere goldene Jungfrau ist wieder hie.« Da ging es hinein zu seiner Mutter, und weil es so mit Gold bedeckt ankam, ward es von ihr und der Schwester gut aufgenommen.

Das Mädchen erzählte alles, was ihm begegnet war, und als die Mutter hörte, wie es zu dem großen Reichtum gekommen war, wollte sie der andern, hässlichen und faulen Tochter gerne dasselbe Glück verschaffen. Sie musste sich an den Brunnen setzen und spinnen; und damit ihre Spule blutig ward, stach sie sich in die Finger und stieß sich die Hand in die Dornhecke. Dann warf sie die Spule in den Brunnen und sprang selber hinein. Sie kam, wie die andere, auf die schöne Wiese und ging auf demselben Pfade weiter. Als sie zu dem Backofen gelangte, schrie das Brot wieder: »Ach, zieh mich raus, zieh mich raus, sonst verbrenn ich, ich bin schon längst ausgebacken.« Die Faule aber antwortete: »Da hätt ich Lust, mich schmutzig zu machen«, und ging fort. Bald kam sie zu dem Apfelbaum, der rief: »Ach, schüttel mich, schüttel mich, wir Äpfel sind alle miteinander reif.« Sie antwortete aber: »Du kommst mir recht, es könnte mir einer auf den Kopf fallen«, und ging damit weiter. Als sie vor der Frau Holle Haus kam, fürchtete sie sich nicht, weil sie von ihren großen Zähnen schon gehört hatte, und verdingte sich gleich bei ihr. Am ersten Tag tat sie sich Gewalt an, war fleißig und folgte der Frau Holle, wenn sie ihr etwas sagte, denn sie dachte an das viele Gold, das sie ihr schenken würde; am zweiten Tag aber fing sie schon an zu faulenzen, am dritten noch mehr, da wollte sie morgens gar nicht aufstehen. Sie machte auch der Frau Holle das Bett nicht, wie sich's gebührte, und schüttelte es nicht, dass die Federn aufflogen. Das ward die Frau Holle bald müde und sagte ihr den Dienst auf. Die Faule war das wohl zufrieden und meinte, nun würde der Goldregen kommen; die Frau Holle führte sie auch zu dem Tor, als sie aber darunterstand, ward statt des Goldes ein großer Kessel voll Pech ausgeschüttet. »Das ist zur Belohnung deiner Dienste«, sagte die Frau Holle und schloss das Tor zu. Da kam die Faule heim, aber sie war ganz mit Pech bedeckt, und der Hahn auf dem Brunnen, als er sie sah, rief: »Kikeriki, unsere schmutzige Jungfrau ist wieder hie.«

Das Pech aber blieb fest an ihr hängen und wollte, solange sie lebte, nicht abgehen.

Gedanken

Es gibt viele Wege, Märchen zu deuten und zu verstehen. Ich möchte besonders bei dieser Geschichte hervorheben, dass ich »Frau Holle« hier und jetzt unter dem Aspekt Tod und Sterbeprozess beleuchte. In einem anderen Zusammenhang würde ich eine völlig andere Interpretation wählen.

Das Märchen »Frau Holle« beschreibt einen Weg, den zwei unterschiedliche Menschen gehen, eine Fleißige und eine Faule. Sofort schalten sich bekannte Muster ein, die beim Lesen des Märchens in unserem Kopf aktiviert werden. Die Gute wird belohnt, die Böse bestraft. Die Seelenbilder des Märchens zeigen noch andere Perspektiven.

Da sind zwei Töchter, eine schöne, fleißige und eine hässliche, faule. Die Fleißige tut alles, um der Mutter zu gefallen, aber es ist nicht genug. Wenden wir uns, wie auch im Märchen, zuerst ganz der Fleißigen zu. Sie sitzt am Spinnrad und spinnt. Sie spinnt so lange, bis die Spule blutig ist. Das Spinnen des Lebensfadens haben wir bei Dornröschen kennengelernt. Wir erinnern uns an die weisen Frauen, die Nornen oder Moiren, die den Lebensfaden der Menschen spinnen. Eine spinnt, eine misst und die dritte schneidet den Faden ab. Die Fleißige sitzt am Brunnen und spinnt, »… (es) musste so viel spinnen, dass ihm das Blut aus den Fingern sprang«, dass sie über ihre Kräfte arbeitet. Sie arbeitet unter Druck, ist im Stress, will (der Mutter) alles recht machen. Jetzt ist die Spule blutig. Blut wird allgemein als Sitz der Seele oder Inbegriff des Lebens gesehen. Etwas liegt einem im Blut, heiß- oder kaltblütig sein, sagt viel über das Wesen eines Menschen aus. Die Fleißige hat ihre Lebenskräfte so beansprucht, dass das Leben jetzt aus ihr herausfließt und den Lebensfaden rot färbt. Sie ist geschwächt, krank. In ihrer Not versucht sie, das Blut abzuwaschen, sich von der Krankheit zu befreien. Therapien, Behandlungen, aber die Spule fällt in den Brunnen. »Das Kind ist in den Brunnen gefallen« ist noch heute ein geläufiges Sprichwort, wenn etwas zu spät ist. Der Lebensfaden ist in den Brunnen gefallen. Im Märchen zeigt die Mutter kein Erbarmen: »Hast du die Spule hinunterfallen lassen, so hol sie auch wieder herauf.« Für Freunde und Verwandte ist es oft schwer, nichts tun zu können, wenn sich der Kranke erbarmungslos durch Leid und Schmerz quälen muss. So grausam die Mutter auch im Märchen erscheint, sie allein beschönigt die Lage nicht. Sie sieht klar, was zu tun ist. Die Spule ist in den Brunnen gefallen, die Krankheit kann nicht mehr länger geleugnet werden.

In der spirituellen Sterbebegleitung werden drei seelisch-geistige Stadien benannt, die der Sterbende durchläuft: Chaos, Hingabe und Transzendenz. Im Chaos steckt Verzweiflung und Hoffnung, das Aufbäumen gegen die Krankheit, der Versuch, etwas zu ändern, die Anklage gegenüber sich selbst und anderen. Das Chaos umfasst alle turbulenten Drehungen, die der Sterbende in seiner Psyche erfährt, während er sich ihnen zu widersetzen sucht. Noch einmal das Märchen: »Es weinte, lief zur Stiefmutter und erzählte ihr das Unglück. Sie schalt es aber so heftig und war so unbarmherzig, dass sie sprach: ›Hast du die Spule hinunterfallen lassen, so hol sie auch wieder herauf.‹ Da ging das Mädchen zu dem Brunnen zurück und wusste nicht, was es anfangen sollte; ...« Jetzt kommt der Wendepunkt, der Moment, in dem der Sterbende erkennt, dass er eingebunden ist in ein größeres Ganzes. Es ist das Stadium der Hingabe an das Hier und Jetzt, ohne Hader und Zweifel. Der Sterbende akzeptiert sein Schicksal und nimmt es an. Das Leben kann abgeschlossen, aufgeräumt, geklärt werden, unerledigte Dinge können abgegeben werden. »... und in seiner Herzensangst sprang es in den Brunnen hinein, um die Spule zu holen.« Das Mädchen springt und findet sich auf einer Blumenwiese wieder. Eine ganz andere Welt erschließt sich jetzt, unvorstellbar und schön. Die Sonne scheint, vieltausend Blumen blühen. In der »Legenda aurea« des Jacobus des Voraigne (um 1270) finden wir ein übereinstimmendes Bild. Ein Träumer sieht »eine schöne Wiese ... darauf standen viele wohlgezierte Blumen; in den Blättern der Bäume war ein sanfter Wind, davon gaben sie gar süßen Klang und süßen Duft. Da waren Früchte, herrlich zu schauen und luftig von Geschmack; da waren Bänke von Gold und Edelsteinen und schimmernde Ruhebetten, mit köstlichen Decken geziert. Dabei flossen klare Brunnen. Danach wird er in die Stadt selber geführt, deren Mauern waren von lauterem Gold, dass sie strahlte in wunderbarer Klarheit. In den Lüften aber sangen himmlische Scharen einen Sang, wie kein menschliches Ohr ihn je vernommen hat; und eine Stimme sprach: Das ist die Stadt der Seligen!«[11]

In diesem Zusammenhang möchte ich den Sprung in den Brunnen als Zwischenwelt sehen. Es ist die Phase der Hingabe, in der sich der Sterbende bildlich befindet. Folgen wir dem Mädchen, so warten drei Aufgaben auf den Sterbenden: Das Brot ist längst ausgebacken und will herausgezogen werden. Brot ist einerseits das wichtigste physische Nahrungsmittel, zugleich steht es aber auch für spirituelle Nahrung. Da der Mensch nicht vom Brot allein lebt, wird das »Brot des Lebens« in der Eucharistie zur Seelenspeise. Auf der physischen Ebene könnte es eventuell bedeuten, all das »Fertiggebackene« loszulassen, Abschied nehmen, den Nachlass regeln. Auf der spirituellen Ebene ist es die Bereitschaft der Hingabe an das große Ganze. Die zweite Aufgabe umfasst ebenfalls den weltlichen und seelischen Aspekt: Die Äpfel müssen geschüttelt werden. Im Märchen »Frau Holles Apfelgarten« habe ich ausführlich die Bedeutung des Apfels beleuchtet. Hier möchte ich zwei Aspekte herausheben: Der Apfel als Sinnbild der Erde, Erdkugel, Welt: Alles Irdische muss abgeschüttelt werden, das Lösen von materiellen Dingen als Vorbereitung auf den Tod. In der keltischen Tradition steht der Apfel für spirituelles Wissen. In der Hingabe an den Tod öffnen sich Momente der Gnade.

Als Drittes lädt Frau Holle das Mädchen ein, bei ihr zu bleiben und ihr zu dienen. Frau Holle ist eine alte Frau mit großen Zähnen, vor der sich das Mädchen fürchtet. »Die Hollermutter, Holle oder Holla lebt im Holler, also im Holunder, ihrem heiligen Baum. Wer einen Holunderbusch schlägt, wird von ihr bestraft. Das Holz des Holunders soll nicht ins Feuer geworfen werden, außer um Holla zu rufen und um ein Orakel zu bitten. Holla wird mit weißen Speisen und Äpfeln beschenkt. Sie hat es gern, wenn gesungen wird. Jodler fangen oft mit Holla an und sind eine Hymne an die Urgöttin. Im Märchen schüttelt die Holle die Betten und lässt es schneien, was bedeutet, dass sie auch eine Todesgöttin ist, die die Kraft der Wesen auf der Erde in die Tiefe ruft, wo sie sich regenerieren können. Auch der Backofen, also die Nahrung der Menschen, gehört der Frau Holle. Früher wurden Ofenopfer für sie gemacht: Brot oder Gebäck wurde ins Herdfeuer geworfen. Sie ist verwandt mit Hel, der germanischen Unterweltsgöttin. Fahr zur Holle ist keine Beleidigung!«[12]

Auch diese dritte Aufgabe möchte ich als die Phase der Hingabe deuten. »Es besorgte auch alles nach ihrer (Frau Holles) Zufriedenheit und schüttelte ihr das Bett immer gewaltig, auf dass die Federn wie Schneeflocken umherflogen; dafür hatte es auch ein gut Leben bei ihr, kein böses Wort und alle Tage Gesottenes und Gebratenes.« Der Sterbende schläft viel und lebt zwischen den Welten. Es sind schmerzfreie Momente des Friedens und der Stille. Eine »Vorschau« auf das Paradies.

»Nun war es eine Zeitlang bei der Frau Holle, da ward es traurig und wusste anfangs selbst nicht, was ihm fehlte, endlich merkte es, dass es Heimweh war; ob es ihm hier gleich vieltausendmal besser ging als zu Haus, so hatte es doch ein Verlangen dahin.« Noch umgibt den Sterbenden sein Körper, er ist im Irdischen verhaftet und sehnt sich danach, weiter auf der Erde zu bleiben. Die Göttin der Unterwelt versteht das. »... Die Frau Holle sagte: ›Es gefällt mir, dass du wieder nach Haus verlangst, und weil du mir so treu gedient hast, so will ich dich selbst wieder hinaufbringen.‹ Sie nahm es darauf bei der Hand und führte es vor ein großes Tor. Das Tor ward aufgetan, und wie das Mädchen gerade darunterstand, fiel ein gewaltiger Goldregen, und alles Gold blieb an ihm hängen, sodass es über und über davon bedeckt war.« Liebevoll nimmt der Tod den Sterbenden bei der Hand. Das Tor ist der Übergang von einem Bereich in den anderen, vom Diesseits ins Jenseits. Gold fällt auf das Mädchen herab. »Gold ist das edelste der Metalle. Es ist dehnbar, glänzend, weitgehend hitze- und säurebeständig und daher ein Sinnbild der Unveränderlichkeit, der Ewigkeit, der Vollkommenheit.«[13]

Jetzt ist der Kreislauf beendet. Die Phase der Transzendenz ist eingetreten. Sie manifestiert sich als ein tiefes Gefühl von Geborgenheit, Frieden und Sinnerfüllung. Es ist dieses Leuchten, das auf dem Sterbenden ruht, wenn er sich dem Stadium der Transzendenz hingibt. Wandlung und Vollendung.

Doch das Märchen »Frau Holle« endet nicht mit dem Goldregen, ganz im Gegenteil. Es hat noch weitere Botschaften, die es schon in der Einleitung angekündigt hat. Schließlich sind es zwei Töchter, eine schöne, fleißige und eine hässliche, faule. Es ist eine eindeutige Wertung, die schon zu Anfang des Märchens vollzogen wird und der man sich nicht entziehen kann. Sehen wir das Märchen »Frau Holle« als Sterbeprozess, der den Sterbenden und die Hinterbliebenen mit einbezieht, so zeigt sich der Tod nach den Stadien Chaos, Hingebung, Transzendenz als schön und lichtvoll. Schopenhauer sagt: »Ich glaube, dass, wenn der Tod unsere Augen schließt, wir in einem Lichte steh'n, von welchem unser Sonnenlicht nur der Schatten ist.« Die Trauer dagegen ist hässlich und schmerzvoll. Der Trauernde fällt in eine Depression, wird faul, lethargisch.

Manchmal erscheinen die Verstorbenen den Hinterbliebenen im Traum als Engel oder Lichtwesen, die ganz in Gold gehüllt sind. Das Märchen: Die Fleißige kehrt mit all dem Gold und der Spindel nach Hause zurück, und der Hahn verkündet: »Kikeriki, unsere goldene Jungfrau ist wieder hie.« Der Hahn überwindet mit seinem Ruf die Finsternis und steht im Christentum für die Auferstehung.

Jetzt beginnt der Weg der Faulen, den ich als Weg der Trauer betrachten möchte. Oft erscheint uns dieser Weg als hässlich. Wir wissen, dass Trauern seelische Schwerstarbeit ist, schmerzvoll und langwierig. Durch die schmerzliche Verarbeitung der Trauer entdecken wir nochmals die Vergangenheit und weben sie in die Gegenwart mit ein.

Die Mutter will ihrer »faulen Tochter gerne dasselbe Glück verschaffen. Sie musste sich an den Brunnen setzen und spinnen«. Den Hinterbliebenen packt der Wunsch, dem geliebten Menschen zu folgen, er will nicht mehr länger im Irdischen verhaftet sein. Er sehnt sich nach dem Paradies, nach der Wiedervereinigung mit dem Partner, der Partnerin oder dem verstorbenen Elternteil. Die Faule kann nicht spinnen, ist ganz in ihrem Schmerz, ihrer Depression verfangen. Um dem Verstorbenen dennoch nahe zu sein, macht sie die Spule gewaltsam blutig (Schmerz, Schuld, Depression bis hin zum Selbstmord) und springt dann in den Brunnen. Aber die Faule kann die ihr gestellten Aufgaben nicht erfüllen, sie versteht sie nicht. Das Brot ruft den Sterbenden zur Hingabe auf, die Lebende aber meint nur: »Da hätt ich Lust, mich schmutzig zu machen«, ebenso geht es bei den Äpfeln. Es ist ein Aufbäumen gegen den Tod. Die Faule kann mit dem Stadium der Hingabe im Sterbeprozess nichts anfangen. Selbst Frau Holle ist unzufrieden mit der Arbeit der Faulen, denn ihre Zeit ist noch nicht gekommen. Also schickt Frau Holle die Lebende wieder zurück, ebenfalls durch das Tor, vom Jenseits ins Leben. Pech fällt auf die Faule herab und bleibt an ihr hängen. Man hält wie Pech und Schwefel zusammen.

Pech ist Materie und das absolute Gegenteil von Gold. Pech ist schwarz, die Farbe der Trauer, Pech ist dunkel, irdisch. Im Deutschen ist die Bezeichnung für Pech haben, Unglück, mit der Substanz Pech identisch. Der Trauernde wird vom Pech, dem Irdischen, dem Alltag empfangen, empfindet aber alles als Unglück, dunkel und schwarz. Er will sich nicht mehr ins Leben fügen.

Das Märchen kann helfen, Trauer zuzulassen, Trauer zu leben. Der Verlassene fühlt sich wie Pechmarie vom Unglück verfolgt und sehnt sich nach dem Gold. Die Faule im Märchen bekommt die Spule nicht zurück, denn es ist nicht ihr Lebensfaden. Sie muss lernen, ihren eigenen Faden zu spinnen, damit wieder Glück in ihr Leben einkehren kann.

Übung

Diese Übung ist dem Lebensquell gewidmet.

Stellen Sie ein Glas vor sich, das zur Hälfte mit Wasser gefüllt ist. Bitte nehmen Sie Leitungswasser, Quellwasser oder Mineralwasser ohne Kohlensäure. Schauen Sie dieses Glas an. Ist es halb voll oder halb leer? Nehmen Sie die Klarheit des Wassers in sich auf. Nutzen Sie dazu Ihren Atem und stellen Sie sich vor, mit jedem Einatmen die Klarheit des Wassers in sich aufzunehmen. Mit dem Ausatmen lassen Sie alles Schmutzige, Alte, Unreine los. Atmen Sie immer wieder die Klarheit und Reinheit des Wassers ein und lassen Sie das Unreine, Verschmutzte los. Wenn es für Sie richtig ist, schließen Sie dann die Augen und sehen Sie das Wasserglas noch innerlich vor sich. Stellen Sie sich jetzt vor, dass dieses Glas ein Brunnen ist. Der Boden des Glases ist die Quelle, der Ursprung, die Seiten des Glases sind der Brunnenschacht, die Öffnung des Glases ist der Brunnenrand. Sie wissen, dass es in Wirklichkeit ein Wasserglas ist. Sie brauchen also keine Angst zu haben vor der Dunkelheit, denn das Glas ist durchsichtig. Erlauben Sie dem Brunnen, sich Ihnen zu zeigen. Nehmen Sie Ihren Brunnen wahr. Wie ist er eingefasst? Wie tief ist er? Können Sie bis auf den Grund schauen? Trinken Sie einen Schluck vom Wasser des Lebens. Stellen Sie sich vor, wie er Ihnen Kraft und Stärkung gibt. Spüren Sie, wie dieser Lebensquell Sie erfrischt. Wenn Sie sich am Wasser des Lebens gestärkt haben, dann verabschieden Sie sich von Ihrem Lebensquell, Lebensbrunnen in dem Wissen, dass Sie jederzeit wieder dorthin zurückkehren können. In Ihrem Rhythmus kommen Sie dann wieder langsam zurück und öffnen die Augen. Sie sehen das Wasserglas vor sich. Vielleicht haben Sie Lust, sich an diesem Lebensquell zu laben. Spüren Sie, wie das Wasser Ihren Mund füllt. Genießen Sie den Geschmack, die Reinheit.

Symbol

Das Kind ist in den Brunnen gefallen, der Krug geht so lange zum Brunnen, bis er bricht, einen Brunnen neben der Quelle graben, Wasser in den Brunnen tragen, eine Sache an allen Brunnen erzählen.

Ein Brunnen ist eine eingefasste Quelle, also von Menschenhand bearbeitet. Im Islam ist der quadratisch ausgemauerte Brunnen Sinnbild des Paradieses. Quellen, Springbrunnen, Weiher und Ziehbrunnen galten in archaischen Religionen stets als weibliche Symbole. Sie wurden oft als Wasserwege und Zugangsschächte zum unterirdischen Schoß betrachtet. In Nordeuropa werden sie mit der Mutter Hel assoziiert, deren Name auch die Wurzel der Wörter »heilig« und »heilen« bildet. In christlicher Zeit erhielten die heiligen Quellen in ganz England den Namen »Helena-Quelle«. Helene ist Hel oder Frau Holle, deren Wasserleib auch als Ursprung aller Kinder dieser Erde bezeichnet wird. Hel ist die germanische Göttin des Todes, der Übergänge und der Unterwelt. Sie entscheidet über Leben und Tod. Als Herrscherin der Schattenwelt nimmt sie die in ihrem unterirdischen Reich auf, die an Krankheiten oder Altersschwäche gestorben sind. »Ihre Schwelle heißt Hindernis, ihre Magd heißt Ganglöt: die Faule.«[14]

Das Herabsteigen in den Brunnen kann den Zugang zu esoterischer Erkenntnis oder zum Bereich des Unbewussten symbolisieren. Das Eintauchen in das Wasser des Brunnens entspricht oft dem Trinken eines besonderen Elixiers, das Unsterblichkeit, Jugend und Gesundheit verleiht. Vor allem im Keltischen war die Verehrung heiliger Quellen geläufig, und ihr Wasser wurde mit der gabenspendenen Erdmutter in Verbindung gebracht. Die Sitte, Münzen in den Brunnen zu werfen, ist wohl ein Nachklang symbolischer Opfer an Wassergottheiten, denen man die Fähigkeit zusprach, Wünsche zu erfüllen. In der Bibel finden wir die Quelle als Symbol des ewigen Lebens und der Wiedergeburt.

Fallbeispiel

Vor kurzem begleitete ich eine demente, herzkranke alte Dame in einem Pflegeheim. Von der Tochter erfuhr ich, dass die Mutter ihr früher oft Märchen vorgelesen hat, später auch den zwei Enkelkindern. Das war für mich ein guter Anlass, auf den Moment hinzusteuern, um mit Märchen einzusteigen.

Frau S. war 84 Jahre alt und lebte im Pflegeheim. Ihr Mann war erst vor kurzem gestorben, ihre Tochter lebte 300 km entfernt. Die Ärzte vermuteten, dass Frau S. nicht mehr lange leben würde. Die Tochter bat mich, die Mutter zu begleiten.

Bei meinem ersten Besuch staunte ich, dass Frau S. eine richtige Babypuppe im Arm hielt. Sicher wollte sie jemanden in ihrer Nähe haben. Ich stellte fest, dass Frau S. geistig noch weitgehend orientiert war, aber oft sehr unglücklich, da sie mit der Realität nicht mehr mithalten konnte. Oft konnte sie nicht die richtigen Wörter finden, was sie verwirrte und verunsicherte. Bei meinem nächsten Besuch reichte sie mir ihre Puppe und bat mich, ihr Kind frisch anzuziehen. Ich öffnete den Schrank und fand eine ganze Kiste mit Babywäsche.

Von der Tochter erfuhr ich später, dass ihre ältere Schwester im Kindbett gestorben war. Seitdem besaß ihre Mutter diese Puppe und der Kontakt zu ihr, ihrem verlorenen Kind, wurde mit dem Alter immer intensiver. Die lebende Tochter litt darunter, denn ihre Mutter hatte den Tod ihres ersten Kindes nie annehmen und überwinden können. Für sie war es einfach eine Ungerechtigkeit. Frau S. war oft sehr unruhig, schimpfte und klammerte sich an ihre Puppe.

Mir fiel das Märchen von Frau Holle ein: Zwei Töchter, die eine schön und fleißig, die andere hässlich und faul ... Als ich es ihr erzählte, schmunzelte sie, als ob sie sich an frühere Zeiten erinnerte. Ihre Puppe hielt sie im Arm, streichelte und küsste sie. Bei jedem Besuch wünschte sie sich das Märchen, und der Ablauf wiederholte sich wie ein Ritual bis zu ihrem Todestag. Sie wurde mit ihrer Puppe im Arm beerdigt und wird nun hoffentlich mit ihrer anderen Tochter vereint sein.

Das Totenhemdchen, Brüder Grimm

Stichwörter: Loslassen, Abschied, Trauer

Es hatte eine Mutter ein Büblein von sieben Jahren, das war so schön und lieblich, dass es niemand ansehen konnte, ohne mit ihm gut zu sein, und sie hatte es auch lieber als alles auf der Welt. Nun geschah es, dass es plötzlich krank ward und der liebe Gott es zu sich nahm; darüber konnte sich die Mutter nicht trösten und weinte Tag und Nacht. Bald darauf aber, nachdem es begraben war, zeigte sich das Kind nachts an den Plätzen, wo es sonst im Leben gesessen und gespielt hatte; weinte die Mutter, so weinte es auch, und wenn der Morgen kam, war es verschwunden. Als aber die Mutter gar nicht aufhören wollte zu weinen, kam es in einer Nacht mit seinem weißen Totenhemdchen, in welchem es in den Sarg gelegt war, und mit dem Kränzchen auf dem Kopf, setzte sich zu ihren Füßen auf das Bett und sprach: »Ach Mutter, höre doch auf zu weinen, sonst kann ich in meinem Sarge nicht einschlafen, denn mein Totenhemdchen wird nicht trocken von deinen Tränen, die alle darauf fallen.« Da erschrak die Mutter, als sie das hörte, und weinte nicht mehr. Und in der andern Nacht kam das Kindchen wieder, hielt in der Hand ein Lichtchen und sagte: »Siehst du, nun ist mein Hemdchen bald trocken, und ich habe Ruhe in meinem Grab.« Da befahl die Mutter dem lieben Gott ihr Leid und ertrug es still und geduldig, und das Kind kam nicht wieder, sondern schlief in seinem unterirdischen Bettchen.

Gedanken

Das Märchen hört sich an wie eine brutale Warnung an den Trauernden: Weine nicht so viel, sonst findet der Tote keine Ruhe. Ganz nach Grimm'scher Pädagogik endet es dann auch damit, dass die Mutter still und geduldig ihr Leid ertrug. Durch die anderen Märchendeutungen wurde deutlich, dass mehr in den Märchen steckt, als auf den ersten Blick sichtbar.

Begleiten wir die Mutter durch das Märchen. Das Kind ist sieben Jahre alt. Sieben ist ein Zyklus, 3 + 4 = 7. Die Zahl Drei steht für die geistige Trinität, symbolisiert in Vater, Sohn, heiliger Geist oder Vater, Mutter, Kind. Die Vier repräsentiert die Elemente Erde, Wasser, Feuer und Luft oder die Jahreszeiten und steht damit für die irdische Einheit. Die Sieben entsteht aus der Verbindung von Geistigem und Irdischem. Das Leben des Menschen ist eine vielfältige Folge von Siebenjahresschritten. Von 7 bis 21 sind die prägenden Jahre, von 28 bis 42 die des Wachstums, von 49 bis 63 die gebenden Jahre, von 70 bis 84 folgen die Weisheitsjahre (Zeitenschrift Nr. 51, 3. Quartal/06). Nach dem anthroposophischen Weltbild, das von Rudolf Steiner begründet wurde, entwickelt sich der Mensch im Siebenjahresrhythmus: die ersten sieben Jahre bildet sich der physische Leib, von 7 bis 14 Jahre der »Bilde- oder Kräfteleib«, in dem die Lernfähigkeit erwacht und das Kind nach Wirklichkeit und Fantasie verlangt. Von 14 bis 21 Jahre entfaltet sich der Empfindungs- oder Astralleib, der die Urteilskraft ermöglicht. Danach entwickelt sich der Ich-Leib, der den individuellen Menschen ausmacht, und kein Alltags-Ich, sondern das Geistige-Ich meint.

Die Mutter liebt ihr Kind über alles, aber etwas stimmt nicht. Mutter, Kind, … Wo ist der Vater? Die Einheit von Vater, Mutter, Kind ist nicht vorhanden, der Vater fehlt. Das Kind erkrankt plötzlich und stirbt. Mit sieben Jahren hat der Bub die Schulreife erlangt und würde jetzt die magische Welt des Kindes verlassen und das logische Denken (die männliche Ebene) entwickeln. Der Tod des Kindes trifft die Mutter wie ein Schlag. Sie steht unter Schock. Sie hat doch alles gegeben, das Kind über alles geliebt. Die Mutter gibt sich ganz ihrer Verzweiflung hin und weint Tag und Nacht. Jetzt ist sie ganz allein, sie hat niemanden mehr. Das Kind zeigt sich nachts an den Plätzen, wo es auch im Leben oft gespielt hat. Der Trauernde gibt sich Erinnerungen hin, sieht die

Plätze, an denen der Verstorbene gerne verweilte. In den Erinnerungen wird der Tote lebendig, das schmerzt. Es ist fast, als wäre er noch da, greifbar, lebendig. Tränen lindern den Schmerz, Tränen bringen in Fluss, Tränen bringen Bewegung. »... weinte die Mutter, so weinte es (das Kind) auch, und wenn der Morgen kam, war es verschwunden.« Die Mutter will den Tod ihres Sohnes nicht wahrhaben, sie will die Einheit von Mutter und Kind wiederherstellen: Wenn sie weint, weint auch das Kind. Aber der Tag, das Bewusstsein, lässt diese vermeintliche Einheit verschwinden. »Als aber die Mutter gar nicht aufhören wollte zu weinen, kam es in einer Nacht ... und sprach: ›Ach Mutter, höre doch auf zu weinen, sonst kann ich in meinem Sarge nicht einschlafen, denn mein Totenhemdchen wird nicht trocken von deinen Tränen, die alle darauf fallen.‹«

Die Mutter wird ganz von ihren Gefühlen beherrscht. Sie brechen als Tränenstrom aus ihr heraus und löschen den Verstand aus. Alle Erinnerungen gaben den Gefühlen nur neue Nahrung. Jetzt endlich kommt die Logik ins Spiel. Das Kind sagt nicht: Ich kann nicht schlafen, weil mich deine Tränen so schmerzen oder weil du mir leidtust oder weil du so verzweifelt bist. Es kann nicht schlafen, weil das Hemd nass ist. Die Mutter erschrickt. Erschrecken ist Innehalten, Anhalten. Endlich hat der Verstand die Möglichkeit, den Gefühlen zu widerstehen. Sie weint nicht mehr. Das Kind kehrt noch einmal mit einem Licht zurück. Ist es das wieder erwachende Lebenslicht der Mutter? Die Mutter vertraut Gott ihr Leid an, sie wird still und geduldig. Stille und Ruhe kann in der Zeit der Trauer unterstützend sein. Der Körper braucht Erholung und Regeneration. Geduld heißt auch etwas dulden, erlauben, zulassen. Sie gibt der Wahrheit Raum, erkennt die Realität an, dass das Kind jetzt in seinem unterirdischen Bett schläft.

Übung

Die folgende Übung widmet sich Verstand und Gefühl. Es ist ein Spiel, das ebenso allein, zu zweit oder in der Gruppe gespielt werden kann. Spiel heißt immer auch: Es darf Spaß machen.

Sie erinnern sich bestimmt noch an das Spiel »Memory«, bei dem man zwei gleiche Bilder finden muss. Hier finden sie jetzt ein Bild, zu dem sie jeweils zwei Begriffe finden sollen. Ich möchte das Spiel »Kopf und Bauch« taufen. Der Kopf fängt immer mit »Ich sehe …«, der Bauch mit »Ich fühle …« an. Der Kopf beschreibt die Realität, der Bauch lässt sich auf das »dahinter« ein und »spinnt« weiter. Der Kopf wertet nicht (wie schön!), der Bauch schon (wie schön!). Erlauben Sie Ihrem Kopf und Ihrem Gefühl, den gebührenden Platz einzunehmen.

Wenn Sie zu zweit sind, kann einer der »Kopf« sein, der andere der »Bauch«. Spielen Sie doch einmal die Seite, die Ihnen nicht ganz so liegt. Entdecken Sie in sich die Neugier, beide Seiten zu entwickeln. Lassen Sie Kopf und Bauch freien Lauf und betrachten Sie die Bilder so lange und ausführlich, wie es Ihnen Vergnügen bereitet.

Hier nun ein Beispiel, und dann viel Freude mit »Kopf und Bauch«.

Ich sehe: zwei Vögel, wahrscheinlich Schwalben, die in der Luft fliegen, sich ganz nah sind, miteinander schnäbeln. Ich fühle: Leichtigkeit, Freude, Verbundenheit, Innigkeit. Ich sehe: schwarze Striche, wie Schattenfiguren. Ein Vogel breitet seinen einen Flügel weiter aus, während der andere die Flügel eher zusammenhält. Ich fühle: Lust in mir aufsteigen, mit diesen Vögeln zu fliegen. Es ist so spielerisch und frei. Ich sehe, dass der rechte Vogel geradlinig ist, der linke dagegen senkrecht auf- oder absteigend. Es könnte auch ein Kampf sein oder der Balztanz. Ich fühle: das kraftvolle Drängen des einen. Er ist voller Tatendrang. Der andere ist eher hingegeben. Ja, Kraft und Hingabe als zwei Pole. Ich sehe … Ich fühle …

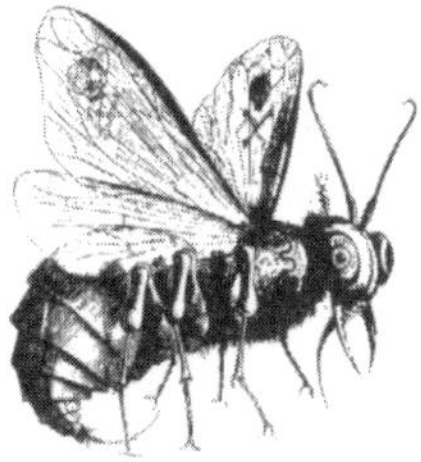

Symbol

Tränen lachen, blutige Tränen weinen, jemandem keine Träne nachweinen, sich in Tränen auflösen, in Tränen schwimmen, zerfließen, auf die Tränendrüse drücken, Krokodilstränen, nah am Wasser gebaut, Rotz und Wasser heulen.

Tränen sind Ausdruck von Gefühlen. Bei Schmerz, aber auch Wut oder Angst brechen Tränen aus uns hervor. Auch seelische oder psychische Schmerzen bringen den Menschen zum Weinen. In manchen Märchen bekommen Heldinnen die Aufgabe, nicht zu lachen und nicht zu weinen, oder sie weinen Perlen statt Tränen.

Verstorbenen wurde in alter Zeit eine Perle in den Mund gelegt, es erinnert an den Obolus für den Fährmann Charon, der die Toten ins Jenseits führt. Die heilige Äbtissin Hildegard von Bingen vergleicht Tränen mit dem Regen. Sie beschreibt den Regen als Lebenskraft der Seele, die den Körper zum Erblühen bringt. »Wenn nämlich die Feuchtigkeit im Regen recht geordnet und nicht im Übermaß herabfällt, lässt sie die Erde aufkeimen. Wenn sie aber ungeordnet überfließt, zerstört sie die Erde durch das Ersticken ihrer Keime. Von der Seele gehen ja gewisse Kräfte aus, um den Leib zu beleben, wie vom Wasser die Feuchtigkeit belebt wird …«[15]

Eos, die griechische Göttin der Morgenröte, vergoss aus Trauer über den Tod ihres Sohnes Tränen, die seitdem als Tau auf die Erde fallen.

Fallbeispiel

Beim Erzählen im Rahmen einer Hospizveranstaltung mit »Märchen über Leben und Tod« bemerkte ich eine Frau, die ziemlich weit hinten saß, sich ständig schnäuzte und die Augen rieb. In der Pause konnte ich sehen, dass ihre Augen rot waren und sie einsam und geduckt an der Wand stand, in der Hoffnung, niemandem im Weg zu sein. Der Begriff »gramgebeugt« fiel mir ein, und ich beschloss, gleich nach der Pause das Märchen »Das Totenhemdchen« zu erzählen. Was dann geschah, war für mich unfassbar. Ich bemerkte, wie sich die Frau plötzlich aufrichtete, so, als könne sie mir dann besser zuhören. Als ich geendet hatte, klatschte sie nicht, aber ihre Hand, in der sie das Taschentuch hielt und mit der sie fast die ganze Zeit zumindest die Hälfte ihres Gesichtes verdeckt hatte, senkte sich nach unten. Den Rest der Veranstaltung hindurch konnte ich ihr Gesicht sehen, sie schnäuzte sich nicht mehr und das Taschentuch war »verschwunden«. Sie verabschiedete sich nicht und war eine der Ersten, die den Raum verließen. Mir aber hatte sie das schönste Geschenk gemacht, indem sie das Taschentuch sinken ließ.

Humor als Lebenskraft

»Humor ist, wenn man trotzdem lacht« ist ein eher sarkastischer Ausspruch, der oft in ausweglosen Situationen zur Sprache kommt. Sterben und Tod sind ausweglose Situationen, für die es keine Lösung gibt. Sie sind häufig mit Ängsten verbunden und in unseren Augen eine ernste Sache, die keinesfalls zum Lachen ist. Doch Lachen gehört zum Leben. Charlie Chaplin sagte einst: »Ein Tag, an dem man nicht lacht, ist ein verlorener Tag.« Lachen ist belebend, bringt Licht ins Dunkel und zaubert ein Leuchten in die Augen. Lachen weckt die Lebensgeister und bringt Entspannung. Die Forschung fand heraus, dass Lachen wahrscheinlich eine der grundlegendsten Kommunikationsformen des Menschen ist und sogar der Entwicklung von Sprache vorausgeht. Oft sind wir wie verzaubert, wenn wir das Lachen eines Kindes sehen. Es wirkt noch rein und unschuldig und bringt auch uns zum Lachen. In der Medizin wird Lachen oder Heiterkeit als Therapieunterstützung eingesetzt, was im Volksmund in der Redewendung »Lachen ist gesund« zum Ausdruck kommt. Lachen steigert die Abwehrkräfte, kräftigt das Herz-Kreislauf-System und baut Stress ab. Schon beim Lächeln schüttet das Hirn Endorphine aus, die körperliche und seelische Schmerzen verringern und das Wohlbefinden steigern.

Es lassen sich keine allgemeingültigen Regeln für das Lachen aufstellen, da die jeweiligen Umstände eine wichtige Rolle spielen. Dennoch ist Lachen gesund und kann für alle Beteiligten belebend sein. Schmerz und Trauer werden für einen Moment vergessen, und das Leben tritt für den Augenblick wieder in den Vordergrund. Die Märchen haben auch einen humorvollen Zugang zum Thema Tod, wenn sie scherzhaft mit dem Tod ins Gericht gehen. Spöttisch, mutig und närrisch versuchen die Märchenhelden und -heldinnen, dem Tod ein Schnippchen zu schlagen und mit dem Leben zu verhandeln. Wenn die vorliegende Auswahl ein leichtes Lächeln auf Ihre Lippen zaubert, hat das Märchen seine Kraft in Ihrer Seele entfaltet.

Die Lebenszeit, Brüder Grimm

Stichwörter: Akzeptanz, Macht, Heiterkeit

Als Gott die Welt geschaffen hatte und allen Kreaturen ihre Lebenszeit bestimmen wollte, kam der Esel und fragte: »Herr, wie lange soll ich leben?« »Dreißig Jahre«, antwortete Gott, »ist dir das recht?« »Ach Herr«, erwiderte der Esel, »das ist eine lange Zeit. Bedenke mein mühseliges Dasein: von morgens bis in die Nacht schwere Lasten tragen, Kornsäcke in die Mühle schleppen, damit andere das Brot essen, mit nichts als mit Schlägen und Fußtritten ermuntert und aufgefrischt zu werden! Erlass mir einen Teil der langen Zeit.« Da erbarmte sich Gott und schenkte ihm achtzehn Jahre. Der Esel ging getröstet weg, und der Hund erschien. »Wie lange willst du leben?«, sprach Gott zu ihm, »dem Esel sind dreißig Jahre zu viel, du aber wirst damit zufrieden sein.« »Herr«, antwortete der Hund, »ist das dein Wille? Bedenke, was ich laufen muss, das halten meine Füße so lange nicht aus; und habe ich erst die Stimme zum Bellen verloren und die Zähne zum Beißen, was bleibt mir übrig, als aus einer Ecke in die andere zu laufen und zu knurren?« Gott sah, dass er Recht hatte, und erließ ihm zwölf Jahre. Darauf kam der Affe. »Du willst wohl gerne dreißig Jahre leben?«, sprach der Herr zu ihm, »du brauchst nicht zu arbeiten wie der Esel und der Hund und bist immer guter Dinge.« »Ach Herr«, antwortete er, »das sieht so aus, ist aber anders. Wenn's Hirsenbrei regnet, habe ich keinen Löffel. Ich soll immer lustige Streiche machen, Gesichter schneiden, damit die Leute lachen, und wenn sie mir einen Apfel reichen und ich beiße hinein, so ist er sauer. Wie oft steckt die Traurigkeit hinter dem Spaß! Dreißig Jahre halte ich das nicht aus.« Gott war gnädig und schenkte ihm zehn Jahre.

Endlich erschien der Mensch, war freudig, gesund und frisch und bat Gott, ihm seine Zeit zu bestimmen. »Dreißig Jahre sollst du leben«, sprach der Herr, »ist dir das genug?« »Welch eine kurze Zeit!«, rief der Mensch, »wenn ich mein Haus gebaut habe und das Feuer auf meinem eigenen Herde brennt: wenn ich Bäume gepflanzt habe, die blühen und Früchte tragen, und ich meines Lebens froh zu werden gedenke, so soll ich sterben! O Herr, verlängere meine Zeit.« »Ich will dir die achtzehn Jahre des Esels zulegen«, sagte Gott. »Das ist nicht genug«, erwiderte der Mensch. »Du sollst auch die zwölf Jahre des Hundes haben.« »Immer noch zu wenig.« »Wohlan«, sagte Gott, »ich will dir noch die zehn Jahre des Affen geben, aber mehr erhältst du nicht.« Der Mensch ging fort, war aber nicht zufriedengestellt.

Also lebt der Mensch siebzig Jahr. Die ersten dreißig sind seine menschlichen Jahre, die gehen schnell dahin; da ist er gesund, heiter, arbeitet mit Lust und freut sich seines Daseins. Hierauf folgen die achtzehn Jahre des Esels, da wird ihm eine Last nach der andern aufgelegt: Er muss das Korn tragen, das andere nährt, und Schläge und Tritte sind der Lohn seiner treuen Dienste. Dann kommen die zwölf Jahre des Hundes, da liegt er in den Ecken, knurrt und hat keine Zähne mehr zum Beißen. Und wenn diese Zeit vorüber ist, so machen die zehn Jahre des Affen den Beschluss. Da ist der Mensch schwachköpfig und närrisch, treibt alberne Dinge und wird ein Spott der Kinder.

Gedanken

Ein Märchen, das zum Schmunzeln anregt und zugleich eine tiefe Wahrheit ausspricht. Märchen beschönigen nicht, finden aber märchenhafte Bilder, die Wahrheit zu beleuchten. Die Lebenszeit, schon der Titel lässt aufmerken. Keiner weiß, wie lange seine Lebenszeit ist. Der Mensch kann nicht frei bestimmen, wann sein Leben endet (außer er führt einen gewaltsamen Tod herbei), und genau das ängstigt den Menschen. Es macht ihn unsicher, da er nicht alles im Griff hat.

Im Märchen erscheint der Mensch jung und dynamisch, er ist »freudig, gesund und frisch«. Er ist voller Hoffnung und Tatendrang, erfüllt von Lebensfreude. Als Gott ihm seine dreißig Jahre bestimmt, macht sich Verzweiflung und, wie es scheint, auch Trotz in ihm breit. Er will mehr! Es ist eine Eigenart des Menschen, nie genug zu haben. Bis zu einem gewissen Grad ist dieses »nicht genug« gesund. Es treibt den Menschen an, es gibt Raum für Entwicklung und Veränderung, auf Neudeutsch: Der Mensch ist innovativ. Dieses »nicht genug« macht den Menschen aber auch rastlos und umtriebig. Es scheint, als würde der Mensch stets auf ein Ziel hinarbeiten, doch kaum hat er es erreicht, steht schon das nächste vor der Tür. Vielleicht ist das »nicht genug« das, was den Menschen verzehrt, krank macht. Im Märchen gewinnt er dadurch vierzig Jahre, aber er ist noch immer nicht zufriedengestellt. Und die Auflösung des Märchens hört sich nicht gerade erlebenswert an: eine Last nach der anderen, Tritte statt Lohn, keine Zähne zum Beißen, schwachköpfig und närrisch. Matthias Claudius formuliert es in seinem Gedicht »Der Mensch« als Trugbild: Wie viel der Mensch auch schafft, am Ende bleibt nichts.

Der Mensch

Empfangen und genähret
vom Weibe wunderbar,
kömmt er und sieht und höret
und nimmt des Trugs nicht wahr;
Gelüstet und begehret
und bringt sein Tränlein dar;
Verachtet und verehret,
hat Freude und Gefahr;
Glaubt, zweifelt, wähnt und lehret,
hält nichts und alles wahr;
Erbauet und zerstöret
und quält sich immerdar;
Schläft, wachet, wäscht und zehret;
Trägt braun und graues Haar.
Und alles dieses währet,

wenn's hoch kommt, achtzig Jahr.
Dann legt er sich zu seinen Vätern nieder,
und er kömmt nimmer wieder.

Märchen und Gedicht enden tragisch und humorvoll zugleich. Es ist dieses Augenzwinkern, das den Ernst des Lebens leicht macht. Humor ist eine besondere Fähigkeit des Menschen und eine echte Herzensangelegenheit. Humor bringt uns zum Schmunzeln, zur Leichtigkeit, zum Ausatmen. Humor ist die Lebenskraft, die den Menschen zum Sein führt. »Mit Humor geht alles leichter« ist eine Redensart, die heute oft belächelt wird. Zum Humor gehört die Gemütlichkeit, die Gemeinschaft. Das Erzählen von Witzen gehört noch heute zu jedem Stammtisch und in feuchtfröhliche Runden. Passen wir auf, dass uns das Lachen nicht vergeht, und erlauben wir, dass uns das Herz lacht.

Übung

Die folgende Übung ist dem Herzen gewidmet. Humor und Lächeln als Seelennahrung.

Nehmen Sie sich Papier und Stift und schreiben Sie Erinnerungen auf, bei denen Ihr Herz lacht. Erinnern Sie sich an Witze, die Sie erheitert haben und leicht und freudig stimmten. Schreiben Sie sie auf. Sammeln Sie Freunde und Verwandte um sich und bitten Sie jeden, eine Geschichte, einen Witz oder eine Erinnerung zu erzählen, bei denen das Herz lacht. Feiern Sie das Leben.

Symbol

Das Herz als Symbol ist in dem Märchen »Die Lebenszeit« nicht erwähnt. Erlauben Sie mir trotzdem, mich, durch dieses Märchen inspiriert, dem Herzen zuzuwenden, als Gegenpol von »nicht genug«.

Sprichwörter: Herz, was willst du mehr, da geht einem das Herz auf, jemandem blutet das Herz, dem fliegen alle Herzen zu, das Herz an etwas hängen, da hüpft einem das Herz im Leibe, das Herz rutscht in die Hose, das lässt das Herz höher schlagen, dem schlägt das Herz bis zum Hals, dem gehört mein Herz, da bleibt einem das Herz stehen, das Herz ist einem schwer, ein Herz und eine Seele sein, alles, was das Herz begehrt, wes das Herz voll, des geht der Mund über, jemandem sein Herz ausschütten, jemandem das Herz brechen, alle Herzen im Sturm erobern, sich ein Herz nehmen, das Herz am rechten Fleck tragen, das Herz schwer machen, sein Herz an jemanden verlieren, da zerreißt es einem das Herz, jemandem sein Herz schenken, leichten Herzens, ins Herz treffen, es nicht übers Herz bringen, leicht ums Herz, Hand aufs Herz, da fällt einem ein Stein vom Herzen …

Das Herz ist das lebenswichtige Zentralorgan des Menschen. Es ist für die Aufrechterhaltung des Lebens unerlässlich und signalisiert besondere Situationen durch auffälliges Herzklopfen. In Indien gilt es als Personifikation des Absoluten, in Griechenland repräsentierte es zuerst Denken, Fühlen, Wollen, später verlagerte sich die Deutung ins Geistliche. Im Juden- und Christentum gilt das Herz als Sitz des Gemüts, der Liebe, aber auch der Intuition und Weisheit. Die Bibel benennt das Herz als »inneren Menschen«, denn während der Mensch auf die Augen schaut, blickt Gott auf das Herz (1 Samuel 16,7). Der Islam sieht das Herz als Ort der Kontemplation und Spiritualität. Es ist eingehüllt in verschiedene Schichten, die bei Erregung sichtbar werden. In Ägypten wurde das Herz in der präparierten Mumie zusammen mit einem Skarabäus zurückgelassen, da sein Gewicht beim Totengericht das jenseitige Schicksal bestimmte. Es gilt als Zentrum der Lebens-, Willens- und Geisteskraft und wird hier mit Gewissen gleichgesetzt. Die Azteken sahen das Herz als Sitz von Leben und Seele.

Fallbeispiel

Frau L. war eine lebenslustige Frau, 72 Jahre alt. Sie wohnte freiwillig im Seniorenheim, um ihren Kindern nicht zur Last zu fallen, vor allem aber wollte sie sich nicht bevormunden lassen. Im Seniorenheim wurde sie akzeptiert, jeder hatte sie gern, weil sie nie Launen hatte und immer einen heiteren Spruch auf den Lippen. Ich besuchte sie regelmäßig.

Eine Pflegerin sagte zu ihr: »Oma L., soll ich Ihr Fenster jetzt schließen?« Darauf bekam sie gleich eine Antwort, die sich die Pflegerin sicher für immer gemerkt hatte. »Seit wann sind Sie meine Enkeltochter? Ich verbiete es Ihnen, mich so zu nennen.«

Das war Frau L. So wurde sie respektiert.

Seit einiger Zeit nun ging es ihr nicht mehr so gut. Eines Tages fiel sie um und war nicht mehr ansprechbar. Sie kam ins Krankenhaus, konnte nicht mehr aufstehen, war sehr schwach und doch voll Hoffnung. »Es wird schon wieder. Bin ja noch nicht so alt wie Frau G., die ist schon 84 Jahre alt.« Als ich sie besuchte, wollte ich sie ein wenig aufmuntern und gleichzeitig nachdenklich stimmen, also erzählte ich ihr das Märchen »Die Lebenszeit«. Ihr Schmunzeln hatte sie nicht verloren und mit heiterer Miene gestand sie mir: »Na ja, so ist es, wer will denn schon sterben? Aber einmal müssen wir ja gehen, da fragt keiner, ob wir wollen oder nicht.« Frau L. wusste, dass sie nicht mehr lange leben würde, und konnte, mithilfe des Märchens, diese Erkenntnis erstmals laut aussprechen.

Frau Holles Apfelgarten, Litauen

Stichwörter: ewige Jugend, Abschied, Ernte

Es geschah einmal, dass im Garten der schönen Frau Holle die Apfelbäume nicht mehr gediehen. Nun lebte aber unten auf der Erde eine alte Frau und deren Apfelbäume standen im Frühling in herrlicher Blüte, und wenn der Herbst kam, senkten sich die Äste voll reifer Äpfel.

Da sprach die schöne Frau Holle zu ihrem Liebsten, dem Junker Tod: »Reite hinab zur Erde und hole mir die Alte herauf. Sie hat nun lange genug auf der Erde gelebt, und es wird Zeit, dass sie zu uns zurückkehrt.« Und so ritt der Junker Tod hinab zur Erde, klopfte bei der Alten und sprach zu ihr: »Du hast nun so lange auf der Erde gelebt und meine Liebste, die schöne Frau Holle, will dich bei sich haben, denn in deren Garten gedeihen die Apfelbäume nicht mehr. Deshalb soll ich dich abholen, dass du sie dort pflegst.«

Nun hatte die Alte aber überhaupt keine Lust, die Erde jetzt schon zu verlassen, und sie sprach zum Tod: »Dann hab' ich jetzt auch noch eine Bitte: Lass uns noch einmal Karten spielen. Weißt du, ich habe am Kartenspiel immer eine Freude gehabt. Und wir machen es so: Gewinne ich, dann musst du mich hier lassen, gewinnst du, darfst du mich mitnehmen.«

Der Tod war einverstanden und dachte, dass er die Alte im Kartenspiel leicht besiegen könnte. Er wusste aber nicht, dass das Haus der Alten an einer Heerstraße lag und die Alte immer mit den Landsknechten Karten gespielt hatte. Sie kannte alle Kniffe. Die Alte mischte die Karten und gewann. Der Junker Tod runzelte die Stirne und sprach: »Lass uns noch einmal spielen.« Dieses Mal mischte er die Karten. Aber siehe, wieder gewann die Alte, und der Junker Tod sprach: »Jetzt lass uns noch einmal spielen!« Die Alte erwiderte: »Gut, aber mehr als drei Spiele werden nicht gespielt. Das ist immer der Brauch. Über die Zahl Drei gehen wir nicht hinweg.«

Also spielten sie das dritte Spiel. Wiederum gewann die Alte, und sie sprach zum Junker Tod: »Geh nur allein hinauf, was gehen mich die Apfelbäume deiner Liebsten an, mir gefällt es noch in meinem Garten und hier auf der Erde.«

So ritt der Junker Tod traurig hinauf in den Garten der schönen Holle. Als er nun allein kam, da zürnte diese mit ihm und sprach: »Du darfst so lange mein Lager nicht mehr mit mir teilen, bis du mir die Alte heraufgebracht hast.« Nun kamen die Zwölf Heiligen Nächte und der Junker Tod wusste, dass in diesen Nächten jedem die Türe geöffnet werden musste, und sei es auch der größte Feind. Und so setzte er sich nun auf sein Pferd und ritt wieder hinab zu der Alten und pochte an die Tür. Die Alte öffnete. Sie war jedoch nicht sehr erfreut, als sie den Tod schon wieder sah, aber was wollte sie machen, es waren die Zwölf Nächte, und da musste ja jedem die Türe geöffnet werden. Der Junker Tod sprach: »In diesen Zwölf Nächten hat jeder einen Wunsch frei, und so habe ich nun den Wunsch: Setze dich hinter mich auf mein Pferd, reite mit mir bis zur Gartenpforte meiner Liebsten und schau hinein. Und ich verspreche dir, wenn du nicht dort bleiben willst, werde ich dich wieder zurückbringen.«

Die Alte sprach: »Gut, ich kann dir diesen Wunsch nicht abschlagen, aber du musst es mir jetzt auch schwören, und du weißt, ein Schwur, ein Eid in den Zwölf Nächten ist zwölffach wert.« Und der Junker Tod, der schwor, dass er sie wieder zurückbringen würde zur Erde, wenn es ihr nicht gefallen würde.

Die Alte setzte sich nun hinter den Tod aufs Pferd, und sie ritten hinauf in den Paradiesgarten. Dort öffnete der Tod das Tor einen Spalt und sprach: »Schau einmal hinein.« Die Alte schaute durchs Tor, und da sah sie die schöne Holle, und die hatte eine Krone auf aus lauter Sternen, und sie war umgeben von lauter schönen jungen Mädchen. Aber die Apfelbäume, die sahen kläglich aus. Da fragte der Junker Tod die Alte: »Wie gefällt dir denn der Garten, wie gefällt dir meine Liebste?« »Ja, sie gefällt mir schon, aber siehst du, sie ist umgeben von lauter jungen Frauen, und schau doch mal an, wie alt und runzlig ich bin.« Da sprach der Tod zu ihr: »Ja, weißt du denn nicht, wenn dich meine Liebste berührt, dann wirst du auch wieder jung und schön.«

»Ja,« zürnte da die Alte, »weshalb sagst du mir denn das nicht gleich und lässt mich noch drei Mal mit dir Karten spielen?« Und sie sprang hinein durch das Tor, die schöne Holle berührte sie, und da war die Alte wieder jung und schön geworden. Dann aber machte sie sich an die Pflege der Apfelbäume, und seither gedeihen die Apfelbäume im Garten der Holle immer wunderbar.

Gedanken

Im Gegensatz zur »Frau Holle« im Grimm'schen Märchen erscheint diese Frau Holle auf einmal jung und wunderschön. Patricia Monaghan schreibt im Lexikon der Göttinnen: »In vielen Volksmärchen des deutschsprachigen Raumes finden wir diese Frau, die möglicherweise einst eine germanische Göttin war, herabgewürdigt zu einer Zauberin und Hüterin der Häuslichkeit. Das gleiche Schicksal ereilte vermutlich auch ihre beiden Schwestern im Geiste, Hulda und Perchta. Frau Holle war die ansprechendste von ihnen: Sonnenschein floss von ihrem Haar, wenn sie es kämmte; Regen fiel, wenn sie das Waschwasser ausschüttete, und Schnee, wenn sie ihr Federbett ausschüttelte. Sie war eine prächtige weiße Dame, die jeden Mittag erschien, um in ihrer Quelle zu baden, von der es heißt, dass aus ihr die Kinder geboren wurden. Sie lebte in einer Berghöhle oder in einem Brunnen, wo die Menschen sie besuchen konnten, wenn sie darin untertauchten. Frau Holle fuhr in einem Wagen durch die Lüfte. (…) Ihr Festtag wurde zur Wintersonnwende gefeiert. (…) Die Zeit zwischen dem 25. Dezember und dem 6. Januar – die »Zwölf Nächte« – waren der Frau Holle heilig. Während dieser Zeit reiste sie durch die Welt. In dieser Zeit durften sich keine Räder drehen, anstelle von Wagen wurden Schlitten benutzt, und das Mahlen von Mehl musste unterbleiben. Wie die nordische Erd- und Fruchtbarkeitsgöttin Hlödyn (Jörd) soll Frau Holle auch dafür gesorgt haben, dass die Neugeborenen aus dem dunklen unterirdischen Reich heil ans Tageslicht der Erdoberfläche kamen und die Verstorbenen den Eingang zum Totenreich fanden.«[16]

Wenden wir uns nun dem Märchen zu. Frau Holles Apfelbäume gedeihen nicht mehr, deshalb braucht sie irdische Unterstützung. Die Göttin braucht den Menschen ebenso, wie der Mensch die Göttin braucht. Von den zahlreichen alten Göttern kennen wir dieses Bild: Wenn der Mensch nicht mehr an sie glaubt, verlieren die Götter ihre Macht. Heute haben wir einen Gott, der alle Aspekte in sich vereint. Frau Holle ist hier sinnbildlich die Todesgöttin, die ihren Geliebten, den Tod, als Boten zur Erde schickt. Er ist Junker, eine alte Bezeichnung für einen jungen Herrn. Aber die Alte will nicht mitgehen, sie schlägt dem Tod einen Handel vor. Warum lässt sich der Tod auf diesen Handel ein? Ist es nicht Gebot von Frau Holle, dass er die Alte holt? Liegt es daran, dass sie freiwillig kommen muss, da ihre Zeit noch nicht abgelaufen ist?

Welch ein Schelmenstreich der Alten, sie weiß genau, wo ihre Stärken liegen, und besiegt den Tod beim Kartenspiel. Da wirkt der Junker Tod auf einmal so menschlich. Er hat keine magischen Kräfte, um die Karten zu manipulieren. Die Karten stehen einfach schlecht für ihn, und er kann die Alte nicht mitnehmen. Im Reich der Frau Holle angekommen, hören wir einen höchst menschlichen Dialog, der uns zum Schmunzeln bringt: Frau Holle ist beleidigt, und deshalb gibt's Liebesentzug als Strafe.

Frau Holle holt die Alte nicht einfach zu sich. Heißt das, der Mensch entscheidet selbst, wann seine Zeit gekommen ist, und selbst der Tod muss warten, bis der Mensch bereit ist zu gehen? Bei vielen tragischen Schicksalsschlägen erscheint dies unvorstellbar. Der Priester Murray Trelease beschreibt faszinierende Erlebnisse mit dem Tod im Innern Alaskas. »Und man berichtete mir bei verschiedenen Gelegenheiten, dass der Sterbende die vergangenen Tage damit verbracht hatte, Pläne aufzustellen, die Geschichte seines Lebens zu erzählen und für alle Familienmitglieder zu beten. (…) Bei verschiedenen Gelegenheiten, wenn ich die Weihnachts- oder Osterkommunion zu den ans Haus Gefesselten brachte, erzählte mir der alte Mann oder die alte Frau, dass er auf mich gewartet hätte. Und der Tod pflegte, bald nachdem sie das Sakrament empfangen hatten, einzutreten. (…) Das bei weitem dramatischste Beispiel für diese Art von Planung war das Sterben der alten Sarah. (…) Am Morgen (…) betete sie für alle ihre Familienmitglieder. Mittags hatten wir eine große Eucharistiefeier in der Hütte mit allen Chorälen und Gebeten. Die alte Sarah genoss jeden Augenblick, beteiligte sich an den Gebeten und dem Gesang und war während des Gottesdienstes sehr fröhlich. Dann verließen wir sie alle, und gegen sechs Uhr am Abend starb sie.«[17] Die Alte in der Geschichte dagegen ist noch nicht bereit zu gehen, sie leugnet den Tod, befindet sich in der Phase des Chaos: »Geh nur allein hinauf, was gehen mich die Apfelbäume deiner Liebsten an, mir gefällt es noch in meinem Garten und hier auf der Erde.«

Das Märchen erzählt, dass es eine Zeit gibt, in der man jedem die Tür aufmachen muss, selbst dem Tod. Das könnte die Stufe der Hingabe sein, die in der spirituellen Sterbegleitung als seelisch-geistige Stufe des Sterbenden beschrieben ist. Im Märchen sind es die Zwölf Heiligen Nächte. Die Alte darf dem Tod seinen Wunsch nicht abschlagen, umso mehr verwundert es, dass er nicht einfach wünscht, dass sie mit ihm kommt. Er sagt: Schau es dir an, und dann entscheide selbst. Er gibt ihr sogar das Versprechen, sie wieder zurückzubringen, wenn es ihr nicht gefällt. Die Alte lässt sich darauf ein, sie weiß, dass sie ihm diesen Wunsch nicht abschlagen kann. Nun folgt die Stufe der Transzendenz, sie überschreitet die Grenze der Erfahrungen und sieht das Überweltliche: Sie sieht die Holle und die schönen Jungfrauen. Jetzt erscheint ihr gerade das Alter lästig. Die vielen Forschungen über Nahtoderlebnisse könnten beweisen, dass man den Tod nicht zu fürchten braucht und alles überirdisch schön erscheint. Die »Scheintoten« wurden von jenseitigen Freunden und Verwandten oder Geistführern und Schutzengeln erwartet und ins Licht geführt.

»Da sprach der Tod zu ihr: ›Ja, weißt du denn nicht, wenn dich meine Liebste berührt, dann wirst du auch wieder jung und schön.‹« Bei Nahtoderlebnissen waren Blinde wieder sehend und Kranke gesund. Es ist, als bräuchte der Sterbende nur den Apfel der ewigen Jugend zu essen; das Apfelland als Reich der Seligen, als Paradies. Das Märchen sagt: Gib dich der Transzendenz hin, und du wirst Unglaubliches erfahren. Die Alte nimmt es mit Humor: »Ja«, zürnte da die Alte, »weshalb sagst du mir denn das nicht gleich und lässt mich noch drei Mal mit dir Karten spielen?«

Wie schön wäre es, wenn der Mensch so heiter in den Tod gehen könnte wie die Alte. Das Märchen wirkt wie ein erfrischendes Lebenselixier und lässt doch den Tod nicht aus dem Auge. Allein die Bilder von der schönen Frau Holle und dem Junker Tod bilden einen angenehmen Gegensatz zu vielen erschreckenden Darstellungen des Todes. Selbst wenn wir nicht entscheiden können, wann und wie wir sterben, so laden diese humorvollen Bilder schon jetzt ein, dem Tod leicht und spielerisch zu begegnen.

Übung

Diese Übung ist dem Apfel als Symbol der Herrschaft gewidmet.

Nehmen Sie einen Apfel in die Hand und betrachten Sie ihn von allen Seiten. Welche Farben hat er, hat er ein Muster? Betrachten Sie auch den Blütenansatz. Hat er einen Stiel? Fühlen Sie den Apfel in Ihrer Hand. Fühlen Sie sein Gewicht. Fühlen Sie die Schale des Apfels. Der Apfel ist Symbol der Herrschaft. Nehmen Sie wahr, wie Sie die Herrschaft über Ihr Leben in der Hand halten. Legen Sie den Apfel jetzt bequem in Ihre Hand und schließen Sie die Augen. Spüren Sie noch immer den Apfel in Ihrer Hand. Stellen Sie sich vor, Sie sind König, Königin über Ihr eigenes Königreich, über Ihr Leben. Was gibt es jetzt zu tun in Ihrem Königreich? Was will geordnet, geklärt oder verändert werden? Sie haben jetzt die Möglichkeit, es zu tun. Vollziehen Sie diesen Schritt innerlich. Stellen Sie sich vor, dass Sie diese Aufgabe, die Sie sich selbst gestellt haben, erledigen. Nehmen Sie sich die Zeit, die Sie brauchen. Stellen Sie sich vor, wie Schritt für Schritt alles getan wird. Stellen Sie sich vor, dass die Aufgabe jetzt vollbracht ist. Wie fühlt es sich an? Erinnern Sie sich wieder an den Apfel in Ihrer Hand. Sie halten die Herrschaft über Ihr Leben in der Hand. Sie sind König, Königin in Ihrem eigenen Reich. Dann verabschieden Sie sich aus dieser Übung, fangen Sie an, Ihren Körper zu bewegen, öffnen Sie die Augen und kommen Sie wieder ganz ins Hier und Jetzt zurück.

Wenn Sie wollen, genießen Sie jetzt den Apfel. Lassen Sie sich dieses Herrschaftssymbol auf der Zunge zergehen. Verleiben Sie sich symbolhaft durch den Apfel die Qualitäten eines Königs, einer Königin ein. Genießen Sie es.

Symbol

Der Apfel fällt nicht weit vom Stamm, Äpfel mit Birnen vergleichen, für einen Appel und ein Ei, in den sauren Apfel beißen, ein echter Zankapfel.

Im antiken Mythos war der Rauschgott Dionysos Schöpfer des Apfels, den er der Liebesgöttin Aphrodite schenkte. Die Göttin Eris verursachte durch den Apfel, den sie in die Götterversammlung warf, Streit und Hader. »Der Schönsten« stand darauf, und der Sterbliche Paris sollte schließlich entscheiden, wem der Apfel gebührt. Herakles musste die Äpfel der Hesperiden unter großen Gefahren von der Insel der Seligen holen. Die Erdgöttin Gaia schenkte Hera einen Apfel als Symbol der Fruchtbarkeit anlässlich ihrer Vermählung mit Zeus. Die altnordische Göttin Iduna hütete Äpfel, deren Genuss ewige Jugend verlieh. Im Keltischen war er Symbol spirituellen Wissens. Die chinesische Symbolik orientiert sich am Gleichklang der Worte für Apfel und Frieden (p'ing), doch auch das Wort für Krankheit (ping) ist ähnlich, weshalb man Kranken keine Äpfel schenken soll. In Europa ist der Paradiesapfel Symbol der Versuchung und der Erbsünde, obwohl im Text nur von »Früchten« die Rede ist. Bilder von Christi Geburt zeigen das Jesuskind, das nach einem Apfel greift; es nimmt sinnbildhaft die Sünden der Welt auf sich. Ähnlich werden auch die Äpfel am Weihnachtsbaum gedeutet. In barocken Kunstwerken hält nicht selten der Tod als Gerippe einen Apfel in der Hand: Der Preis der Frucht der Erkenntnis ist auch die Kenntnis vom Tod.

Durch seine fast vollkommene Kugelgestalt wirkt er wie ein kosmisches Symbol. Als Sinnbild der Weltkugel halten Kaiser und Könige den Reichsapfel in Händen. Bei den Kelten ist Avalon das Apfelland, in dem Morgan, die Königin des Todes, herrscht. Im Wälsungen-Zyklus schenkt die Frau ihrem Mann die Äpfel der Hel, um ihn zu beschützen, wenn er in die Unterwelt kommen sollte. In Skandinavien waren die Äpfel für die Auferstehung nötig und wurden in Gefäßen mit in die Gräber gelegt. Schneidet man den Apfel quer, findet man einen Fünfstern. Der fünfstrahlige Stern im Kreis war die ägyptische Hieroglyphe für den Leib der Unterwelt, wo die Auferstehung durch das Mutterherz der Transformation hervorgerufen wurde.

Fallbeispiel

Auf einer Seniorenweihnachtsfeier erzählte ich das Märchen von »Frau Holles Apfelgarten«. Die alten Damen lieben diese Geschichte und amüsieren sich stets köstlich über die Alte im Märchen. Im Anschluss beim gemütlichen Beisammensitzen unterhielt ich mich mit einer 87-jährigen Frau, die recht lebenslustig wirkte. Dennoch war mir nicht entgangen, dass sie sich schwertat beim Gehen und einen Gehwagen brauchte, um sich fortbewegen zu können. Beim Abschied drückte sie mir zärtlich die Hand. Ich sah Tränen in ihren Augen, und dennoch lächelte sie: »Danke für Ihre schöne Geschichte. Jetzt habe ich keine Angst mehr vor dem Tod, denn ich weiß, Frau Holle wird mich begrüßen.« Und mit einem scherzhaften Lachen fügte sie hinzu: »Ich könnte mir vorstellen, dass die schöne Frau Holle eine gewisse Ähnlichkeit mit dir jungem Ding hat.«

Der Tod im Pflaumenbaum, Frankreich

Stichwörter: sich fügen, Angst, Groll, loslassen

Es lebte einmal eine alte Frau, die war bei allen beliebt und trotz ihres Alters noch immer munter und vergnügt. Sie half, wo sie konnte, fand stets die rechten Worte des Trostes, und kam ein Bettler vorbei, so lud sie ihn zum Gastmahl. Einmal nun kam ein Heiliger, dessen Name mir entfallen ist, als Bettler verkleidet zu der Alten und wurde herzlich aufgenommen. Sie lud ihn zum Mahl, sie plauderten über dieses und jenes, und der Heilige blieb über Nacht. Er bekam ein einfaches Lager und am Morgen brach er wieder auf. Doch bevor er seine Reise fortsetzte, sprach er zu der Alten: »Da du dein Leben lang so gut und hilfreich warst, so sollst du einen Wunsch frei haben. Wünsche, was immer du willst, aber bedenke, dass du auch das Rechte wünschst.« Die Frau überlegte lange und ausführlich. Sollte sie sich Seligkeit wünschen? Was würde ihr das nutzen? Sollte sie sich Reichtum wünschen? Sie hatte alles, was sie brauchte. Jugend? O nein, sie war dankbar für ihre Weisheit und ihr Alter. Sie war zufrieden, sie hatte alles, was sie brauchte. Sie wünschte sich nichts. Da blickte sie hinaus in ihren Garten und sah ihren geliebten Pflaumenbaum. Immer wenn die Pflaumen reif waren, kamen die Nachbarskinder, kletterten in die Äste und aßen sich satt. Das ärgerte die Alte, und jetzt wollte sie sich einen Spaß mit den Kindern machen. Sie lachte über ihren Einfall: »In meinem Garten steht ein Pflaumenbaum. Ich wünsche mir, dass jeder, der darinnen sitzt, festklebt, solange ich ihn nicht freigebe.« Der Heilige verwunderte sich sehr über den Wunsch, aber er musste ihn dennoch erfüllen. Einmal noch naschten die Kinder von den Pflaumen, als sie aber Stunde um Stunde am Baum festklebten und nicht loskamen, verging ihnen der Spaß, und sie kamen nicht wieder.

Es zogen einige Jahre ins Land, da kam der Tod zum Haus der

Alten. »Alte, es ist an der Zeit. Du hast dein Leben auf Erden gelebt, jetzt sollst du mit mir kommen.« Zuerst erschrak die Alte, als der Tod so unerwartet vor ihr stand, aber da sie nicht nur hilfreich, sondern auch gewitzt war, wusste sie schnell, was zu tun ist. »Du bist es, lieber Tod. Ja, gerne gehe ich mit dir, aber vorher erfülle mir noch einen Wunsch. Die Pflaumen, die ich so sehr liebe, sind gerade reif. Klettere doch in den Pflaumenbaum und pflücke mir einige ab, dass ich sie zum Abschied genießen kann.« »Wenn's weiter nichts ist«, dachte der Tod, »diesen letzten Wunsch kann ich ihr wohl erfüllen.« Und schon kletterte er flugs in den Baum. Kaum aber dass er darin saß, sprach die Alte: »Ich wünsche mir, dass der Tod im Baum kleben bleibt.« Der Tod mochte versuchen, was er wollte, er konnte sich nicht losmachen. Er bat und drohte, er bettelte und fluchte, er flehte und wetterte, allein, er saß wie angewurzelt und konnte sich nicht von der Stelle rühren.

Die Alte war's zufrieden und ging ihrem Tagwerk nach. Wochen und Monate vergingen, doch der Tod klebte im Pflaumenbaum. So konnte er niemanden mit in sein Reich nehmen und niemand starb. Die Menschen waren anfangs erfreut, sie mussten den Tod nicht länger fürchten, doch bald schon sehnten die Kranken und Gebrechlichen den Tod herbei. Sie riefen nach ihm, aber er kam nicht. Sechs Monate waren vergangen, da kamen die Menschen zur Alten und baten sie, den Tod zu befreien. »Nun gut, ich will ihn freigeben, aber nur unter einer Bedingung: Erst wenn ich den Tod dreimal rufe, darf er mich holen.« Der Tod erklärte sich mit dieser Bedingung einverstanden und war froh, endlich wieder befreit zu sein. Zur großen Freude der einen und zum großen Leid der anderen begann er nun erneut sein Werk und führte die Menschen heim.

Die Alte lebte noch eine gute Zeit. Als sie schließlich gebrechlich und hilflos wurde, rief sie gerne nach dem Tod, der auch sogleich erschien und sie in sein Reich führte.

Gedanken

Eine humorvolle Geschichte von der »Alten«, die dem Tod ein Schnippchen geschlagen hat. Sie bringt den Leser zum Schmunzeln und erheitert. Und gerade weil sie den Tod als Thema hat, ist sie so wichtig für das Leben. Auf leichte Art werden Leben und Tod ins Spiel gebracht. Das Märchen negiert den Tod nicht, es weiß, dass niemand dem Tod widerstehen kann, und es spielt mit der Sehnsucht des Menschen, einmal den Tod besiegen zu können.

Die Alte ist zufrieden mit sich und ihrem Leben. Sie hat viel erreicht, die Menschen lieben und ehren sie. Ihre guten Taten sollen nun schon zu Lebzeiten mit einem Wunsch belohnt werden. Doch was soll sie sich wünschen? Oftmals sind es die kleinen Dinge, die uns trotz offensichtlicher Harmonie und Zufriedenheit ärgern und aus der Ruhe bringen. Bei der Alten ist es der Pflaumenbaum. Wenn alle Menschen so gut mit ihr sind, weshalb essen ihr die Kinder die Pflaumen weg? Die Pflaumen will sie nur für sich. Teilt sie auch sonst gerne und bereitwillig, bei den Pflaumen »hört der Spaß auf«. Jeder von uns hat so einen Pflaumenbaum. Jetzt zaubert sie jeden im Pflaumenbaum fest, der ihr das »Liebste« nehmen will. Als der Tod kommt, merkt die Alte, wie sehr sie noch am Leben hängt. Sie ist nicht bereit, mit ihm zu gehen. Sie hält also den Tod im Baum fest, dass er nicht in ihr Liebstes, ihr Leben, eindringen kann. Den Tod festhalten, damit er nicht ins Leben eindringen kann. Erst ist es ein schöner Spaß und die Menschen freuen sich daran, aber bald schon zeigt sich, dass andere darunter leiden müssen; die Kranken und Gebrechlichen sehnen sich nach dem Tod. Der Tod ist ein Teil des Lebens, und manches Mal sind wir froh, wenn er uns von Sorgen, Ängsten oder Nöten befreit. Seneca meint: »Nicht nur einen Tod gibt es. Der uns dahinrafft, ist nur der letzte.« Die Alte hat den Lebenszyklus durchbrochen, den Lauf der Dinge stillgelegt, den Tod gebannt. Es scheint, als würde alles normal weitergehen, aber bildlich gesehen bleibt es immer Sommer, Herbst und Winter sind stillgelegt. Einerseits eine verlockende Vorstellung. Viele sehnen sich nach immerwährender Sonne und ziehen in südlichere Länder, wo »ewiger Frühling« herrscht. Doch auch hier gibt es Zyklen und Jahreszeiten. Der Mensch ist dem Rhythmus des Lebens erlegen: Mondphasen, Jahreszeiten, Gezeiten, Atmung und Herzschlag spiegeln Leben und Tod, Tag und Nacht, Ebbe und Flut, Schlafen und Wachen, Wachstum und Stillstand. Die Alte weiß, dass sie sich in diese Zyklen fügen muss, deshalb gibt sie den Tod frei. Sie knüpft aber eine Bedingung daran: Erst wenn sie dreimal ruft, darf der Tod sie holen. So gewinnt die Alte Lebenszeit, was hier als Qualität, nicht als Quantität zu verstehen ist. Genau das versucht die Palliativmedizin zu erreichen: Leben wieder lebenswert zu gestalten. »Die Alte lebte noch eine gute Zeit. Als sie schließlich gebrechlich und hilflos wurde, rief sie gerne nach dem Tod, der auch sogleich erschien und sie in sein Reich führte.« Was für ein segensreiches Ende.

Übung

Diese Übung ist dem Lebensbaum gewidmet, der seine Kräfte aus der Erde und dem Himmel bezieht.

Schön ist es, wenn Sie für diese Übung circa zehn Minuten stehen können. Ansonsten können Sie diese Übung auch im Sitzen oder Liegen ausführen.

Wenn Sie wollen, schließen Sie Ihre Augen. Stellen Sie sich vor, Ihr Körper ist ein Baum. Spüren Sie Ihren Stamm, den Körper von den Füßen bis zum Kopf. Spüren Sie, wie kräftig oder zart Ihr Stamm ist. Wenden Sie sich jetzt Ihren Fußsohlen zu und lassen Sie durch Ihre Fußsohlen hindurch Wurzeln in die Erde wachsen. Stellen Sie sich vor, wie sich diese Wurzeln weiter ausbreiten. Nehmen Sie wahr, wie kräftig oder zart Ihre Wurzeln sind. Wie tief reichen Ihre Wurzeln? Stellen Sie sich vor, dass Sie die Kraft der Erde über Ihre Wurzeln aufnehmen. Sie können dazu Ihren Atem benutzen. Mit jedem Einatmen nehmen Sie die Kraft der Erde in Ihre Wurzeln auf. Mit dem Ausatmen geben Sie alles ab, was Sie nicht mehr brauchen. Spüren Sie, wie Sie durch Ihre Wurzeln die Kraft der Erde aufnehmen. Jetzt lassen Sie diese Kraft weiterströmen, bis in Ihren Stamm. Mit dem Einatmen nehmen Sie die Kraft der Erde durch Ihre Wurzeln auf und lassen sie durch die Beine hinauf in den ganzen Körper strömen, bis hinauf zum Kopf. Mit dem Ausatmen lassen Sie alles los, was Sie nicht mehr brauchen, und geben es durch die Wurzeln ab. Lassen Sie mit dem Einatmen die Kraft der Erde durch Ihre Wurzeln strömen, den Stamm hinauf, bis zum Kopf. Mit dem Ausatmen geben Sie alles ab, was sie nicht mehr brauchen, und atmen es durch Ihre Wurzeln aus. Lassen Sie Ihren Einatem noch weiter strömen. Mit dem nächsten Einatmen nehmen Sie die Kraft der Erde durch Ihre Wurzeln auf, lassen sie durch Ihren Stamm strömen bis hinauf zum Kopf und weiter in Ihre Krone. Lassen Sie Ihren Atem einfach weiter fließen und nehmen Sie jetzt Ihre Baumkrone wahr, die Äste und Zweige. Erlauben Sie Ihrer Krone, sich auszudehnen. Wie hoch reichen Ihre Zweige in den Himmel? Wie kräftig oder zart ist Ihre Krone? Erinnern Sie sich daran, dass die Krone eines Baumes immer seinen Wurzeln entspricht und umgekehrt. Nehmen Sie Ihre Krone wahr, wie weit sie in den Himmel ragt. Stellen Sie sich jetzt vor, dass Sie mit Ihrem Atem die Kraft des Himmels in sich aufnehmen. Mit dem Einatmen können Sie die Kraft des Himmels über Ihre Krone einfließen lassen, und mit dem Ausatmen können Sie alles abgeben, was Sie nicht mehr brauchen. Atmen Sie die Kraft des Himmels durch Ihre Krone ein, und mit dem Ausatmen lassen Sie alles los, was Sie nicht mehr brauchen. Mit dem nächsten Einatmen lassen Sie die Kraft des Himmels tiefer fließen, in den Stamm, bis hinunter zu den Füßen, und mit dem Ausatmen geben Sie alles ab, was Sie nicht mehr brauchen. Nehmen Sie die Kraft des Himmels durch die Krone in sich auf, bis durch den Stamm, und lassen Sie sie bis in Ihre Wurzeln strömen.

Lassen Sie Ihren Atem einfach weiter strömen und wenden Sie sich jetzt wieder ganz Ihrem Stamm zu. Spüren Sie Ihren Körper, Füße, Beine, Rumpf, Hals, Kopf, Arme, Hände. Nehmen Sie Ihren

Stamm wahr, wie er im Leben steht. Kräftig, stark oder geschmeidig, zart. Spüren Sie die Kraft des Himmels und der Erde in sich. Spüren Sie, wie Erde und Himmel in Ihnen wirken. Dann verabschieden Sie sich langsam, öffnen die Augen und kehren wieder ins Hier und Jetzt zurück.

Wenn Ihnen die Übung Freude bereitet hat, können Sie sie ein anderes Mal vertiefen und bewusst mit den Kräften von Himmel und Erde arbeiten. Machen sie die Übung wie gehabt bis zum * und führen Sie sie dann folgendermaßen fort.

Mit dem Einatmen nehmen Sie durch die Krone die Kraft des Himmels bis in Ihre Wurzeln auf, und mit dem Ausatmen geben Sie alles zurück, was Sie nicht mehr brauchen. Mit dem nächsten Einatmen nehmen Sie durch Ihre Wurzeln die Kraft der Erde bis in Ihre Krone auf, und mit dem Ausatmen geben Sie alles zurück, was Sie nicht mehr brauchen. Wechseln Sie jetzt mit jedem Einatmen zwischen Himmel und Erde. Spüren Sie, wie sich die Erd- und Himmelskräfte in Ihnen treffen.

Lassen Sie Ihren Atem einfach weiter strömen und wenden Sie sich jetzt wieder ganz Ihrem Stamm zu. Spüren Sie Ihren Körper, Füße, Beine, Rumpf, Hals, Kopf, Arme, Hände. Nehmen Sie Ihren Stamm wahr, wie er im Leben steht. Kräftig, stark oder geschmeidig, zart. Spüren Sie die Kraft des Himmels und der Erde in sich. Spüren Sie, wie Erde und Himmel in Ihnen wirken. Dann verabschieden Sie sich langsam, öffnen die Augen und kehren wieder ins Hier und Jetzt zurück.

Symbol

Bäume ausreißen können, einen alten Baum soll man nicht verpflanzen, es ist zum Bäumeraufklettern, die Bäume wachsen nicht in den Himmel, zwischen Baum und Borke stecken, man sieht den Wald vor lauter Bäumen nicht.

Der Baum wurzelt in der Erde, seine Zweige weisen zum Himmel. Er ist wie der Mensch ein Abbild des Wesens zweier Welten, der zwischen unten und oben vermittelnden Schöpfung. Der nordische Weltenbaum Yggdrasil verkörpert die Weltachse, seine Krone ragt in den Himmel, seine Wurzeln nach Niflheim, das Totenreich. Er ist der Schicksalsbaum, der, solange die Welt besteht, grünt. Der Laubbaum mit seinem jährlich sich erneuernden Blattkleid ist vor allem ein Symbol der den Tod stets aufs Neue besiegenden Wiedergeburt des Lebens. Der immergrüne Nadelbaum steht für Unsterblichkeit. In verschiedenen Volksstämmen in Zentralasien, Japan, Korea oder Australien erscheint der Baum, der aufrecht steht wie der Mensch und wie dieser wächst und vergeht, als Ahne des Menschen. Der Schatten und Schutz des Baumes wird bei vielen Völkern als mütterliches Symbol, der aufrechte Stamm dagegen als männliches Phallussymbol gesehen. Der Baum mit seiner ihm innewohnenden Lebenskraft wird auch oft mit Feuer in Verbindung gesehen. Das Feuer ist im Holz bestimmter Bäume enthalten und kann durch Reibung hervorgeholt werden. In Indien wird der umgekehrte Baum, dessen Wurzeln im Himmel verankert sind und dessen Zweige in die Erde reichen, als Sonnenkraft gedeutet. In der Kabbala ist er der Lebensbaum, und im Islam steht er für Glück. Im Volksmund heißt es noch heute: »Der Mann muss ein Haus gebaut, ein Bäumchen gepflanzt und ein Kind gezeugt haben.« Und bis heute gibt es den Brauch, zur Geburt eines Kindes einen Baum zu pflanzen. In der Bibel finden wir den Baum als Lebensbaum mit der Paradiesesfülle oder als Baum der Erkenntnis von Gut und Böse.

Die Unter- und Anderswelt

Jede Kultur hat ihr eigenes Bild von der Unter- und Anderswelt. Das Wort Jenseits bezeichnet das »andere Ufer« eines Grenzflusses, das bei den Nordgermanen Gjöll, bei den Griechen Acheron, Kokytos oder Styx genannt wird. Auch andere Kulturen kennen das Symbol eines Stromes, der das Reich der Lebenden von jenem der Toten trennt. Die Überfahrt war nur durch ein Totenschiff möglich, oft nach Beachtung bestimmter Zeremonien und Beigabe einer Münze als Fährgeld für den Fährmann. Die Sitte des Erdbegräbnisses und vielleicht auch die Kenntnis großer Höhlen führten zur Ausbildung einer unterirdischen Totenwelt. Sie wird als dunkel und freudlos imaginiert. Allein die altnordische Mythologie hat drei Totenreiche: das der Meeresgöttin Rán, eine große Halle, das Reich der Unterweltsgöttin Hel, das im äußersten Norden der bewohnten Welt liegt, und schließlich Odins Walhall. Im Germanischen findet sich die dominierende Vorstellung eines Totenhügels. Hier lebt der Tote nach seiner Beisetzung weiter. Die Wohnung der Toten ist wie eine große Halle, in der ein Feuer brennt und die toten Männer sich bei Bier und Met unterhalten. Natürlich kennen wir auch die Bilder von Himmel und Hölle, die interessanterweise als Jenseitswelt in den Märchen eine geringere Bedeutung haben und mehr in Legenden zum Tragen kommt. Bei Frau Holle, deren »Unterwelt« durch den Sprung in den Brunnen erreicht wurde, schneit es oben »auf der Welt«, und bei »Gevatter Tod« geht es in eine unterirdische Höhle. In den folgenden Märchen führt die Reise in die Unterwelt den Helden stets ins Leben zurück und scheint ein Prüfstein zu sein. Die dazugehörigen Gedanken beleuchten die Aspekte Tod, Trauer und Integration.

Der Mutter Fluch und Segen, Irland

Stichwörter: Bereitschaft, Schicksal, Trauer

Vor langer Zeit lebte einmal eine arme Frau mit ihren drei Töchtern. Eines Tages bat ihre älteste Tochter: »Mutter, schlachte mir einen Hahn und backe mir einen Kuchen. Ich will hinausziehen in die Welt, um mein Glück zu suchen.« Die Mutter schlachtete den Hahn und sie backte ihrer Tochter einen Kuchen, und dann fragte sie: »Was willst du haben, meine Tochter? Die Hälfte mit meinem Segen oder das Ganze mit meinem Fluch?«

»Sei's drum«, antwortete die Tochter, »das Ganze ist ja schon wenig genug.« So zog sie fort, und wenn die Mutter ihr auch nicht ihren Fluch mit auf den Weg gab, so gab sie ihr auch nicht ihren Segen. Das Mädchen wanderte und wanderte, bis es schließlich müde und hungrig war. Und als es sich niedergesetzt hatte und ihre Wegzehrung verspeiste, da kam ein altes Weiblein vorbei und bat es um ein wenig Essen.

»Scher dich zum Teufel«, schrie das Mädchen, »es reicht kaum für mich selber, wie soll ich dir noch etwas abgeben?« Da zog das Weiblein traurig und bekümmert weiter. Zur Nacht fand das Mädchen Herberge auf einem Bauernhof. Als sich gerade alle niederlegen wollten, da versprach ihm die Bäuerin einen Spaten voller Gold und eine Schaufel voller Silber, wenn es ihr einen Dienst erweisen wolle. Das wolle sie für diesen Lohn schon tun, versicherte das Mädchen, aber was müsse sie denn dafür tun? »Du musst die ganze Nacht hindurch am Leichnam meines Sohnes Wache halten«, antwortete die Bäuerin.

Das Mädchen setzte sich ans Feuer und warf von Zeit zu Zeit einen Blick auf den aufgebahrten Toten. Als es Mitternacht schlug, erhob sich der Tote langsam und sprach: »Was tust du hier so ganz allein, schönes Mädchen?«

Sie war starr vor Schrecken und wagte kaum zu atmen. Als er

sie zum dritten Mal gefragt hatte, da berührte er das Mädchen, und sie verwandelte sich in einen grauen Stein. Nach einiger Zeit machte sich die zweite Tochter auf den Weg, um ihr Glück zu suchen. Sie achtete den Segen der Mutter so gering wie ihre Schwester, und so geschah ihr auch das Gleiche. Sie wurde in einen grauen Stein verwandelt.

Endlich wollte sich die jüngste Tochter auf den Weg machen, um ihre beiden Schwestern zu suchen. Sie aber ließ die Hälfte der Wegzehrung bei ihrer Mutter zurück und zog mit dem Segen der Mutter fort. Auch teilte sie ihr Mahl mit dem alten Weiblein, und das versprach ihr beim Abschied, ihr in der Not beizustehen. Die Jüngste fand, ebenso wie ihre Schwestern, Herberge auf demselben Bauernhof, und sie versprach der Bäuerin, Wache bei dem Toten zu halten. Sie setzte sich also mit Hund und Katze ans Feuer und briet die Äpfel und knackte die Nüsse, die ihr die Bäuerin gegeben hatte. Als sie den Leichnam ansah, da bedauerte sie es sehr, dass der Aufgebahrte ein Toter war, denn er war ein schöner und stattlicher junger Mann gewesen.

Wieder erhob sich der Tote um Mitternacht und sprach: »Was tust du hier so ganz allein, schönes Mädchen?« Sie aber antwortete sogleich:

»So ganz alleine bin ich nicht; bei mir ist Fips, der Hund, und Puss, die Katz, an Äpfeln und Nüssen es mir nicht gebricht, so ganz alleine bin ich nicht!«

»Hoho!«, sprach er. »Du hast wirklich Mut, schönes Mädchen! Aber hast du auch so viel Mut, mir jetzt zu folgen? Ich muss den schwankenden Sumpf und den flammenden Wald durchqueren, die Höhle des Schreckens durcheilen und den gläsernen Berg erklimmen und zuletzt werde ich von seinem Gipfel hinunterspringen ins tote Meer.« »Ich will dir folgen«, antwortete sie, ohne zu zögern, »denn ich habe versprochen, heute Nacht bei dir zu wachen.« Er wollte sie daran hindern, aber so stark er auch war, so war sie doch noch ein klein wenig stärker als er. Sie folgte ihm, bis sie zu den grünen Hügeln kamen, und dort sprach er: »Öffnet euch, ihr grünen Hügel, und lasst das Licht hindurch!«

Die Hügel öffneten sich, und sie wanderten beide hindurch, bis sie an den Rand des schwankenden Sumpfes kamen. Leicht schritt er über den Sumpf hinweg. Sie aber zögerte, und während sie noch darüber nachdachte, wie auch sie hinüberkommen solle, erschien das alte Weiblein, mit dem sie ihr Mahl geteilt hatte, und berührte ihre Füße mit ihrem Stock. Nun gelangte das Mädchen leicht über den schwankenden Sumpf. Am Ende des Sumpfes begann jedoch der flammende Wald. Als das Mädchen dort stand und wieder zögerte, kam abermals das alte Weiblein und legte dem Mädchen einen dichten, feuchten Mantel um. Nun durcheilte das Mädchen die Flammen, ohne sich auch nur ein einziges Haar zu versengen. Vor der Höhle des Schreckens verstopfte ihr die Alte die Ohren mit Wachs, und so durchschritt sie hinter dem Toten die Höhle, ohne das schaurige Schreien dort zu hören. Als sie heraustraten, erhob sich vor ihnen der Glasberg. Wieder berührte die Alte die Füße des Mädchens mit ihrem Stock, und so gelang es ihr, den Gipfel des Glasberges zu erklimmen. Eine Meile unter ihnen lag nun das tote Meer. »Geh nach Hause zu meiner Mutter«, sprach der Leichnam, »und berichte ihr, wie weit du mir gefolgt bist. Lebe wohl, schönes Mädchen!« Mit diesen Worten sprang er kopfüber ins Meer. Ohne einen Augenblick zu zögern, folgte ihm das Mädchen. Sie wurden von einem mächtigen Strudel umschlungen und hinabgezogen, immer weiter bis auf den Grund des Meeres. Dort lagen sie beide auf einer schönen Wiese, und das Meer wölbte sich wie ein grüner Himmel über ihnen. Schläfrig lehnte sie ihren Kopf an seine Seite und fiel in einen tiefen, tiefen Schlummer. Als sie endlich zu sich kam, lag sie daheim in ihrem Bett, und der junge Mann und seine Mutter saßen an ihrer Seite und wachten bei ihr.

Ja, wie war denn das alles gekommen? Eine Hexe grollte dem jungen Mann, weil er sie nicht heiraten wollte. So brachte sie ihn in ihre Gewalt und hielt ihn in einem Zustand zwischen Leben und Tod, bis einmal eine junge Frau den Mut finden sollte, all die Prüfungen und Schrecknisse zu bestehen und ihn damit zu erlösen. Die beiden jungen Leute fielen sich nun in die Arme und hatten sich von Herzen lieb, und bald schon wurde die Hochzeit mit großer Pracht gefeiert.

Auf Bitten der Frau erhielten ihre beiden Schwestern ihre frühere Gestalt zurück und wurden wieder zu ihrer Mutter geschickt, mit ihren Spaten voller Gold und ihren Schaufeln voller Silber. Vielleicht sind sie nach alledem besser geworden, aber man wird es bezweifeln. Die Jüngste lebte mit ihrem Mann sicherlich lange und glücklich zusammen, und wenn sie nicht glücklich waren – nun, dann wollen wir es wenigstens sein.

Gedanken

Da sind drei Schwestern, die aufbrechen, ihr Glück zu machen. Zwei denken nur an sich selbst, die dritte ist selbstlos und gewinnt mehr, als sie gesucht hat. Das Sprichwort »aller guten Dinge sind drei« ist jedem bekannt. In diesem Sinn möchte ich dieses Märchen als Weg der Trauer sehen und die drei Schwestern als eine Entwicklung im Trauerprozess.

Alle drei Schwestern sollen Totenwache halten. Die beiden älteren interessieren sich nicht für den Toten, werfen nur ab und zu einen Blick auf ihn. Sie haben auch die Alte am Wegrand nicht beachtet und ihr Essen nicht geteilt. Im Prozess des Abschiednehmens ist es oft schwer, die angebotenen Unterstützungen zu nutzen. Auf den ersten Blick scheinen diese »Hilfen« immer etwas von einem zu wollen. »Und als es sich niedergesetzt hatte und ihre Wegzehrung verspeiste, da kam ein altes Weiblein vorbei und bat es um ein wenig Essen.«

Man ist ganz in seiner Trauer gefangen, dass man gar nicht wahrnimmt, wie hilfreich Gesellschaft oder ein Gespräch mit Außenstehenden sein kann.

Zurück zur Totenwache: Dem Tod oder dem Sterbenden in die Augen zu sehen, ist nicht leicht. Es schmerzt der Verlust, Wünsche und Sehnsüchte sind noch offen, die Hoffnung will nicht aufgegeben werden. Verständlich, dass die beiden älteren Schwestern lieber zum Fenster hinausschauen, das Leben betrachten, statt sich mit dem Tod zu konfrontieren.

Aber plötzlich spricht der Tote sie an, und sie erstarren zu Stein. Wenn wir Schmerzen und Angst, die Trauer mit sich bringt, verdrängen, kann es leicht sein, dass wir erstarren. Dann schaut uns der Tod plötzlich an, und wir werden zu Stein. Stein sein heißt keine Gefühle haben, keine Gefühle zulassen.

Glücklicherweise geht das Märchen weiter, und die dritte Schwester macht sich auf den Weg. Sehen wir die Schwestern als Wesensanteile unseres Ichs, so spürt die jüngste vielleicht die Not der Schwestern und will sie suchen gehen. Einige Teile erstarren, andere funktionieren weiter: zur Arbeit gehen, die Familie versorgen, den Haushalt führen, sich mit Freunden treffen … Der Alltag wird scheinbar normal fortgeführt, und gerade das macht es für Angehörige oder Freunde schwer, die Erstarrung zu erkennen. Ein Teil des Menschen geht seinen alltäglichen Aufgaben weiter nach. Aber die jüngste Schwester erkennt, ahnt die Not und macht sich auf den Weg. Sie nimmt den Segen der Mutter und teilt ihr Brot mit der Alten, die ihr verspricht, ihr in der Not beizustehen.

Jetzt erst beginnt der eigentliche Trauerprozess, Verdrängung, Erstarrung wandelt sich in Trauer. Die Jüngste ist nicht allein, Hund und Katze sind bei ihr, sie ist aktiv, brät Äpfel, knackt Nüsse und schaut den Toten an. In unserer Sprache sortiert sie vielleicht die Unterlagen des Verstorbenen (Apfel symbolisiert Herrschaft, Verstand) und schaut Fotoalben an (Nüsseknacken als Zum-Kern-Vordringen). Sie »bedauert« und trauert um all das Verlorene. Und als der Tote ihr ins Gesicht schaut, fürchtet sie sich nicht. Sie ist nicht allein, Hund und Katze sind bei ihr. Der Hund steht in vielen Kulturen in Verbindung mit dem Totenreich. Er bewacht es und ist Seelenführer oder Mittler zwischen den Welten. Seine Treue macht ihn zum Helfer und Beschützer, ein falscher Hund erscheint als Laster oder Niedrigkeit. Die Katze wird häufig mit Hexen und dem Bösen assoziiert. Als Hauskatze ist sie anschmiegsam und geht doch ihre eigenen Wege. Katzen waren auch

Attribute der Göttinnen: Bastet war die ägyptische Katzengöttin, Freya wurde in einem Wagen von Katzen gezogen, Artemis-Diana trat häufig in Gestalt einer Katze auf. Die der Hekate heilige Sal- oder Palmweide trägt im Frühjahr »Kätzchen«.

Die Treue des Hundes und die Freiheit der Katze stehen der Jüngsten in ihrem Trauerprozess zur Seite. Sie erstarrt nicht, als der Tote sie anspricht, und ist bereit, ihm zu folgen. Abschied zu nehmen ist ein schmerzhafter, aber not-wendiger Prozess, um wieder ins Leben zu kommen. Das spiegeln auch die beiden Tiere wider: die Treue, die man dem Toten halten will (der Hund), und die neue Freiheit, die man ergreifen muss (die Katze).

»Hoho!«, sprach er. »Du hast wirklich Mut, schönes Mädchen! Aber hast du auch so viel Mut, mir jetzt zu folgen? Ich muss den schwankenden Sumpf und den flammenden Wald durchqueren, die Höhle des Schreckens durcheilen und den gläsernen Berg erklimmen und zuletzt werde ich von seinem Gipfel hinunterspringen ins tote Meer.« Das sind keine besonders erfreulichen Aussichten, aber der Tote ist ehrlich und sagt ihr, was auf sie zukommt. Das Mädchen denkt nicht mehr an die Alte, aber wann immer sie zögert und nicht mehr weiterweiß, ist die Alte zur Stelle. Der Trauernde nutzt die Hilfe, die ihm angeboten wird, sei es von Freunden oder von professioneller Seite. Die Hilfe ist da, was für ein schönes Bild auf diesem harten Weg der Trauer. Die folgenden Gedanken sind Anregungen, was die Bilder bedeuten könnten, finden Sie Ihre eigenen Assoziationen dazu.

Die grünen Hügel könnten das schöne, bewegte Leben mit dem Verstorbenen spiegeln.

Der schwankende Sumpf als die Gefühle, die den Trauernden hinabziehen, da er glaubt, ohne den anderen nicht mehr weiterleben zu können.

Der flammende Wald als Wut und Zorn um all das Verlorene.

Die Höhle des Schreckens als die Ängste, allein nicht bestehen zu können.

Der gläserne Berg als schier unüberwindbare Anforderungen, die von außen an den Hinterbliebenen gestellt werden.

Das Meer der Toten als Quelle allen Seins, wo Leben und Tod sich vereinen.

Das Mädchen hat die Alte als Helferin zur Seite, der Tote eilt voran, sie hinterher. Ist der Prozess der Trauer einmal angestoßen, so muss er durchlaufen werden, und es gibt kein Zurück mehr.

Was für ein Wunder: Vereint finden sie sich auf dem Grund des Meeres, der eine Wiese ist. (Frau Holle lässt grüßen!) Für die Romantiker ein wunderbares Bild der Zweisamkeit. Betrachten wir aber das Seelenbild, so kann es ein Bild für Integration sein. Der Trauernde verbindet sich mit den Anteilen des Verstorbenen, die ihm hilfreich und unterstützend waren. Er integriert sie in sich und wird eins, was durch die Vermählung ausgedrückt ist. Die böse Hexe ist hier Sinnbild der Todesgöttin. Auch im Märchen erscheint der Tod noch immer als das Böse.

Die Jüngste bittet nun auch um die Erlösung ihrer Schwestern, der erstarrten Teile, was geschieht.

Jetzt schaltet sich der Erzähler ein: Mit seinem »Vielleicht sind sie nach alledem besser geworden, aber man wird es bezweifeln« bringt er seine eigene Meinung ins Spiel. »Die Jüngste lebte mit ihrem Mann sicherlich lange und glücklich zusammen« ist ein vertrauter Märchenschluss. Um aber den Leser endgültig aus der Märchenwelt zu entlassen, verweist der Erzähler auf die Gemeinschaft: »Und wenn sie nicht glücklich waren – nun, dann wollen wir es wenigstens sein.« Glück können wir dann erfahren, wenn wir uns den Stürmen des Lebens aussetzen, wenn wir im Leid das Neue ahnen, wenn wir uns der Trauer anvertrauen und das Neue ergreifen.

Übung

Diese Übung ist der Nuss gewidmet, die beschützt und bewahrt, und ihrem innersten Kern.

Setzen oder legen Sie sich bequem hin und schließen Sie die Augen. Nehmen Sie einfach Ihren Körper wahr. Spüren Sie die Unterlage, nehmen Sie Ihre Atmung wahr. Sie brauchen nichts zu tun. Entspannen Sie sich und spüren Sie, wie Sie immer mehr zur Ruhe kommen und in Ihrem Bewusstsein ganz wach sind. Ich lade Sie nun ein, sich ganz Ihrem innersten Kern zuzuwenden. Was an Ihnen ist wertvoll und verletzlich zugleich? Erlauben Sie sich, wertvoll und verletzlich zu sein, in dem Wissen, das Ihr innerster Kern gut geschützt ist. Wo sitzt Ihr innerster Kern in Ihrem Körper? Nehmen Sie ihn wahr, wie er kostbar und empfindsam zugleich ist. Vielleicht können Sie Ihrem Kern eine Farbe oder eine Form zuordnen, damit Sie ein klares Bild von Ihrem innersten Kern bekommen. Bewerten Sie nicht, sondern erlauben Sie einfach Ihrem innersten Kern, sich geschützt zu offenbaren. Ihr innerster Kern ist einmalig und feinsinnig. Nehmen Sie seine Form und Farbe wahr und spüren Sie, wie er umgeben ist von einer Schutzschicht. Diese Schutzschicht beschützt und bewahrt Ihren innersten Kern. Sie können jederzeit zu ihm durchdringen, und doch ist er behütet wie die Nuss in ihrer Schale. Erlauben Sie jetzt Ihrem innersten Kern, sich weiter auszudehnen, und nehmen Sie wahr, wie auch die Schutzschicht sich weiter ausdehnt. Spüren Sie, wie Ihr innerster Kern und Ihre Schutzschicht miteinander verbunden und lebendig sind. Dehnt sich Ihr innerster Kern aus, so dehnt sich auch die Schutzschicht. Erlauben Sie Ihrem innersten Kern zu wachsen, sich auszudehnen, in dem Wissen, dass er gut geschützt ist. Nehmen Sie das lebendige Pulsieren wahr und erlauben Sie Ihrem Innersten, sich immer weiter auszudehnen. Was macht es mit Ihnen, wenn Sie Ihrem Innersten erlauben zu wachsen? Wie fühlt es sich an? Spüren Sie, wie dieser innere Kern Sie ganz umgibt. Vertrauen Sie darauf, dass Ihr Innerstes gut geschützt in Ihnen wirkt. Erlauben Sie, Ihr kostbares Inneres leuchten zu lassen. Spüren Sie, wie Sie geschützt und behütet sind. Danken Sie Ihrem innersten Kern und Ihrer Schutzschicht, dass sie in Ihnen wirken. Verabschieden Sie sich in dem Vertrauen, dass Sie jederzeit wieder mit ihnen in Kontakt treten können. Spüren Sie jetzt wieder Ihren Körper, Ihren Atem. Fangen Sie an, Ihre Zehen und Finger zu bewegen, öffnen Sie die Augen und kommen Sie ins Hier und Jetzt zurück.

Symbol

Das ist eine harte Nuss, eine harte Nuss zu knacken geben oder zu knacken haben, taube Nuss.

Die Nuss als Haselnuss, Walnuss oder Mandel wird in der christlichen Literatur verschiedentlich als Sinnbild des Menschen erwähnt, die grüne Hülle als Symbol des Fleisches, die harte Schale als Symbol der Knochen, der süße Kern als Symbol der Seele. In der jüdischen Tradition werden die heiligen Schriften mit einer Nuss verglichen. Die Schale entspricht den historischen Tatsachen, die Sinnbilder und Mysterien enthalten. In Märchen und Sagen ist die Nuss oft Behältnis geheimnisvoller Güter, die einen wertvollen Inhalt mit einer harten Schale umschließt.

Fallbeispiel

Dieses Märchen erzählte mein Partner Gerhard Bosche am Muttertag mit »Märchen von Müttern und Töchtern«. Eine Tochter war mit ihrer ca. 60-jährigen Mutter gekommen. Beide gehören zu unserem Stammpublikum, sind begeisterte Zuhörerinnen und sitzen, wann immer es geht, in der ersten Reihe. Am Ende des Märchens nahm die Mutter die Hand ihrer Tochter, und ich hörte sie sagen: »Meinen Segen hast du.« Die Tochter lachte und schüttelte etwas verwirrt den Kopf.

Orpheus und Eurydike, Griechenland

Stichwörter: Hoffnungslosigkeit, Verlassenheit, Abschied

Einst lebte im Königreich Thessalien der Jüngling Orpheus. Sein Vater Apollon schenkte ihm eine Lyra, und die Musen lehrten ihn das Spiel. Bald schon war jeder verzaubert und betört von Orpheus' Musik. Er spielte so wundervoll, dass sich die Bäume im Takt wiegten, die Flüsse ihre Richtung wechselten, einzig um seinem Gesang zu lauschen, und die wilden Tiere kamen aus den Wäldern, ließen sich friedlich neben Orpheus nieder und spitzten ihre Ohren zu seinem Lied. Orpheus spielte und sang für seine Liebe, die Nymphe Eurydike, und endlich, eines Tages, erhörte sie seinen Gesang: Orpheus und Eurydike vermählten sich im Sonnenschein. Es war ein herrlicher Tag, die Vögel zwitscherten fröhlich, die Blumen verströmten ihren Duft, und ringsumher herrschte Freude und Lustbarkeit. Die Tische bogen sich von köstlichen Speisen, schöne Musik spielte zum Tanz auf, und die Hochzeitsgesellschaft war in heiterer Stimmung. Eurydike ging mit ihren Brautjungfern im Garten spazieren, als plötzlich hinter einem Baum der Gott Aristeus hervortrat und sich Eurydike in den Weg stellte. Er war eifersüchtig und wollte Eurydike für sich gewinnen. Er breitete seine Arme aus und wollte sie ergreifen, aber Eurydike suchte seinem Griff zu entfliehen. Da biss eine Schlange Eurydike in die Fessel, das Gift strömte durch ihren Körper bis ins Herz, und Eurydike sank tot zu Boden. Jetzt herrschte Stille ringsumher. Orpheus hatte seine Braut noch nicht für sich gewonnen, und schon war sie ihm entschwunden. Orpheus war untröstlich. Er spielte und sang nicht mehr, er dachte einzig an seine Braut und wünschte sie sehnlichst ins Leben zurück. Endlich eines Morgens nahm er seine Lyra und machte sich auf, die Höhle Tainaron zu suchen. Dort, so hieß es, führe ein Weg in die Unterwelt. Er fand die Höhle, stieg hinein und kam zu einem großen Wasser. Der Fährmann stand auf der anderen Seite des Ufers. »Charon, fahr mich hinüber!« Doch der Fährmann wollte nicht. Und jetzt, nach langer Zeit, griff Orpheus zum ersten Mal wieder zur Lyra und spielte. Das Boot begann sich zu bewegen und brachte Orpheus auf die andere Seite des Totenflusses. Dort erwartete ihn der mehrköpfige Höllenhund Cerberus, doch Orpheus spielte die Lyra und Cerberus wurde sanft wie ein Schoßhund und ließ Orpheus vorbei. Orpheus spielte und sang, während er durch die Unterwelt schritt, und sah die Toten wie Schatten umherwandeln. Von seinem Gesang berührt, weinten sie ohne Tränen, klagten ohne Worte und folgten ihm schließlich nach. Endlich kam Orpheus vor den Thron von Hades und Persephone, kniete vor ihnen nieder und senkte sein Haupt, denn er wusste wohl, dass er ihnen nicht in die Augen blicken durfte, sonst würde er für immer in der Unterwelt verweilen. Abermals nahm er seine Lyra und spielte und sang. Er sang von seiner Braut Eurydike, er sang von der Liebe und dem Leben, er sang von seinen Hoffnungen und Wünschen und bat, seine Braut wieder mit sich nehmen zu dürfen. Er spielte und sang, er spielte so herrlich, wie es nicht zu beschreiben ist, er spielte und sang, wie er noch nie in seinem Leben gesungen hatte, er sang und spielte einen so wunderbaren Gesang, wie er im Reich der Toten noch nie vernommen wurde. Als sein Lied zu Ende war, blickten sich Hades und Persephone in die Augen, und dann erhob sich die Göttin: »Eurydike, tritt vor mich.« Und aus all den Schatten trat ein einzelner hervor. Orpheus sah seine geliebte Braut, war sie auch nur noch ein Schatten ihrer selbst, so schien sie ihm schöner als jemals zuvor. Sein Herz klopfte wild, als Persephone zu ihm sprach: »Dein Gesang hat uns erfreut, und so wollen wir dir deine Bitte gewähren, aber nur unter einer Bedingung: Nimm deine Geliebte mit dir, schreite du voran, Eurydike wird dir folgen, doch drehe dich nicht eher um, als bis du im Reich der Lebenden bist, sonst wirst du sie auf immer verlieren.« Orpheus glaubte seinen Ohren kaum zu trauen, er durfte seine Braut tatsächlich mit sich nehmen. Er schritt voran. Es war ein steiler, schmaler Weg, er war feucht und glitschig, es war dunkel und unendlich still. Er hörte nur seinen Atem. Würde Eurydike ihm folgen? Er hatte die Mahnung Persephones im Ohr: Dreh dich nicht um. Ja, gewiss würde sie folgen, die Göttin hatte es versprochen. Aber er konnte nichts hören. Wie nah oder fern war sie hinter ihm? Schmerzte ihr Fuß, sodass sie ihm vielleicht nicht nachfolgen konnte? Doch die Mahnung der Göttin bebte in seinem Ohr: Dreh dich nicht um. So stieg er höher und höher hinauf und hoffte inständig, dass Eurydike ihm folgen würde. Der Weg wurde weiter, als er plötzlich den blauen Himmel und die Sonne sah. Ein weißer Vogel erhob sich in die Luft. Orpheus' Herz füllte sich mit Freude und er wandte sich um: »Schau, Eurydike!« Im selben Augenblick sah er sie ins Reich der Toten hinabsinken.

Gedanken

Die Geschichte von Orpheus und Eurydike zeichnet sehr eindrücklich und in anschaulichen Bildern den Prozess der Trauer beim plötzlichen Verlust eines geliebten Menschen. Orpheus durchläuft die Phasen der Trauer, die wir im Folgenden betrachten wollen.

Orpheus liebt Musik über alles. Durch sie bringt er sich selbst zum Ausdruck, und alles wendet sich ihm zu, wenn er sein Lebenslied spielt. Sogar die wilden Tiere – Ängste, Sorgen, Probleme – werden friedlich und legen sich zur Ruhe. Wenn Menschen in ihrer Kraft sind, gewinnen sie fast spielerisch alles für sich. Das Leben gelingt, Hindernisse lösen sich auf, alles ist im Fluss, im Rhythmus. Orpheus verzaubert mit seiner Musik und gewinnt damit auch seine große Liebe. Doch bei der Hochzeit geschieht das Unfassbare: Seine Braut stirbt, das Lebenslied verklingt. Unmittelbar reißt der Tod den geliebten Menschen mitten aus dem Leben. Es gab keine Zeit zur Vorbereitung, keine Zeit, das Wichtigste zu ordnen, keine Zeit, um Abschied zu nehmen. Orpheus ist wie gelähmt, erstarrt, versteinert. Mit Eurydikes Tod ist auch sein Lebenslied verklungen, das Lied, das vom gemeinsamen Leben und der großen Liebe handelte. Orpheus steht unter Schock und will die Realität nicht wahrhaben. Er hält sein eigenes Leben an, in der Hoffnung, dass alles wieder wird. Vielleicht ist es nur ein Traum und bald ist die alte Ordnung wiederhergestellt. Es ist im gewissen Sinn ein zeitloser Zustand, denn der Hinterbliebene will sich selbst dem Leben entziehen.

Doch das Leben geht weiter, und eines Tages macht Orpheus sich auf den Weg; etwas kommt in Bewegung. Der Aktion des Todes folgt nun die Re-Aktion: Der Trauernde sucht das Verlorene wiederzuerlangen. Orpheus macht sich auf in die Unterwelt, um Eurydike ins Leben zurückzuholen. Und jetzt geschieht etwas Magisches: Um den Totenfluss überqueren zu können, nimmt Orpheus seine Lyra und beginnt zu spielen. Im Spiel gibt er sich und seinen Gefühlen einen Ausdruck. Das Leben geht wieder weiter, das Lied wird fortgesetzt. Das Wiederaufnehmen des Lebensliedes kommt oft unerwartet: Geliebte Hobbys, Musik oder Ausflüge in der Natur können dem Trauernden helfen, die Starre zu lösen. Meist vollzieht sich dieser Prozess in der Stille, so wie sich das Totenschiff still und leise in Bewegung setzt und Orpheus in die Unterwelt bringt. Orpheus spielt und singt das Lebenslied im Totenreich. Schließen Sie für einen Augenblick die Augen und hören Sie dieses Lied. Ist es laut oder leise, sanft oder beschwingt?

Vor den Göttern der Unterwelt angekommen, senkt Orpheus demütig sein Haupt. Er unterwirft sich dieser Macht, und gleichzeitig entzieht er sich ihr. Orpheus beginnt nun, das Erlebte zu verarbeiten. Erinnerungen steigen in ihm auf, und er bringt sie in seinem Lied zum Ausdruck: »Er sang von seiner Braut Eurydike, er sang von der Liebe und dem Leben, er sang von seinen Hoffnungen und Wünschen und bat, seine Braut wieder mit sich nehmen zu dürfen. Er spielte und sang, er spielte so herrlich, wie es nicht zu beschreiben ist, er spielte und sang, wie er noch nie in seinem Leben gesungen hatte, er sang und spielte einen so wunderbaren Gesang, wie er im Reich der Toten noch nie vernommen wurde.« Die Erinnerungen werden lebendig und für den Hinterbliebenen fast greifbar. Es ist wunderschön und schmervoll zugleich. Bilder steigen auf, was noch alles hätte sein können. Der Trauernde wünscht sich den Verstorbenen wieder lebendig, wünscht ihn zurück ins Reich der Lebenden. Dieser Wunsch ist im Trauerprozess ganz real, und er wird Orpheus auch von den Göttern gewährt, unter einer Bedingung: »Schreite du voran, Eurydike wird dir folgen, doch drehe dich nicht eher um, als bis du im Reich der Lebenden bist.«

Was bedeutet das? Die Geschichte sagt dem Hinterbliebenen: Schreite voran, verharre nicht im Alten, im Vergangenen. Voranschreiten heißt sich dem Neuen, der Zukunft zuwenden. Für den Trauernden beginnt eine Neuorientierung: Das Vergangene bleibt zurück, muss zurückbleiben in liebender Erinnerung, und der Blick richtet sich nach vorne. Doch der Hinterbliebene fühlt sich oft schuldig, wenn er sein Leben wieder bewusst gestaltet, sein Lebenslied singt. Er lebt, der andere ist tot. Manchmal scheint es so, als würde der Tote wie ein Schatten hinter ihm sein und ihn beobachten. Noch befindet sich Orpheus in der Unterwelt. Sie birgt die Gefahr, dass er selbst dort verweilt, doch sein Lebenswillen treibt ihn zurück ins Leben. Die Göttin der Unterwelt sagt: »Schreite du voran, Eurydike wird dir folgen, doch drehe dich nicht eher um, als bis du im Reich der Lebenden bist, sonst wirst du sie auf immer verlieren.«

Für den Trauernden scheint es manchmal so, als könnte es kein Leben ohne den geliebten Verstorbenen geben. So verweilen wir mit dem Toten in der Unterwelt und entziehen uns dem Leben. Manchmal ist der Schmerz des Verlustes so groß, dass wir nie wieder daran rühren wollen. Wir schauen nicht zurück, sprechen nicht mehr von dem Toten und wenden uns scheinbar dem Leben zu. Wenn wir den Trauerprozess durchlaufen wie Orpheus, so müssen wir uns dem Leben zuwenden und wir müssen zurückschauen. Zurückschauen in Liebe auf das Vergangene und voranschreiten in Liebe auf das zukünftige Neue. Wir wissen, dass wir den Toten nicht zurückholen können, doch wir können das Neue mit ihm teilen, indem wir zurückschauen und dem Verstorbenen unsere neue Welt zeigen. Orpheus schreitet voran, zurück ins Leben. Wie steil und glitschig der Weg auch ist, er schreitet voran. Dieser Weg zurück erinnert fast an einen Geburtsvorgang. Das neue Leben steht bevor. Und als er endlich den Himmel und die Sonne sieht, ist er so sehr vom Leben erfüllt, dass er sich umwendet und diese Schönheit mit Eurydike teilen will. Sie sinkt ins Totenreich, das Lebenslied spielt weiter.

Übung

Die Übung lädt Sie ein, dem Lied des Lebens zuzustimmen und die Kraft von Musik zu erfahren.

Vielleicht haben Sie Lust, Musik zu hören, die Sie besonders lieben. Gönnen Sie sich diese Musik und lassen Sie sich davon inspirieren. Genießen Sie die Musik. Lassen Sie sich von ihr tragen. Lassen Sie sich von ihr berühren, tanken Sie auf und erfüllen Sie Ihr Wesen mit Ihrer Lieblingsmusik.

Vielleicht haben Sie auch Lust zu singen. Oft höre ich in Gruppen: »Ich kann nicht singen«, dabei kommt es nicht auf die Reinheit des Klanges an, sondern auf die Freude, mit der man singt. Wie oft ertappen wir uns, dass wir vor uns hin trällern, summen oder pfeifen. Wann haben Sie zum letzten Mal geträllert, gesummt, gepfiffen? Nehmen Sie Ihr Lieblingslied und singen Sie mit. Genieren Sie sich nicht, sondern genießen Sie es. Singen Sie so laut oder leise, wie es für Sie richtig ist, und haben Sie Freude daran. Nutzen Sie das Lied und Ihren Gesang, um aufzutanken, um sich berühren und inspirieren zu lassen.

Vielleicht erinnern Sie sich auch an alte Zeiten, in denen Sie in der Familie oder mit Freunden gesungen haben. Laden Sie die Menschen ein, die Sie gern um sich haben, und singen Sie mit ihnen gemeinsam. Vielleicht sind es alte Volkslieder oder Schlager. Bitten Sie jeden, sein Lieblingslied mitzubringen, und lassen Sie sich auch von der Gruppe und der Gemeinschaft tragen. Genießen Sie diese andere Form der Kommunikation, indem Sie gemeinsam singen.

Symbol

Immer dasselbe Lied, davon kann ich ein Lied singen, wes Brot ich ess, des Lied ich sing, das ist das Ende vom Lied, das klingt wie Musik in meinen Ohren, da steckt Musik drin, der Ton macht die Musik, der hat die Musik im Blut, der gute Ton, haste Töne, den Ton angeben, einen Ton anschlagen, keinen Ton von sich geben, große Töne spucken, sich im Ton vergreifen, von jemandem in den höchsten Tönen sprechen, etwas in hohem Ton loben, das gehört zum guten Ton.

Die Musen, die griechischen Göttinnen der Künste und der Inspiration, gehören noch heute zu den bekanntesten Gottheiten. Noch heute sagt man »von der Muse geküsst«. Ursprünglich waren sie eine Dreiheit, später waren neun Musen bekannt. Eine der Erfindungen der Musen war die Siebentonskala der Musik, die sich auf die sieben Sphären gründete. Bei den Göttermahlen auf dem Olymp boten die Musen ihre vielfältige Kunst dar. Thalia, »die Gesellige«, führte sie alle an; Erato, »die Erweckerin des sinnlichen Begehrens«, vermittelte die Liebesdichtung; Euterpe, »die Freudenspenderin«, stand als Flöte spielende Muse für die idyllische Poesie; Kalliope, »die Schönstimmige«, war zuständig für die epische Dichtung und das Gedankengut der Philosophie; Klio, »die Rühmende«, war die Patronin der Geschichtsschreibung; Polyhymnia, »die Liederreiche«, förderte die Sangeskunst; Terpsichore, »die Tanzesfrohe«, begleitete mit ihrer Lyra Tanz und Chorgesang; Melpomene, »die Singende«, war für Tragödien zuständig und Urania, »die Himmlische«, war die Muse der Astronomie. Hesiod sagt: »Denn durch die Musen geschieht's (…), dass es Sänger gibt und Harfenspieler auf Erden.«

Musik und Lieder waren und sind in allen Kulturen von Bedeutung. Sie verbinden Rhythmus, Melodie und Harmonie. In der Antike und dem Orient, dem Morgenland, kannte man die einstimmige Musik, die der mehrstimmigen Musik des Abendlandes gegenübersteht. Es gibt Volksmusik und Kunstmusik, sakrale und weltliche Musik. Die Anfänge der Musik liegen im Dunkeln. Eine

Wurzel ist der kulturelle Tanz und religiöse Zauberglaube. Bei rituellen Handlungen und gesellschaftlichen Zusammenkünften spielten und spielen Lieder und Musik eine wesentliche Rolle.

Die Leier, Lyra oder Harfe ist das Symbol der göttlichen Harmonie und der harmonischen Verbindung zwischen Himmel und Erde. Die Leier ist ein Symbol für Musik und Poesie, ihre Töne galten verschiedentlich als zauberwirksam. In der Bibel erscheint das Harfenspiel oft als Ausdruck des Dankes und des Lobes Gottes.

Fallbeispiel

Da ich die Fassung für meine Orpheusgeschichte in England erarbeitet habe, liebe ich es auch, sie auf Englisch zu erzählen. Es war eine lange Erzählnacht mit mehreren Erzählern. In der Pause kam eine Frau zu mir und erzählte mir in etwa Folgendes: »Ich verstehe leider kaum Englisch, sodass ich Ihrer Geschichte nicht ganz folgen konnte. Was ich aber verstanden habe, ist: Ohne Musik geht es nicht. Das hat mich an meine Kindheit erinnert. Ich sang sehr gerne und laut. Mein Vater wurde dann immer ganz zornig und schrie, ich solle sofort mit dem Geplärre aufhören. Irgendwann habe ich dann gar nicht mehr gesungen.« Und jetzt lächelte sie mich freudestrahlend an: »Frau Raile, ich habe gerade beschlossen, dass ich wieder singen werde. Ich bin eine erwachsene Frau, mein Vater ist schon viele Jahre tot, und jetzt tue ich, was ich will.« Wir mussten beide über ihren trotzigen Ton lachen. Ich kannte diese Frau nicht, war ihr nie zuvor begegnet, aber diese Geschichte hat uns einander nähergebracht und in ihr einen sehnlichen Wunsch geweckt, den sie jetzt formulieren konnte.

Lemminkäinen, Kalevala, Finnland

Stichwörter: Totenreich, Wut, Kampf

Ich will Euch nun von Lemminkäinen erzählen, dem lustigen, stets gutgelaunten Lemminkäinen. Lemminkäinen war zum Mann erwachsen, stattlich und schön anzusehen. Ihm stand der Sinn, wie man ihm Volksmund sagt, nach »Wein, Weib und Gesang«. Bald gab's keine einzige Tochter, die er nicht geherzt hatte, die nicht an seiner Seite geruht hatte. Jetzt hatte Lemminkäinen ein Auge auf Kyllikki geworfen, war dafür bis ins Saariland gereist. Kyllikki war die Blume des Hauses, der Schatz des Dorfes, und ihre Freier kamen sogar aus Estland und Ingrien. Aber Kyllikki lehnte jeden ab, jeden, auch Lemminkäinen.

Wieder einmal war zum Dorftanz geladen, die Mädchen gingen zum Spiel, allen voran die schöne Kyllikki. Da sprengte Lemminkäinen mit seinem Schlitten heran, riss das Mädchen auf den Wagen und fuhr mit ihr heim. Sie zeterte und weinte: »Ich bin, Elende, doch reich einst, reich geboren, reich erzogen, reich mein Lebtag bis zur Stunde. Recht jetzt kam ich an den Reichen, an den Taugenichts von Manne, diesen langen Spießgesellen, an den Streithahn, diesen wüsten.« Aber Lemminkäinen kümmerte sich nicht um ihre Worte: »Kyllikki, mein liebstes Herzblatt, du mein süßes, du mein Beerlein, sei nicht so, sei unbekümmert, ich werde dich doch schlecht nicht halten, auf dem Schoße, wenn wir essen, an der Hand geführt im Gehen, Seit an Seit gelehnt im Stehen, du dicht neben mir im Ruhen!« Als Kyllikki erkannte, dass sie ihm kaum entkommen konnte, bat sie Lemminkäinen um einen Eid: »Wenn du mich denn begehrst, so schwöre mir den Eid, niemals mehr in den Krieg zu ziehen, wenn es dich auch noch so sehr nach Gold oder Ruhm gelüstet.« »Diesen Eid will ich dir schwören. Schwöre du mir aber, niemals mehr zum Tanze zu gehen, wenn es dich auch noch so sehr nach Lied und Spiel gelüstet.« Da schworen beide ihren Eid und Lemminkäinen brachte seine Braut der Mutter heim. So lebten sie gemeinsam Tag um Tag. Lemminkäinen zog nicht in den Krieg und Kyllikki nicht ins Dorf zum Tanz.

Lemminkäinen war zum Fischen unterwegs, doch bis zum Abend nicht zurück. Erst spät in der Nacht kehrte er heim, doch Kyllikki war zum Tanz gegangen. Voller Zorn beschloss Lemminkäinen, in den Krieg zu ziehen. Ja, er wollte nichts mehr von Kyllikki wissen, sondern im Nordland ein Weib für sich gewinnen. Die Mutter warnte Lemminkäinen vor den Zauberkünsten des Nordlands. Er aber hörte nicht. Wütend warf er den Kamm, den er in Händen hielt, wider die Wand: »Untergang droht Lemminkäinen, Schaden deines Sohnes Haupte, kommt einst Blut da aus dem Kamme, rieselt Blut da aus der Bürste!«

Im Hof der Nordlandherrin angekommen, merkte Lemminkäinen, dass alle Zauberkundigen im Zimmer versammelt waren. Geschwind begann er zu singen. Er füllte die Kehlen der Zauberer mit Felsgeröll, dann verzauberte er alle Männer, speerbewaffnete Helden ebenso wie Junge und Alte. Nur Naßhut, den Herdenhüter mit dem schiefen Auge, bezauberte er nicht, ja er verspottete ihn sogar wegen seines Aussehens. Dann wandte Lemminkäinen sich an die Nordlandherrin: »Gib nun, Alte, mir die Maid jetzt / trag mir an von deinen Töchtern / von dem Schwarm die passendste mir / aus der Mädchenschar die Schönste!« Aber die Alte wollte nicht: »Gebe niemals meine Tochter / einem solchen Tunichtgute / einem solchen Habenichtse! Dann bewirb dich um die Töchter / halt dann an ums Blumenköpfchen / wenn erjagt du Hiisis Rentier / es geholt von Hiisis Feldrain!« Und Lemminkäinen tat es. Er brachte der Nordlandherrin das Hiisi-Rentier. »Dann geb ich die liebe Tochter / biete dir das junge Bräutchen / wenn das Riesenross du zäumtest / Hiisis flockenschaum'ges Fohlen.« Und Lemminkäinen tat es. »Gebe dir dann gleich die Tochter / bring dir selbst dann das Bräutchen / wenn den Schwan vom Strom du schießest / da an Tuonis dunklem Flusse.« Und Lemminkäinen zog zum dritten Mal aus, die Aufgabe von Louhi, der Nordlandherrin, zu erfüllen. Raschen Schrittes eilte Lemminkäinen zum

Fluss des Totenlandes, nicht ahnend, dass Naßhut, der Herdenhüter mit dem schiefen Auge, auf ihn lauerte. Naßhut, der Herdenhüter mit dem schiefen Auge, trieb die Schlange der Gewässer durch das Herz von Lemminkäinen und stieß den Sterbenden in Tuonis Fluss, geradewegs in den Wasserfall, der Lemminkäinen in acht Teile zerriss.

Aus dem Kamm rann Lemminkäinens Blut. Die Mutter säumte keinen Augenblick, unverzüglich reiste sie zur Nordlandherrin und suchte überall verzweifelt nach ihrem Sohn. Der Kummer gab ihr Kraft und Mut. Sie fragte die Bäume, die schüttelten sich. Sie fragte den Weg, der wand sich dahin. Sie kam zum Mond, der klagte für sich. Schließlich gelangte sie zur Sonne. »Oh du Sonne, gottgeschaffen / hast mein Söhnlein du gesehen / ihn, mein Äpfelchen, das goldne / dies, mein feines Silberstöcklein?« Vieles weiß die Sonne: »Ist ja doch dein armes Söhnchen hingegangen / hingestorben in Tuonis tiefem Strome / durch die Fälle fortgerissen / hin nach Tuonis Hofgebiete.« Lemminkäinens Mutter ließ sich einen Rechen aus Eisen fertigen, die Zinken hundert Klafter lang. Mit dem Rechen durchharkte sie den Totenfluss. Tiefer und tiefer drang sie in Tuonis Reich. Stück für Stück holte sie den Leib des Sohnes zurück und baute ihn zusammen. Sie fügte Knochen an Knochen, Fleisch an Fleisch, Ader an Ader. Lemminkäinens Mutter schuf den Mann, erzeugte den Menschen wieder zu seiner früheren Art und schickte die Biene aus, Lebenssaft zu bringen.

Damit den Verletzten salbt sie / heilt dadurch den Schlechtgefahrnen / salbt die Knochen längs den Spalten / streicht die Glieder längs den Fugen / salbt von unten, salbt von oben / streicht sodann ihn um die Mitte / redet Worte solcherweise / redet selbst und also sagt sie: »Stehe auf von deinem Schlafe / und erheb dich von dem Schlummer / hier an diesem schlimmen Orte / deines Unheils Lagerstätte!« Und Lemminkäinen schlug die Augen auf und kam ins Leben zurück.

Gedanken

Die Kalevala ist das finnische Nationalepos, die vorliegende Geschichte ein kleiner Ausschnitt aus dem Gesamtwerk. Die Kalevala ist in Reimen verfasst und wurde von Elias Lönnrot gesammelt und aufgezeichnet und 1835/36 veröffentlicht. Der Verständlichkeit halber wurde hier zum größten Teil die Prosaform gewählt.

Heute würde man vielleicht sagen, Lemminkäinen ist ein echter Macho: Er nimmt sich, was er haben will, ohne Rücksicht auf Verluste. Er ist jung und stark und fühlt sich unbesiegbar. Er legt ein pubertäres Verhalten an den Tag, ist cool und stets kampfbereit. Man kann sich Lemminkäinen gut als Anführer einer »Straßenbande« vorstellen und damit eine uralte Geschichte in die Gegenwart bringen. Lemminkäinen macht, was ihm gefällt, und was er nicht freiwillig bekommt, das nimmt er sich. Er raubt sich eine Braut, und beide gehen mit ihrer Bindung auch ein Versprechen ein. Es scheint, als würde Lemminkäinens jugendlicher Leichtsinn durch die Ehe in ordentliche Bahnen gelenkt, er geht seiner Arbeit nach, sie bleibt zu Hause. Aber beide, Kyllikki und Lemminkäinen, sind nicht reif für die Ehe. Sie sehnen sich zurück nach ihrem wilden, ungestümen Leben, und eines Tages, als er nicht rechtzeitig nach Hause kommt, geht sie zum Tanz. Das Bild einer jungen, unglücklichen Ehe. Beide haben sich selbst noch nicht gefunden und können sich auch nicht im anderen finden oder gegenseitig helfen. Lemminkäinen tobt vor Wut, und genau diese Wut ist es auch, die ihn vernichten wird. Er zieht in den Krieg, in den Krieg gegen sich selbst!

Vielleicht klappt es mit einer anderen Frau besser, und schon will er die nächste durch sein Ungestüm erobern. Aber diese Mutter hütet ihre Kinder gut und stellt drei Aufgaben. Er soll wilde, ungezähmte Tiere einfangen. Lemminkäinen ist ebenso ungezähmt und wild; wenn er seine Kräfte bändigen und im Zaum halten kann, dann soll er die Tochter bekommen. Lemminkäinen gelingt es tatsächlich, das Rentier und das Riesenfohlen einzufangen, was die Mutter nie für möglich gehalten hätte, doch der Schwan wird ihm zum Verhängnis. Lemminkäinen spottet und verlacht andere, Schwächere, und dieser Spott wird ihm zur Falle. Als Jugendlicher unternimmt man oft, bewusst oder unbewusst, »Grenzgänge«. Kritische Situationen sieht man als Herausforderung, die früheren Mutproben werden heute leicht zu lebensgefährlichen Aufgaben (z. B. Drogen, Alkohol).

Lemminkäinen begibt sich wissentlich an die Grenze des Totenreiches, überzeugt davon, »unsterblich« zu sein. Doch er ist unachtsam und bemerkt seinen »Feind« nicht, der ihm die Schlange ins Herz treibt. Die Schlange spielt bei den meisten Völkern eine wichtige und vielgestaltige Rolle. Sie findet sich als Hüterin heiliger Bezirke oder der Unterwelt, sie ist Seelentier und durch ihre Häutung Sinnbild ständiger Erneuerung. Die Schlange ist ebenso Sitz der Lebenskraft wie Verführerin oder Symbolträgerin für Klugheit. Lemminkäinen stirbt.

Den Weg von Lemminkäinens Mutter möchte ich im Folgenden unter dem Aspekt der Trauer betrachten. Die Mutter ist verzweifelt und sucht überall nach ihrem Sohn. Sie steht unter Schock, will nicht wahrhaben, was geschehen ist, und verdrängt die Realität. Die Sonne, das Bewusstsein, der Verstand bringt es endlich an den Tag: »Ist ja doch dein armes Söhnchen hingegangen / hingestorben in Tuonis tiefem Strome.« Lemminkäinen ist tot. Die Realität ist nicht mehr länger zu leugnen. Der Trauernde versucht nun alles in der Hoffnung, das Verlorene wiederzubekommen. Die Mutter lässt sich einen Rechen anfertigen und holt sich die Teile ihres Sohnes aus dem Totenreich zurück. Stück für Stück holt der Trauernde die Erinnerungen an den Verstorbenen hoch, Schritt für Schritt kümmert er sich um Beerdigung und Nachlass. Das Tätigwerden hilft dem Trauernden über den Schmerz hinweg. Die Auseinandersetzung mit dem Nachlass bringt Ordnung in die verworrenen Gefühle. Die Mutter Lemminkäinens salbt den Leib des Toten und sendet die Biene aus, Lebenssaft zu holen. Die Biene steht für Fleiß, Organisation und Reinheit. Sie wird mit der Seele in Verbindung gebracht, und da sie im Winter zu sterben scheint und im Frühjahr wiederkommt, symbolisiert sie den Zyklus von

Tod und Auferstehung. Im Abendland hieß es, wer im Traum eine Biene sieht, hat den nahen Tod, die davonfliegende Seele vor Augen. Im Germanischen war der »Bienenweg« die Umschreibung der von toten Seelen erfüllten Luft. Die Mutter gibt den Toten frei.

Das Lied der Mutter wirkt wie ein Wiegen- oder Trauerlied. Der Mensch kann den Toten nicht aus seinem Schlaf erwecken, doch indem er sich seiner Trauer hingibt, kann er wieder Mut gewinnen. Symbolisch gesehen integriert die Mutter durch ihren Totengesang die vermissten Seelenanteile in sich selbst und holt dadurch den Toten wieder in ihr Leben. Oder sie stimmt das Totenlied an, um den Toten zur Auferstehung zu führen: »Stehe auf von deinem Schlafe / und erheb dich von dem Schlummer / hier an diesem schlimmen Orte / deines Unheils Lagerstätte!« Es könnte eine Einladung an die Seele sein, sich wie ein Schmetterling aus dem Kokon zu erheben, um sich aus dem Dunkel ins Licht zu erheben.

Oft können die Sterbenden nicht gehen, weil wir sie mit unseren Ängsten oder Hoffnungen festhalten. Indem wir die Bereitschaft zeigen, den Sterbenden gehen zu lassen, nehmen wir ihm eine große Last und können ihm zum Helfer und Begleiter werden. In einem Abschieds- oder Trauerlied können wir unsere Gefühle, Wünsche oder Hoffnungen ausdrücken und gleichzeitig den Sterbenden freigeben und auf seinem Weg in das Neue begleiten.

Übung

Diese Übung widmet sich dem Schwanengesang. Es ist eine Trauerarbeit, die das Verlorene integrieren kann. Verlust steht hier nicht nur für den Verlust eines Menschen, es kann auch der Verlust von Fähigkeiten, Wünschen oder Hoffnungen sein. Die Übung hat zwei Teile, einen meditativen und einen praktischen. Sie können auch nur einen der beiden Teile machen.

Meditative Übung

Machen Sie es sich bequem, im Sitzen oder Liegen. Schließen Sie die Augen, spüren Sie Ihren Körper und nehmen Sie Ihren Atem wahr. Sie brauchen nichts zu tun, Ihr Atem fließt von ganz allein. Nehmen Sie wahr, wie er in Sie einströmt, Sie mit Luft erfüllt und wie der Atem wieder aus Ihnen herausströmt. Ich lade Sie nun auf eine Reise ein. Begeben Sie sich innerlich an einen Ort, wo Sie sich wohlfühlen, wo Sie ganz zu Hause und geborgen sind. Schauen Sie sich um, und nehmen Sie die Farben und Formen, vielleicht sogar Gerüche wahr. Sie sind hier ganz geborgen und zu Hause. Es ist Ihr innerer Kraftort, an dem Sie auftanken oder zur Ruhe kommen können. Er ist immer für Sie erreichbar. Vom Ort der Kraft aus können Sie sich jetzt Ihrem Verlust zuwenden. Formulieren Sie den Verlust innerlich für sich. Mag er Ihnen klein oder groß erscheinen, das spielt keine Rolle, jeder Verlust ist bemerkenswert. Schauen Sie sich den Verlust genau an. Was fehlt Ihnen? Wessen sind Sie beraubt? Was wurde Ihnen genommen? Finden Sie in Ihrem Innersten Worte für das, was Ihnen fehlt. Was davon können Sie in sich selbst entwickeln und entdecken? Wovon müssen Sie sich verabschieden und es aufgeben? Nehmen Sie Ihren Atem zu Hilfe und stellen Sie sich vor, dass Sie mit Ihrer Einatmung alles aufnehmen, was Sie in sich entwickeln und entdecken können. Mit der Ausatmung verabschieden Sie sich von den anderen Aspekten des Verlustes, die Sie ganz aufgeben müssen. Finden Sie eine innere Formulierung. Ich atme … ein, ich lasse … los, z. B.: Ich atme Kraft in mich ein, ich lasse die Hoffnung, je wieder gehen zu können, los. Ich atme Freude in mich ein, ich lasse Lisa los …

Spüren Sie, wie durch diesen »Schwanengesang« Ihr Verlust kleiner wird. Erlauben Sie sich, das Positive in sich zu integrieren, und verabschieden Sie sich von dem, was Sie nicht halten können. Verabschieden Sie sich von Ihrem Kraftort in dem Wissen, dort jederzeit Kraft sammeln zu können. Bewegen Sie langsam Ihre Füße und Hände, recken Sie sich, öffnen Sie die Augen und kehren Sie ins Hier und Jetzt zurück.

Praktische Übung

Ich lade Sie ein, Ihren Verlust ins Bild zu bringen. Vielleicht wollen Sie ihn mit Farben ausdrücken, durch eine Collage lebendig machen, oder Sie nehmen einen Tonklumpen und bringen Ihren Verlust in Form. Vielleicht liegt Ihnen das Schreiben mehr, und Sie schreiben einen Abschiedsbrief oder dichten ein Trauerlied. Geben Sie Ihrem Verlust eine Gestalt in Farbe, Form oder Schrift. Nehmen Sie sich für diesen »Schwanengesang« 30 bis 60 Minuten Zeit. Wenn Sie dann Ihr Werk vollendet haben, betrachten Sie es sich noch einmal, lesen Sie sich das Geschriebene noch einmal durch oder singen Sie Ihr Trauerlied.

Wenn Sie dann bereit für einen endgültigen Abschied sind, lade ich Sie zu einem Ritual ein. Dieses Ritual sollte spätestens sieben Tage nach dem Gestalten ausgeführt werden: Nehmen Sie Ihr Werk und vertrauen Sie es einem Element an, damit es sich verwandeln kann. Dieses Ritual ermöglicht eine Neuordnung der Dinge, es hilft, Teile des Verlustes zu integrieren und andere gänzlich zu verabschieden.

Hier die Elemente und was sie damit tun können: Die Erde ermöglicht einen langsamen, aber steten Prozess des Zerfalls. Nehmen Sie Schaufel und Spaten, und übergeben Sie Ihr Werk der Erde mit der Bitte, es zu verwandeln.

Das Wasser bringt in Fluss und löst stetig auf. Begeben Sie sich an einen Fluss oder ans Meer. Am Meer sollten Sie möglichst auf offener See sein, also bestenfalls in einem Schiff. Werfen Sie Ihr Werk ins Wasser mit der Bitte, es zu verwandeln.

Das Feuer verzehrt schnell und kraftvoll. Machen Sie ein Feuer. Erst wenn es gut brennt, vertrauen Sie Ihr Werk dem Feuer an mit der Bitte, es zu verwandeln.

Die Luft verweht in alle Winde und verteilt. Für die Luft ist nur Papier geeignet. Unterstützen Sie die Luft, indem Sie das Papier in kleine Stücke reißen, oder verbinden Sie die Feuerkraft mit dem Luftelement und geben Sie die Asche in den Wind. Geben Sie Ihr Werk der Luft mit der Bitte, es zu verwandeln.

Symbol

Mein lieber Schwan, mir schwant etwas.

In Kleinasien wie in Europa ist der weiße Schwan Symbol des Lichtes, der Reinheit und der Anmut. Bei den slawischen und skandinavischen Völkern steht er für die Schönheit der himmlischen Jungfrau, in Indien, China, Skandinavien, Japan, Arabien und Persien ist der Schwan eine Gestalt aus dem Jenseits.

Weiße Schwäne ziehen den Wagen des Apollon, Zeus nähert sich Leda in Gestalt eines Schwans, auch Aphrodite und Artemis werden oft von Schwänen begleitet. Im griechischen Glauben besaß der Schwan die Fähigkeit, wahrzusagen und den Tod anzukündigen. Im Osten ist er ein Symbol der Anmut, Vornehmheit, aber auch des Mutes. Bei den Kelten verkörpert er überirdische Wesen. Bei den Germanen weissagten Schwanenjungfrauen das Schicksal. Walküren zogen mit ihren Schwanenfedern über das Schlachtfeld und sangen Zauberformeln, um den Feind zu schwächen. Auch Märchen von überirdischen Schwanenjungfrauen, die ihr Federkleid ablegen, sind weit verbreitet. In der Alchemie symbolisiert der Schwan den Urstoff Mercurius und damit das flüchtige Prinzip, das dem Geist zugeordnet wird. Der Schwan ist auch ein häufiges Wappentier. Der Singschwan, der angeblich vor seinem Tod klagende Gesänge anstimmt, wurde zum Sinnbild der letzten Werke oder Worte eines Menschen; er wird als Schwanengesang bezeichnet. In der antiken Sage singt der Schwan, weil er die Seligkeit des Lebens im Jenseits vorausahnt.

Todessehnsucht

Dem Menschen ist eine tiefe Sehnsucht gegeben. Sie ist das Verlangen nach jemandem oder etwas, den oder das man liebt und/oder begehrt. Die häufigsten Sehnsüchte sind die nach einer Person oder einem Gefühl. Es gibt Menschen, die sich vor Sehnsucht »verzehren«, das heißt daran zerbrechen; dann ist es eine krankhafte Sehnsucht. Die Todessehnsucht, wie sie auch in Werthers Leiden mehrmals geschildert wird, beruht oftmals auch auf der Unzufriedenheit mit der gegenwärtigen Situation und wird durch das meist unbewusste Wissen um andere Formen des (Er-) Lebens hervorgerufen. Oder sie beruht auf dem Wunsch, in den paradiesischen Zustand zurückzukehren, die Zeit im Mutterleib, wo Einssein und Geborgenheit war und keinerlei Leistungen gefordert wurden. Aus christlicher Sicht ist es die Sehnsucht nach Gott und dem Himmel. Ältere Menschen, die keinen Sinn mehr in ihrem irdischen Dasein sehen, sehnen sich nach dem Tod als ihrem Erlöser.

Todessehnsucht kann auch durch unbewältigte Trauer entstehen. Die Therapeutin Audrey Gordon berichtet von einer siebzigjährigen Frau, die in der Gewissheit ihres baldigen Todes mit massiven Unterleibsschmerzen ins Krankenhaus eingeliefert wurde. Da sich keine physiologischen Ursachen fanden, begann man mit der therapeutischen Arbeit. Bald schon stellte sich heraus, dass die Frau Schuldgefühle hatte, da sie nicht am Begräbnis ihrer vor vier Jahren verstorbenen Tochter teilgenommen hatte. Für sie war ihre »Krankheit« die Strafe Gottes. Durch die Therapie konnte sie ihre Trauer Schritt für Schritt aufarbeiten, und die emotionalen Schmerzen wurden leichter.

Sehnsucht, in welcher Form auch immer, darf nicht verdrängt werden. Sie gehört zum Leben und bringt den Menschen voran. Todessehnsucht als Trauerarbeit darf und muss sein. Die ausgewählten Märchen erzählen auf unterschiedlichste Weise von der Sehnsucht nach einer anderen, besseren Welt und fragen gleichzeitig nach dem Sinn des Lebens.

Schneekindlein, Russland

Stichwörter: Schicksal, Schmerz, Akzeptanz, Hingabe

Es war ein Bauer namens Iwan, der hatte eine Frau, die Maria hieß. Sie waren schon alt und hatten keine Kinder, worüber sie sehr betrübt waren. Einst im Winter, als frischer Schnee gefallen war bis an die Knie, machten die Kinder draußen eine Alte aus Schnee, und Iwan und Maria sahen ihnen schweigend durch das Fenster zu. Da lächelte Iwan und sprach: »Komm, Frau, lass uns zusammen auch eine Alte aus Schnee machen!«

»Und was?«, sagte sein Weib fröhlich. »Gehen wir, wir können in unsern alten Tagen auch ein bisschen Mutwillen treiben. Aber wozu eine Alte machen? Wir wollen uns aus dem Schnee lieber ein Kind gestalten, da uns Gott kein lebendiges geschenkt hat.«

»Was wahr ist, ist wahr«, sagte Iwan, nahm seine Mütze und ging mit seiner Alten in den Hof.

Und in der Tat begannen sie aus Schnee ein Kind zu gestalten; sie machten den Leib, Hände, Füße und setzten oben einen Kloß als Kopf auf. »Helfe der liebe Gott!«, sagte jemand, der vorüberging. »Wir danken schön«, erwiderte Iwan. »Gottes Hilfe ist gut bei allem«, setzte die Frau hinzu. »Was macht ihr denn da?«

»Ei nun, wie du siehst«, sagte Iwan. »Ein Schneekindlein«, setzte die Alte lachend hinzu. Dann machten sie noch Nase und Kinn und zwei Grübchen für die Augen, und kaum hatte Iwan den Mund bezeichnet, begann das Kind zu atmen, öffnete die schönen blauen Augen, drehte den Kopf, als ob es lebte, und zappelte mit den Händen und Füßen im Schnee, gerade wie ein Kind in den Windeln.

»Ach Iwan, Iwan«, rief das Weib voll Freude, »der liebe Gott hat uns ein Kind geschenkt!«, und begann das Schneekind zu umarmen. Vom Schneekindlein schälte sich der Schnee ab wie die Schale vom Ei, und wirklich war es ein lebendiges Mädchen.

»Ach, mein teures Schneekindlein!«, rief die Alte und lief mit ihm in die Stube. Das Schneekindlein aber wuchs nicht von Tag zu Tag, sondern von Stunde zu Stunde, und mit jedem Tag war es größer. Beide hatten eine ungemeine Freude daran; die Mädchen aus dem Dorfe kamen zu ihnen, kleideten es an, sprachen mit ihm, sangen ihm Lieder vor, spielten mit ihm allerlei Spiele und lehrten es alles, was sie selbst wussten und konnten. Und das Schneekindlein wuchs in dem einen Winter heran, dass es wie ein dreizehnjähriges Mädchen aussah, es war sehr aufgeweckt, verstand alles, sprach über alles und war weiß wie der Schnee, hatte Augen wie Vergissmeinnicht und blonde Haare, die bis zum Gürtel reichten; bloß das Wangenrot fehlte auf seinem Antlitz, als ob in ihm kein lebendes Blut wäre. Aber auch ohne das war es so schön und dabei so gut und gegen alle so freundlich, dass jeder es ins Herz geschlossen hatte.

»Sieh, Iwan«, pflegte die Alte zu ihrem Manne zu sagen, »der liebe Gott hat uns im Alter dennoch Freude beschert, mein Herzleid ist geschwunden!« Und Iwan sprach: »Der liebe Gott sei gepriesen! Nicht währt die Freude ewig auf der Welt, und auch das Leid ist nicht ohne Ende.«

Der Winter verfloss. Die Sonne am Himmel begann zu wärmen, auf den Wiesen ergrünte das Gras, und in der Luft trillerte die Lerche. Schon scharten sich die Mädchen im Dorfe zum Reihentanz und begannen zu singen: »Schöne Vesna (Frühlingsgöttin), worauf bist du gekommen? Worauf bist du hergefahren? Auf der Pflugstange? Auf der Egge?« Und Schneekindlein begann traurig zu werden. »Was ist dir, mein Kind?«, fragte die Alte. »Bist du krank? Hat dich etwa wer beschrien?« Und Schneekindlein erwiderte darauf: »Mir ist nichts, Mütterchen! Ich bin gesund.«

Es zertaute der letzte Schnee, die Gärten und Wiesen bekleideten sich mit Blumen, die Nachtigall und allerlei Vögel begannen zu singen, und alles auf Gottes Welt wurde fröhlich. Aber Schneekindlein ward noch trauriger, wich den Gespielinnen aus und verbarg sich fortwährend vor der Sonne in den Schatten. Nur wenn es regnete und in der Dämmerung war es heiterer, und als einmal ein

Gewitter kam und Hagel fiel, hatte es eine solche Freude daran, als ob das Perlen wären. Aber als dann wieder die Sonne hervorschien und den Hagel schmolz, weinte das Schneekindlein um ihn, als ob es selbst in Tränen zerschmelzen wollte.

Es verfloss der Frühling, es kam der Johannistag. Die Mädchen aus dem Dorfe scharten sich, um in den Hain zu gehen und sich dort zu belustigen, und stellten sich auch beim Schneekindlein ein. »Bitte, lass auch Schneekindlein mit uns gehen!«, baten sie. Die Alte fürchtete sich, es gehen zu lassen, und auch Schneekindlein hatte keine rechte Lust, mit ihnen zu gehen. Aber verweigern konnte sie's ihnen dennoch nicht. »Gebt nur auf Schneekindlein fein Acht, Mädchen!«, redete ihnen die Alte zu. »Ihr wisst ja, dass ich es hüte wie mein Auge im Kopf.«

»Wollen Acht geben, wollen Acht geben«, riefen die Mädchen freudig, nahmen Schneekindlein bei der Hand und liefen mit ihm in den Hain. Dort flochten sie sich Kränze, banden Blumensträuße und sangen ihre traurig-fröhlichen Lieder. Und Schneekindlein war fortwährend mit ihnen. Und als die Sonne unterging, errichteten die Mädchen aus Gras und dünnem Reisig einen Scheiterhaufen, zündeten ihn an und stellten sich alle der Reihe nach eines hinter das andere, indem jedes einen Kranz auf dem Haupte hatte, und Schneekindlein stellten sie ans Ende. »Sieh zu«, sagten sie, »wie wir laufen werden, und lauf auch hinter uns, bleib nicht hinten!«

Hierauf begannen sie das Johannisfestlied zu singen und sprangen eines nach dem anderen über das Feuer. Da rauschte etwas hinter ihnen und seufzte kläglich: »Ach!« Erschreckt blickte eines das andere an, und sie bemerkten, dass Schneekindlein nicht unter ihnen war. »Vielleicht hat es sich vor uns versteckt«, sagten sie und liefen auseinander, um es zu suchen; sie riefen, schrien, konnten es aber auf keinerlei Weise finden. »Vielleicht ist es nach Hause gelaufen«, sagten sie dann und liefen in das Dorf, aber Schneekindlein war auch nicht im Dorfe. Sie suchten es den zweiten, dritten Tag, durchsuchten den ganzen Hain, aber vom Schneekindlein war nirgends eine Spur. Wohin kam es? Vielleicht schleppte es ein reißendes Tier fort oder trug es ein Raubvogel hinweg? Mitnichten; aber als Schneekindlein hinter den Gespielinnen lief und über das Feuer sprang, da schwebte es unversehens empor als leichter Dunst, rollte sich zu einem dünnen Wölkchen zusammen und entflog zu den Höhen des Himmels.

Gedanken

Was für ein Glück: Im hohen Alter wird den beiden noch ein Kind geschenkt. Ihre Wünsche und Träume haben endlich Gestalt angenommen, wozu beide ordentlich beigetragen haben, und jetzt haben sie ihr ersehntes Kind. Das Kind wächst heran, ist aufgeweckt und voller Lebenslust, solange es in seinem Element lebt. Aber bald schon stellt sich heraus, dass das Kind anders ist als die anderen: Es wächst in Windeseile heran (manchen Eltern erscheint es so, wenn die Kinder plötzlich flügge werden), es flieht vor der Sonne und freut sich in Hagel und Regen. Die Mutter ist besorgt, irgendetwas stimmt nicht, aber sie versteht es nicht, und das Kind kann es auch nicht ausdrücken. Als Schneekind liebt es natürlich die Kälte. Betrachten wir das Bild symbolisch, so finden wir noch weitere Ansätze. Schnee besteht aus Wasser, das Wasser wird dem Weiblichen, den Gefühlen zugeordnet. Dieses Kind lebt vielleicht in seinen Gefühls- und Traumwelten und kommt mit der Realität nicht zurecht. Solche Kinder werden heute oft als Träumer bezeichnet und wurden früher »Feen- oder Elfenkind« genannt, in dem Glauben, dass eine Fee oder ein Elf es mit ihrem Kind vertauscht hat. Es sind eben keine »normalen« Kinder, und das macht den Eltern Angst. Sie wissen nicht, wie sie damit umgehen sollen. »›Was ist dir, mein Kind?‹, fragte die Alte. ›Bist du krank? Hat dich etwa wer beschrien?‹ Und Schneekindlein erwiderte darauf: ›Mir ist nichts, Mütterchen! Ich bin gesund.‹« Das Kind hat kein Feuer und kann die männliche, zielstrebige Energie nicht in sich entwickeln; es ist krank. Jeder spürt, dass die Krankheit immer stärker wird, da das Lebensfeuer seinen Tribut fordert, doch keiner aus der Familie spricht darüber. Das Schneekindlein zieht sich immer mehr zurück in seine Welt und geht immer seltener aus sich heraus. Oft wollen die Kranken auch nicht zur Last fallen und tun so, als ob alles in Ordnung sei: »Es wird schon wieder.« Ein angstvolles, lähmendes Schweigen breitet sich um die einstmals so heitere Familie aus, denn keiner will die Wahrheit (der Krankheit) anerkennen. Die vielen Tränen, die das Schneekind weint und wahrscheinlich auch Mutter und Vater, haben alle Freude und Leichtigkeit verdrängt. Jetzt kommt von außen ein neuer Impuls: Die Kinder drängen, dass das Schneekind mit zum Johannisfest soll. Johanni ist am 22.6. und fällt mit der Sonnenwende zusammen. Die Tage werden kürzer, die Nächte länger. Das Fest wirkt wie eine Abschiedsfeier. Die Kinder sind fröhlich, binden Kränze, flechten Blumen, und Schneekindlein ist mit ihnen. Sie scheint schon zu schwach, um mitzuwirken, aber sie ist dabei. Sie hat teil an diesem großen Lebensfest, der Sonnwendfeier. Und zuletzt vertraut sie sich sogar dem Feuer an, und ihr Lebenslicht erlischt. Sie hat den Weg zu ihrem Wesen gefunden und kehrt zu den Höhen des Himmels zurück.

Zum Aspekt der Todessehnsucht gehört auch das Gefühl, nicht richtig in dieser Welt zu sein. Schon als Kind hat der Mensch keinen Bezug zu seinem Körper (was sich auch in Krankheiten ausdrücken kann), fühlt sich unwohl in Gesellschaft und zieht sich in sich zurück. Im Märchenbild gesprochen sind es Schneekinder. Sie gehören nicht auf die Erde, es scheint, als hätten sie sich verirrt und wären auf dem falschen Planeten gelandet. Für die Familie ist das Verhalten von Schneekindern unverständlich, ihre Sehnsucht nach der »anderen Welt« wirr und erschreckend. Für den Menschen ist das Leben schön, die Erde nährend, für Schneekinder aber ist die Sonne tödlich. Schneekinder kann man versuchen auf der Erde zu halten; doch wenn es nicht gelingt, ist es umso wichtiger, Abschied zu nehmen und jeden Moment mit dem Schneekind bewusst zu erleben, bevor es in seine Welt zurückkehrt.

Übung

Diese Übung ist dem Quell des Lebens, dem Wasser, gewidmet.

Setzen oder legen Sie sich bequem hin und lassen Sie sich zu Ihrer Lebensquelle führen. Schließen Sie die Augen und wenden Sie sich Ihrem Atem zu, ohne etwas zu verändern. Spüren Sie, wie sich durch die Konzentration auf die Atmung alle anderen Gedanken verflüchtigen. Nehmen Sie einfach Ihren Atem wahr, wie er ganz von selbst fließt. Begeben Sie sich jetzt an einen Ort, an dem Sie sich wohlfühlen, wo Sie ganz zu Hause sind. Schauen Sie sich um, nehmen Sie die Farben und Formen wahr, vielleicht sogar einen Duft. Es ist ein Ort Ihres Vertrauens. Sie sind hier ganz geborgen und geschützt. Als Sie sich umsehen, entdecken Sie ganz in der Nähe eine Quelle. Gehen Sie zu dieser Quelle. Betrachten Sie das klare Wasser. Diese Quelle ist wie ein Becken, und Sie bekommen Lust, in die Quelle einzutauchen. Legen Sie Ihre Kleider ab und strecken Sie Ihren Fuß vorsichtig in die Quelle. Das Wasser ist angenehm. Es ist nicht zu warm und nicht zu kalt, genau richtig temperiert. Sie steigen langsam in die Quelle, bis das Wasser Ihre beiden Füße ganz benetzt. Wenn Sie wollen, können Sie jetzt eintauchen wie in eine Badewanne. Spüren Sie die Klarheit des Wassers. Stellen Sie sich vor, dass dieses Wasser Sie reinigt und belebt. Erlauben Sie dem Wasser, Sie zu reinigen und zu beleben. Spüren Sie ein Prickeln auf der Haut. Nehmen Sie wahr, wie das Wasser Sie erfrischt und stärkt. Nehmen Sie die Schwerelosigkeit wahr. Das Wasser trägt Sie. Lassen Sie sich von Ihrem Lebensquell wiegen. Spüren Sie, wie sich das Wasser an Sie schmiegt. Lassen Sie sich tragen. Sie brauchen jetzt nichts zu tun. Das Wasser reinigt und klärt Sie. Das Wasser erfrischt und stärkt Sie. Das Wasser trägt und umgibt Sie. Wenn Sie sich wohl und erfrischt fühlen, erheben Sie sich aus Ihrem Lebensquell und spüren wieder die Erde unter Ihren Füßen. Danken Sie Ihrem Lebensquell für dieses erquickende Bad. Ziehen Sie sich wieder an und spüren Sie Ihren Körper. Verabschieden Sie sich von diesem schönen Ort. Sie können jederzeit wieder hierher zurückkehren. Beginnen Sie, Ihre Füße und Hände zu bewegen, und kommen Sie ins Hier und Jetzt zurück.

Symbol: Wasser, Feuer

Mit allen Wassern gewaschen sein, da läuft einem das Wasser im Mund zusammen, Wasser hat keine Balken, Wasser auf die Mühle, das Wasser steht einem bis zum Hals, ein stilles Wasser, stille Wasser sind tief, da läuft noch viel Wasser den Berg/den Rhein/die Elbe/die Spree … hinunter, jemandem Wasser in den Wein gießen, jemandem das Wasser abgraben, jemandem nicht das Wasser reichen können, kein Wässerchen trüben können, nahe am Wasser gebaut haben, das ist ins Wasser gefallen, ins Wasser gehen, ins kalte Wasser springen, die kochen auch nur mit Wasser, mit allen Wassern gewaschen sein, mit kaltem Wasser übergossen werden, sich über Wasser halten, Blut und Wasser schwitzen, munter wie ein Fisch im Wasser, wie Feuer und Wasser.

Wasser ist als die Urzeitflut in vielen Weltschöpfungsmythen die Quelle allen Lebens, es ist aber auch das Element der Auflösung. Sintfluten lösen frühere Schöpfungszyklen ab und vernichten Lebensformen, die den Göttern nicht genehm waren. Im Psychologischen sieht man das Wasser als Symbol der unbewussten Tiefenschichten der Persönlichkeit, sprich der Kräfte des Unbewussten. Alles Leben kommt aus dem Wasser, es ist Lebensspender und -erhalter. Das Wasser ist ambivalent, da es belebt und fruchtbar macht, andererseits birgt es auch Versinken und Untergang. Das Wasser ist mit dem Jenseits verbunden, wenn allabendlich die Sonne im Wasser des Westmeeres versinkt, um während der Nacht das Totenreich zu bewachen.

Das Wasser unter der Erde assoziiert das urzeitliche Chaos, der Regen vom Himmel dagegen wirkt segensreich und belebend. Wasserwirbel stehen für Schwierigkeiten und Umwälzungen, der ruhig dahinströmende Fluss ist Sinnbild für das planmäßig verlaufende Leben. Die Vorstellung, dass rituell geweihtes Wasser

Segen spendet, kommt in sehr vielen Kulturen vor. Es ist auch Symbol der körperlichen, seelischen und geistigen Reinigungs- und Erneuerungskraft und spiegelt sich in rituellen Bädern, Hand- und Fußwaschungen und Taufe.

Das Wasser ist im Chinesischen dem Prinzip Yin zugeordnet und wird auch in anderen Kulturen mit dem Weiblichen, dem Mond und der dunklen Tiefe in Verbindung gebracht. Oft steht das Wasser auch für Gefühle und Liebe. Wie das Wasser bleibt die Liebe bei dem Menschen, der sie leicht in seiner offenen, hohlen Hand hält, wer aber versucht, die Liebe festzuhalten, der muss feststellen, dass sie ihm durch die Finger fließt und nichts zurückbleibt. Wasser und Liebe sind unentbehrlich für das Leben, ohne sie wird die Welt zu einer Wüste.

Feuer und Flamme für etwas sein, dann ist Feuer unterm Dach, Feuer fangen, jemandem Feuer unterm Hintern machen, Feuer hinter etwas machen, etwas aus dem Feuer reißen, für jemanden durchs Feuer gehen, mit dem Feuer spielen, zwischen zwei Feuer geraten, gebranntes Kind scheut das Feuer, mehrere Eisen im Feuer haben, wie Feuer und Wasser sein, die Hand für jemanden ins Feuer legen, die Kastanien für jemanden aus dem Feuer holen, Öl ins Feuer gießen, wo Rauch ist, ist auch Feuer, sein Süppchen am Feuer anderer kochen.

Feuer verzehrt, wärmt, leuchtet, zerstört und ist sehr ambivalent besetzt. Bei vielen Völkern gilt es als heilig, reinigend, erneuernd. Die Zerstörungskraft des Feuers wird oft als Mittel zur Neugeburt auf einer höheren Stufe gedeutet wie Phönix aus der Asche. Die destruktiven Kräfte des Feuers stehen dagegen in Verbindung mit dem Krieg, dem Bösen und der Hölle. Vernichtende Feuersbrünste, Blitze und Vulkanfeuer aus dem Erdinneren fürchten die Menschen bis heute. Das Feuer wird auch als Sonne, Licht, Blitz, Farbe Rot, Blut und Herz gesehen. Meist gilt das Feuer als männliches Element im Gegensatz zum weiblichen Wasser.

Das Feuer ist das einzige Element, das der Mensch selbst erzeugen kann, sodass er darin eine Ähnlichkeit mit den Göttern hat.

Viele Mythen beschreiben es auch als ursprüngliches Eigentum der Götter, das erst durch Raub in den Besitz der Menschen gelangte. Der germanische Feuergott Loki ist ein »trickster« (engl. »Gauner«, »Schelm«, »jemand, der mit Tricks arbeitet«, auch »der Halunke«, »der Bauernfänger«) mit zweideutiger Natur, dem weder Menschen noch Götter voll trauen können.

Die »Zähmung« des Feuers markierte den Beginn der Kultur. Durch die Zubereitung der Speisen bekam das Feuer auch eine enge Verbindung zum Herd, der Mitte des Hauses und der Familie. Als lebende Flamme ist das Feuer eine große Errungenschaft der Zivilisation, und trotz Elektrizität finden sich zu bestimmten Anlässen Kerzen als Schmuck auf den Tischen. Auch in der Kirche spielen die Kerzen als Träger des geistigen Lichtes eine wichtige symbolische Rolle, etwa bei den Altarkerzen, bei Taufe und Kommunion.

Das Feuer als Flamme des Herzens entfachte manch poetische Seele, und manches Liebespaar gab sich ganz dem Feuer der Leidenschaft hin.

Fallbeispiel

Ich bekam einen Anruf einer jungen Frau, die mich um ein Gespräch bat. Sie wusste, dass ich in der Hospizarbeit tätig war, und kannte mich von einer Festveranstaltung in einem Seniorenheim.

Im Gespräch erfuhr ich, dass ihr Vater im Seniorenheim wohnte und sie mich beim Fest erzählen gehört hatte. Besonders war sie von dem russischen Märchen »Snegurotschka« berührt, das dem Schneekindlein sehr ähnlich ist.

Durch das Erzählen hatte sie Vertrauen zu mir gefasst und erzählte nun von ihren Sorgen. Ihr Problem war nicht der Vater im Heim, sondern ihr Mann, der an Leukämie erkrankt war und im Krankenhaus lag. Wir trafen uns im Krankenhauscafé. Der Arzt hatte ihr beim heutigen Besuch mitgeteilt, dass ihr Mann in den nächsten Stunden sterben würde. Sie wusste, dass er sterben würde, und trotzdem war sie zutiefst überrascht. »Er ist zeitweise unruhig, möchte sprechen, aber kann nicht. Ansonsten liegt er so teilnahmslos da und reagiert gar nicht. Er kriegt auch nichts mehr mit. Ich möchte ihn so in Erinnerung behalten.«

»Möchten Sie, dass ich Ihren Mann begleite?« Schweigen. »Möchten Sie, dass wir zusammen Ihren Mann begleiten?« Ich erkläre ihr aber, dass es sicher schön wäre für ihren Mann, wenn sie als Vertraute bei ihm wäre. Die vertraute Stimme gibt Geborgenheit.

Ich konnte ihre Angst und Hilflosigkeit spüren. »Ich weiß ja gar nicht, was so gemacht werden muss. Vielleicht mache ich dann etwas falsch.« Nach längerer Unterhaltung begleitete ich die junge Frau zu ihrem Mann. Wir setzten uns an sein Bett, und ich legte ihre Hand in seine. Als ihr Mann wieder unruhig wurde, ermunterte ich sie, mit ihm zu sprechen. Schon bei unserem vorherigen Gespräch hatte ich ihr erklärt, dass ihr Mann sie hören kann, auch wenn er zu schwach zum Antworten ist. Eine Weile blieb ich noch, bis sie etwas Sicherheit gefunden hatte, dann begleitete sie mich vor die Tür. »Ich bleibe bei meinem Mann, auch die ganze Nacht. Ich schaffe es.« Am späten Abend rief sie mich an: Ihr Mann war am Abend ganz ruhig gestorben.

Nach einiger Zeit bekam ich wieder einen Anruf von der Frau. Sie wollte sich bei mir bedanken und lud mich zu ihrer Familie ein. Sie erzählte glücklich, dass sie ihrem Mann noch alles hatte sagen können, was sie auf dem Herzen gehabt hatte. Die ganze Zeit hatte sie dabei seine Hand gehalten. Da drückte er ihre Hand und kaum zu verstehen sagte er: »Danke.« Stille! Tränen der Freude! »Nach einer Weile …« Sie konnte nichts mehr sagen, aber ich verstand.

Dann bat sie mich, ihrer Familie das Märchen von »Snegurotschka« zu erzählen. Sie musste immer wieder und immer noch an dieses Märchen denken, das ihr damals im Heim Mut gemacht hatte, mit mir in Kontakt zu treten.

Mein Ende der Snegurotschka-Fassung ist:

»Ich erreiche dich, auch ohne dich zu berühren.
Ich küsse dich durch eine unsichtbare Wand.
Ich umarme dich aus weiter Ferne.
Allein bin ich zusammen mit dir.
Manchmal schien es, als ob sie als Antwort die
Stimme von Snegurotschka
hörte: ›Mir geht es gut, Großmutter!‹«

Wieder Tränen, Umarmungen, Zuversicht.

Das Mädchen mit den Schwefelhölzern, H. C. Andersen

Stichwörter: Einsamkeit, Loslassen, Ahnen/Vorfahren

Es war der letzte Tag im Jahr, und die Dunkelheit brach bereits herein. Es schneite und war grimmig kalt. In dieser Kälte und Finsternis ging auf der Straße ein kleines, armes Mädchen mit bloßem Kopfe und nackten Füßen. Als sie von zu Hause wegging, hatte sie wohl Pantoffeln angehabt; es waren sehr große Pantoffeln gewesen, die früher ihre Mutter getragen hatte. Das kleine Mädchen hatte sie verloren, als sie schnell über die Straße lief, um nicht von einer Kutsche überfahren zu werden.

Da ging sie nun auf den kleinen nackten Füßen, die vor Kälte ganz rot und blau waren. In einer alten Schürze trug sie eine Menge Schwefelhölzer und ein Bund hatte sie in der Hand. Heute hatte ihr noch niemand etwas abgekauft, niemand ihr ein Almosen geschenkt. Sie war schon ganz verzagt; zitternd vor Kälte und Hunger schlich sie dahin. Die Schneeflocken fielen auf ihr langes blondes Haar, das in lockigen Wellen auf ihren Hals herabfloss. Aber daran dachte sie nun freilich nicht. Aus allen Fenstern glänzten die Lichter, und es roch ganz herrlich nach Gänsebraten, es war ja Silvesterabend. Und daran dachte sie.

In einem Winkel, den zwei Häuser bildeten, von denen das eine etwas in die Straße vorsprang, kauerte sie sich nieder. Sie fror sehr, getraute sich aber nicht, nach Hause zu gehen, weil sie noch nicht für einen Pfennig Streichhölzer verkauft hatte. Und kalt war es ja zu Hause auch, denn sie wohnten dicht unter dem Dache, und da pfiff der Wind überall herein. Sie fror entsetzlich! Ob sie wohl wagen durfte, ein Schwefelhölzchen anzuzünden und sich die erstarrten Händchen daran zu wärmen? Sie zog eins heraus und zündete es, ritsch!, an. Hell flammte und sprühte es auf! O wie schön warm war die kleine Flamme! Die Kleine glaubte, am warmen Ofen zu sitzen, und streckte ihre Füßchen aus, um auch diese zu wärmen. Da erlosch die Flamme, der Ofen war verschwunden, und sie saß da mit dem abgebrannten Endchen des Schwefelholzes in der Hand.

Sie zündete ein neues an; es leuchtete auf, und die Stelle der Mauer, worauf der Schein fiel, wurde durchsichtig wie ein Schleier. Die Kleine konnte gerade in eine Stube hineinsehen, wo ein festlich gedeckter Tisch stand, und drauf ein herrlich duftender Gänsebraten mit Äpfeln und getrockneten Pflaumen gefüllt. Und, o Wunder, die Gans sprang aus der Schüssel herunter und watschelte gerade auf das kleine Mädchen zu! Da ging das Streichholz aus, und nur die kalte Mauer war noch zu sehen. Sie zündete noch ein Hölzchen an. Da saß sie unter einem großen, herrlich geschmückten Weihnachtsbaum. Tausende von Lichtern brannten auf den grünen Zweigen, und bunte Bilder, wie sie sie in den Schaufenstern bewundert hatte, sahen auf sie hernieder. Die Kleine streckte beide Händchen danach aus – da erlosch das Schwefelholz, die vielen Weihnachtslichter stiegen höher, immer höher, und sie sah sie jetzt als Sterne am Himmel.

Einer davon fiel herab und bildete einen langen Feuerstreifen am Himmel. »Jetzt stirbt jemand!« Die Kleine hatte von ihrer guten alten Großmutter, die längst tot war, gehört, dass jedes Mal, wenn ein Stern herunterfällt, eine Seele zum Himmel emporsteigt. Wieder entzündete sie ein Hölzchen an der Mauer, und in seinem Glanze sah sie die alte Großmutter, welche mild und liebevoll vor ihr stand. »Liebe Großmutter!«, rief die Kleine. »Nimm mich mit! Ich weiß, dass du verschwindest, wenn das Schwefelhölzchen erlischt wie der warme Ofen, der herrliche Gänsebraten und der prächtige Weihnachtsbaum!«

Und in eilender Hast strich sie ein Streichhölzchen nach dem andern an, um die Großmutter festzuhalten. Die Großmutter war früher nie so schön, so groß gewesen; sie nahm das kleine Mädchen auf ihre Arme, und beide flogen in Glanz und Freude so hoch, so hoch. Und dort oben war weder Kälte noch Hunger noch Angst – sie waren im Himmel!

Aber als der Morgen hereinbrach, fanden die Leute im Winkel zwischen den Häusern ein kleines Mädchen mit roten Wangen und einem Lächeln auf den Lippen, tot, erfroren am letzten Abend des alten Jahres. Um sie herum lagen die abgebrannten Schwefelhölzchen. »Sie hat sich wärmen wollen.« Die Leute wussten nicht, was sie Schönes gesehen hatte und wie sie mit ihrer alten Großmutter zur Neujahrsfreude eingegangen war.

Gedanken

Der Mensch hat Wünsche, Träume, Hoffnungen, Vorstellungen. Gerade das zeichnet ihn als Menschen aus. Die Aufgabe des Menschen ist es, diese Wünsche und Vorstellungen zu leben. Manche davon mögen als Träumerei abgetan werden, manche werden nie verwirklicht, manche Träume scheinen zu groß, um Wirklichkeit zu werden. Manches Mal gelingt es, einen Traum zu verwirklichen, ein anderes Mal nicht. Vielleicht ist es wie in dem Märchen »Das Mädchen mit den Schwefelhölzern«: Wenn wir von dieser Welt gehen, sehen wir noch einmal all diese Wünsche und Vorstellungen vor uns.

Das Mädchen zündet immer wieder ihr Lebenslicht, bildlich das Schwefelholz an, aber es hat keine nährende Quelle mehr; es brennt nur kurz und erlischt gleich wieder. Es scheint, als würde das Leben noch einmal an dem Mädchen vorbeiziehen. Was sind der Ofen, der Gänsebraten, der Weihnachtsbaum?

Der Ofen wärmt, schenkt Geborgenheit, ist Sinnbild für das Zuhause. Er ist der Platz des Feuers, also der Lebensenergie, das in gezähmter Form dem Menschen hilfreich dient. In der Psychologie wird er als Hohlform auch als Muttersymbol gedeutet.

Der Gänsebraten ist Nahrung und Lebens-Mittel. Die Gans als Symboltier wirkt wie eine kleinere Version des Schwanes (siehe Lemminkäinen). Sie wird als Mittler zwischen Himmel und Erde gesehen und spielt als Urgans, die das Weltenei legte, in der ägyptischen Mythologie eine prägende Rolle. Sie wird dem Weiblichen und der Häuslichkeit zugeordnet und steht für Liebe, Fruchtbarkeit, Treue und Wachsamkeit. Gänse haben das Kapitol bei der Zerstörung Roms 387 v. Chr. durch ihre Wachsamkeit gerettet. In Russland, Zentralasien und Sibirien ist »Gans« eine gebräuchliche Bezeichnung für die geliebte Frau.

Der Baum steht sinnbildlich für den Lebensbaum eines Menschen und wurde im Märchen »Der Tod im Pflaumenbaum« ausführlich betrachtet. Die Lebenslichter am Weihnachtsbaum steigen als Sterne an den Himmel.

Jetzt sieht das Mädchen die verstorbene Großmutter vor sich. Immer wieder hört man von Sterbenden, dass ihnen bereits verstorbene Angehörige erschienen sind und sie bald abholen werden. Was für ein schönes Bild, zu wissen, dass man nicht allein ist und die Ahnen einen in die »andere Welt« begleiten. Es zeigt die Verbundenheit mit den Generationen und der Familie. In früheren Kulturen wurden die Ahnen geehrt und gewürdigt, und die Lebenden suchten Rat und Hilfe bei den Verstorbenen. Das Mädchen bittet die Großmutter, es doch mitzunehmen. Die Großmutter ist schöner, als sie jemals im Leben war, nimmt das Kind auf den Arm und fliegt mit ihm in den Himmel.

Das Kind ist von seinen Leiden erlöst, dort oben im Himmel gibt es keinen Hunger und keine Angst. Doch der Dichter Hans Christian Andersen belässt es nicht bei diesem märchenhaften Bild, sondern bringt den Leser in die harte Realität zurück: »Aber als der Morgen hereinbrach, fanden die Leute im Winkel zwischen den Häusern ein kleines Mädchen mit roten Wangen und einem Lächeln auf den Lippen, tot, erfroren am letzten Abend des alten Jahres.« So ist es denn auch für die Hinterbliebenen. Mag es tröstlich sein, dass der Verstorbene jetzt »im Himmel ist«, die Realität ist schmerzhaft und brutal: Er wird nie wieder teilhaben an diesem Leben. Nie wieder wird er sein Lächeln verschenken, nie wieder ein gemeinsames Essen, nie wieder ein Ausflug, Urlaub … Die Hinterbliebenen haben etwas verloren, das sie nicht mehr wiederbekommen. Sie können nur versuchen, das Verlorene Stück für Stück in sich selbst zu entwickeln und zu entdecken.

Übung

Vielleicht erinnern Sie sich an das Wolkenspiel der Kinder: Man musste die geheimnisvollen Wesen in den vorüberziehenden Wolken entdecken. Die folgende Übung ist dem Himmel als Bild unseres Geistes gewidmet.

Setzen oder legen Sie sich bequem hin und schließen Sie die Augen. Nehmen Sie Ihren Körper wahr, Ihre Atmung. Nehmen Sie die Gedanken wahr, die auftauchen. Stellen Sie sich vor, Ihre Gedanken sind Wolken am Himmel. Nehmen Sie wahr, wie bewölkt es ist. Bewerten Sie nicht, nehmen Sie nur wahr. Betrachten Sie jetzt einen Gedanken, halten Sie ihn für einen Augenblick fest, dann lassen Sie ihn weiterziehen. Nehmen Sie wahr, wie die Gedanken kommen und gehen wie die Wolken am blauen Himmel. Der Gedanke kommt, betrachten Sie ihn kurz und lassen Sie ihn weiterziehen wie eine Wolke am Himmel. Vielleicht bemerken Sie schon, dass Ihre Gedanken, die Wolken am Himmel, weniger werden. Kommt ein Gedanke, so ist es gut. Nehmen Sie ihn wahr, ohne ihn zu bewerten, und lassen Sie ihn weiterziehen. Betrachten Sie Ihren »Gedankenhimmel«. Wie viele Wolken sind noch am Himmel? Nehmen Sie die Gedankenwolke, betrachten Sie sie und lassen Sie sie weiterziehen. Spüren Sie, wie Sie innerlich ruhiger werden, wie die Gedanken weniger werden. Sie lassen die Gedanken, die auftauchen, einfach weiterziehen. Nehmen Sie die Klarheit und Reinheit Ihres Himmels wahr. Tauchen Gedanken auf, lassen Sie sie weiterziehen. Nehmen Sie wahr, wie frei Ihr Himmel ist. Wenden Sie sich ganz dieser Klarheit zu. Spüren Sie, dass es jetzt nichts zu tun oder zu erreichen gilt. Erlauben Sie sich einfach, frei zu sein. Lassen Sie die Wolken am Himmel vorbeiziehen und nehmen Sie wahr, wie der Himmel sich immer mehr lichtet und Sie immer klarer werden. Genießen Sie diese Klarheit in Ihrem Geist. Es gibt nichts zu tun, erlauben Sie sich einfach, frei zu sein. Die Wolken ziehen vorüber. Sie sind leicht und frei. Nehmen Sie diese Klarheit und Freiheit ganz in sich auf, in dem Vertrauen, dass Sie jederzeit wieder zu dieser Klarheit zurückkehren können. Dann verabschieden Sie sich langsam, nehmen Sie wieder Ihren Körper wahr, wie Sie stehen oder liegen, bewegen Sie Ihre Füße und Hände, öffnen Sie die Augen und kehren Sie ins Hier und Jetzt zurück.

Symbol

Ach, du lieber Himmel, gütiger Himmel, Himmel noch mal, weiß der Himmel, dem Himmel sei Dank, den Himmel voller Geigen sehen, den Himmel auf Erden haben, den Himmel auf Erden versprechen, Himmel und Hölle in Bewegung setzen, um Himmels willen, aus heiterem Himmel, aus allen Himmeln fallen, im siebten Himmel sein, jemanden in den Himmel heben, es fällt nicht einfach vom Himmel, das Blaue vom Himmel herunterreden, die Bäume wachsen nicht in den Himmel, es ist noch kein Meister vom Himmel gefallen, ein Geschenk des Himmels, die Sterne vom Himmel holen, himmelhoch jauchzend, zu Tode betrübt.

Der Himmel bezeichnet die Wolken und Gestirne und ist Wohnort der Götter. Schöpfungsmythen erzählen von der Einheit zwischen Himmel und Erde, die erst später geteilt wurde, um Raum für den Menschen zu schaffen. Hierauf fußt auch die Parallelisierung, dass der Himmel männlich aktiv ist und durch Regen die weibliche Mutter Erde befruchtet. Im religiösen Sinn schenkt der Himmel Licht und Leben, im Tod erhebt sich die Seele in den Himmel. Im alten China ist der Himmel die Schicksalsmacht, die alles irdische Geschehen lenkt. Im Abendland überhöht der Himmel alles auf Erden erfahrbar Schöne und ist ein jenseitiges Ziel des Erdenwanderers. Der Himmel wird in manchen religiösen Systemen vom Paradies unterschieden: Er stellt das geistige Reich dar, das Paradies aber soll ein irdischer neuer Garten Eden sein.

Fallbeispiel

Wenn mein Partner Gerhard Bosche dieses Märchen in der Weihnachtszeit erzählt, sehe ich häufig Tränen in den Augen der Zuhörer, und auch ich spüre diesen Druck auf den Augen oder im Hals, obwohl ich die Geschichte schon so oft unter den verschiedensten Umständen gehört habe. Einmal unterhielt ich mich mit einer Frau in der Pause über dieses Märchen, und sie sagte: »Wissen Sie, ich kenne und liebe das Märchen seit meiner Kindheit, und obwohl ich seinen Ausgang kenne, muss ich noch immer weinen.« Und dann erzählte sie von ihrer Großmutter, die ihr das Märchen immer vorgelesen hat. »Es ist schön, zu wissen, dass sie mich erwartet, wenn meine Zeit gekommen ist.« Und da waren sie wieder, diese kostbaren Perlen, die uns beiden die Augen feuchteten.

Nachtfalter, Sufismus

Stichwörter: Todessehnsucht, Neugier, Hingabe

Was das Geheimnis der Erleuchtung sei, wollten die Schüler vom Meister wissen. Da erzählte er ihnen das Gleichnis von der Kerze:

Nachtfalter aus aller Welt waren zu einem großen Kongress zusammengekommen, um das Geheimnis des Kerzenlichtes zu ergründen. Viele Reden wurden gehalten, doch nach all den Vorträgen erkannten sie schließlich, dass sie dem Rätsel, das ihnen ihre Sehnsucht nach dem Licht der Kerze aufgab, keinen Flügelschlag näher gekommen waren. »Wir werden Kundschafter aussenden müssen. Die Erfahrenen von uns sollen sich dem Kerzenlicht so dicht nähern, wie es niemand zuvor gewagt hatte. Dann sollen sie berichten.« Der kühnste Falter flog in die laue Sommernacht hinaus. Endlich entdeckte er im Freien auf einem Gartentisch eine Kerze, die die Nacht erhellte. Mutig näherte er sich dem Wunder und umflog die leuchtende Erscheinung von allen Seiten. Er wagte sich näher an das Geheimnis als je zuvor in seinem Leben, neue Erkenntnisse jedoch stellten sich nicht ein. Die Kongressmitglieder waren enttäuscht, und nach langen Beratungen entschlossen sie sich, einen zweiten Forscher loszuschicken.

Bald fand er die brennende Kerze und umkreiste sie in immer enger werdenden Linien. Von oben und unten näherte er sich dem Leuchten, sodass seine Flügel fast versengt wären. Unvorstellbare Sehnsucht schien ihn zu greifen, sie verwirrte seine Sinne, und er begann zu taumeln. Mit letzter Anstrengung konnte er sich losreißen und kehrte zur Versammlung zurück. Ein Raunen ging durch die Menge, als er von seiner Expedition berichtete. Entmutigt ließen die Falter ihre Fühler hängen, als auch dieser Forscher keine neue Erkenntnis über das große Geheimnis enthüllen konnte.

»Es gibt nur einen Weg«, meldete sich ein junger Falter zu Wort, »folgt mir, und wir werden sehen, was sich ergibt.« Alle waren skeptisch, aber wenn es einen Weg geben sollte, das große Geheimnis zu enträtseln, wollte niemand im Weg stehen. Sie folgten dem jungen Falter auf dem schon bekannten Weg. Allmählich erhellte sich die Nacht, und sie fühlten, dass sie dem Wunder näher kamen. Mit kraftvollen Flügelschlägen eilte der junge Falter voraus, flog einen eleganten Bogen und stürzte sich mit ausgebreiteten Flügeln, ohne auch nur einen Moment zu zögern, in das Herz der Flamme. Eine Sekunde lang verklärte ihn gleißendes Licht, strahlender Glanz umhüllte seinen Leib. Dann entschwand er ihren Blicken und war eins geworden mit dem großen Geheimnis.

Entsetzt, betroffen und verwirrt umschwärmten die Falter das Kerzenlicht und versuchten zu verstehen, was sie soeben erlebt hatten. »Nur er allein kennt nun das große Geheimnis«, sagte schließlich ein alter Falter in das beklemmende Schweigen hinein. »Wer in das Geheimnis eingetreten ist, der kommt nicht wieder. Der ist eins geworden mit der Antwort auf all unsere Fragen. Er ist Frage und Antwort zugleich.«

Gedanken

»Männer umschwirrn mich wie Motten das Licht«, sang einst Marlene Dietrich. An lauen Sommerabenden sehen wir die Nachtfalter, die sich um das Licht versammeln oder ins Kerzenlicht schwirren. Licht als magischer Anziehungspunkt. Die flackernden Flammen im Feuer, das Licht der Kerzen, ein Sonnenstrahl, der durch die Wolken bricht. In dem Gleichnis wird vor allem die Sehnsucht nach dem Licht herausgestellt. Da hilft kein Philosophieren, da hilft kein Umkreisen, da hilft nur Hingabe. Hingabe bedeutet »sich geben«, loslassen, vertrauen. In der spirituellen Sterbebegleitung wird die Stufe der Hingabe als wesentlich bezeichnet. Aber auch im Leben ist Hingabe von zentraler Bedeutung. Es ist wie Atmen. Der Mensch kann nicht nur einatmen, aufnehmen, er muss auch ausatmen, hin-geben. Wenn wir die Hingabe im Leben üben, kommen wir der Erleuchtung näher, wie das Gleichnis sagt, und wir lernen den Tod als Freund zu sehen. Wenn wir unsere Sehnsucht hingeben, offenbart sich das Leben in seiner Fülle.

Übung

Die folgende Übung ist dem Schmetterling als lebendiges Bild der Seele gewidmet.

Setzen oder legen Sie sich bequem hin und schließen Sie Ihre Augen. Nehmen Sie Ihren Körper wahr und lassen Sie Ihren Atem strömen. Stellen Sie sich jetzt eine bunte Blumenwiese vor. Betrachten Sie die Vielfalt der Blumen, ihre Farben und Formen, vielleicht können Sie sogar einen Duft wahrnehmen. Über die Wiese fliegt ein Falter, der Ihre ganze Aufmerksamkeit auf sich zieht. Betrachten Sie den Falter, seine Farbe und Form. Nehmen Sie sein Flattern wahr, und beobachten Sie, wie er über die Wiese fliegt. Sehen Sie jetzt, wie sich der Falter auf einer Blüte niederlässt. Er breitet seine Flügel aus, sodass Sie jetzt das Muster erkennen können. Betrachten Sie seine Flügel und nehmen Sie die Zartheit und Kraft dieser Flügel wahr. Dieser Falter ist Ihr Seelentier für Wandlung und Metamorphose. Wenn Sie wollen, können Sie sich jederzeit mit der Wandlungskraft Ihres Falters verbinden. Bitten Sie ihn, Sie bei Ihrem Wandlungsprozess zu unterstützen. Lassen Sie sich von dem folgenden Text führen, und nehmen Sie daraus mit, was für Sie gültig ist:

> »Ich begleite deiner Seele Entfaltung:
> Erst Ei, Raupe und dann, an der Schwelle,
> kehr ich ein in der Puppe Stille,
> bevor ich mich gewandelt in den
> Himmel schwing'.
> Frei wie der Wind
> fliege ich nun als himmlisches Kind,
> sende mein Licht, meine Farbe und

meine Pracht
in alles, was in der Sonne lacht.
Erinnere dich an die Kindertage,
als das Leben war noch keine Plage,
als du warst unbeschwert im Sein,
Vertrauen hattest in eine Welt ohne Pein.
Ich führ' dich zurück,
bring' dir neues Glück.
Nun wähle, doch denke nicht klein,
denn ganz neu wirst du nach der Wandlung sein.
Ich geleite dich tief in dein Herz hinein,
zu heilen, was geheilt werden will,
bis es drinnen wird friedlich und still.
Dann kannst du schon das Neue spüren,
es öffnen sich dir ungeahnte Türen,
nichts wird mehr sein, wie es vorher war,
und eine große Freude ist da.«[18]

(aus dem Titel »Krafttiere begleiten dein Leben«
von Jeanne Ruland, erschienen 2004 im Schirner Verlag,
www.schirner.com)

Lassen Sie die Worte noch etwas in sich nachklingen. Dann verabschieden Sie sich von Ihrem Falter. Sehen Sie ihm zu, wie er über die Wiese davonfliegt und Ihrem Blick entgleitet. Sie wissen, dass Sie sich jederzeit mit ihm verbinden können. In diesem Vertrauen kommen Sie wieder zurück ins Hier und Jetzt und spüren Ihren Körper, Ihren Atem und beginnen langsam, die Augen zu öffnen und sich zu bewegen.

Symbol

Wie ein Schmetterling von Blüte zu Blüte flattern, Schmetterlinge im Bauch.

Die früheren Bezeichnungen von Tag- und Nachtfalter sind überholt (Brockhaus), symbolisch gehören die Falter zu den

Schmetterlingen. In vielen Kulturen taucht der Schmetterling durch seine Metamorphose vom Ei über die Raupe und die der Todesstarre verhafteten Puppe zum Sonnenlicht zugewandten Flügelinsekt als Symbol der Wandlung und Vergänglichkeit auf. Schon in der Antike war er ein Symbol für die durch den physischen Tod nicht zu zerstörende Seele. Oft findet er sich auf alten Grabsteinen und ist wie der Vogel ein Seelentier. Auf Paradiesbildern ist gelegentlich die Seele, die der Schöpfer in den Leib Adams senkt, mit Schmetterlingsflügeln dargestellt. In der christlichen Symbolik ist er Auferstehungs- und Unsterblichkeitssymbol. In Japan symbolisiert er die junge Frau, zwei umtanzende Schmetterlinge deuten eheliches Glück an. In China ist er das Symbol eines jungen Mannes, der an den weiblichen Blumen und Blüten saugt, doch auch die tote Geliebte kann als Schmetterling aus dem Grab kommen. Im Indianischen ist der Schmetterling die Heilerin, die einst zu den Menschen kam und »den Regenbogen in die Luft webte«. Eines der markantesten Bilder der kretischen Religion ist die Doppelaxt, die einem Schmetterling mit ausgebreiteten Flügeln ähnelt. Im Westen Schottlands fütterte man Schmetterlinge bis weit in unser Jahrhundert mit Honig, um ihrer Heiligkeit Ehre zu erweisen. In Schottland und Mexiko ist er ein Bild sowohl für die Gottheit als auch für die menschliche Seele und das Feuer. Die flackernde, zuckende Flamme ähnelt dem pulsierenden, leuchtenden Schmetterling. »Im Kult der magischen Waffen repräsentiert die Doppelaxt den Schoß des Lebens, der mit frühen Göttinnen im Zusammenhang steht. Diese frühen Gottheiten regieren über den Tod und die Jagd, und ihre Doppeläxte sind Symbole des Schmetterlingsgeistes, des göttlichen Schoßes, aus dem Leben und Tod hervorgehen.«[19]

Das Wort Schmetterling kommt vom tschechischen »smetana«, was Sahnevogel bedeutet; im Griechischen heißt er »psyche«. In der Traumdeutung erinnert der Schmetterling an den Lebensplan der Seele und daran, dass es Zeit ist, aufzubrechen, um ihn zu verwirklichen.

Abschied nehmen

Täglich sagen wir oft mehrmals »Auf Wiedersehen«, und genau das ist es auch, was wir uns in der Begegnung mit wertvollen Menschen wünschen. Diese Menschen bereichern uns und unser Leben, und deshalb möchten wir sie wiedersehen. Umso schwerer ist das Abschiednehmen von einem geliebten Menschen. Die Hoffnung auf ein Widersehen im Paradies ist ein schwacher Trost und gleicht den Verlust, den wir empfinden, nicht aus. Abschied nehmen heißt loslassen und freigeben. Abschied nehmen heißt auch etwas zu Ende bringen, damit etwas Neues beginnen kann. In unserer heutigen Zeit sind die Rituale meist verloren gegangen, die uns im Übergang begleiten. Ein bekanntes Ritual ist der sogenannte Junggesellenabend. Er ist heute ein rauschendes Fest, das häufig mit Alkohol und Gegröle einhergeht. Wie auch immer dieser Abend gefeiert wird, es heißt Abschied nehmen vom Junggesellendasein und führt gleichzeitig das Ziel vor Augen: Ehe, Familie. Der Sterbende hat hoffentlich das Ziel, in den Himmel, ins Licht, ins Paradies zu gehen. Für die Hinterbliebenen aber gibt es kein Ziel. Der Verstorbene hinterlässt erst einmal eine große Lücke. Wenn wir bewusst Abschied nehmen, können wir auch dem Neuen erlauben, zu kommen. Der französische Dichter Anatole France formulierte es folgendermaßen: »Alle Veränderungen, sogar die meistersehnten, haben ihre Melancholie. Denn was wir hinter uns lassen, ist ein Teil unserer selbst. Wir müssen einem Leben Lebewohl sagen, bevor wir in ein anderes eintreten können.« Abschied nehmen ist also in gewissen Sinn ein Grenzgang von »dem, was war« zum »was noch nicht ist«. Diese Grenzgänge sind wertvoll und können erfüllend sein, wenn wir sie nutzen. Je öfter wir im Leben bewusst Abschied nehmen, desto leichter fällt der endgültige Abschied. Der Schriftsteller Hans Noll sagt: »Einen richtigen Abschied erkennt man daran, dass er nicht mehr wehtut.« Die folgenden Märchen zeigen bildliche Wege, um Abschied zu nehmen, und können Helfer beim Abschied sein.

Die Sterntaler, Brüder Grimm

Stichwörter: Loslassen, Abschied, Trauer

Es war einmal ein kleines Mädchen, dem war Vater und Mutter gestorben, und es war so arm, dass es kein Kämmerchen mehr hatte, darin zu wohnen, und kein Bettchen mehr, darin zu schlafen, und endlich gar nichts mehr als die Kleider auf dem Leib und ein Stückchen Brot in der Hand, das ihm ein mitleidiges Herz geschenkt hatte. Es war aber gut und fromm. Und weil es so von aller Welt verlassen war, ging es im Vertrauen auf den lieben Gott hinaus ins Feld. Da begegnete ihm ein armer Mann, der sprach: »Ach, gib mir etwas zu essen, ich bin so hungrig.« Es reichte ihm das ganze Stückchen Brot und sagte: »Gott segne dir's«, und ging weiter.

Da kam ein Kind, das jammerte und sprach: »Es friert mich so an meinem Kopf, schenk mir etwas, womit ich ihn bedecken kann.« Da tat es seine Mütze ab und gab sie ihm. Und als es noch eine Weile gegangen war, kam wieder ein Kind und hatte kein Leibchen und fror. Da gab es ihm seins; und noch weiter, da bat eins um ein Röcklein, das gab es auch von sich hin. Endlich gelangte es in einen Wald, und es war schon dunkel geworden, da kam noch eins und bat um ein Hemdlein, und das fromme Mädchen dachte: »Es ist dunkle Nacht, da sieht dich niemand, du kannst wohl dein Hemd weggeben«, und zog das Hemd ab und gab es auch noch hin.

Und wie es so stand und gar nichts mehr hatte, fielen auf einmal die Sterne vom Himmel und waren lauter harte, blanke Taler. Und ob es gleich sein Hemdlein weggegeben, so hatte es ein neues an, und das war vom allerfeinsten Linnen.

Da sammelte es sich die Taler hinein und war reich für sein Lebtag.

Gedanken

Ich möchte dieses Märchen unter dem Aspekt des Abschieds betrachten und führe hier zwei Gedanken aus: Abschied als Sterbender und Abschied als Hinterbliebener. Betrachten wir das Märchen unter dem Aspekt des Sterbens: Das Mädchen ist von aller Welt verlassen. Es hat Vater und Mutter verloren, keine Familie mehr und ist ganz auf sich alleine gestellt. Auch der Sterbende fühlt sich allein und von aller Welt verlassen. Für viele ist es sicher schön, vertraute und geliebte Menschen um sich zu haben, dennoch weiß jeder: Den letzten Schritt muss er allein gehen. Doch das Mädchen hat Gottvertrauen. So macht es sich auf den Weg und löst sich nach und nach aus dem irdischen Leben. Es geht nicht in die Stadt, es geht aufs Feld, hinaus in die Weite. Das Mädchen gibt nun alles ab, was es nicht braucht auf seiner Reise.

Das Brot nährt den Leib, sie gibt es hin. Die Mütze bedeckt den Kopf. Bei der Geburt ist der Schädelknochen noch nicht verwachsen und die Fontanelle schließt sich erst im zweiten Lebensjahr. Nach dem anthroposophischem Weltbild geht die Seele des Menschen über die Fontanelle ein und auch wieder aus. Mysterienschulen sehen in der Fontanelle das Tor zu höheren Wahrnehmungen und den Sitz der Intuition. Kopfbedeckungen waren früher auch Rangabzeichen oder verwiesen auf die Zugehörigkeit zu einer Menschengruppe oder Religion. Der Kopf symbolisiert den Verstand. Auch die Mütze gibt das Mädchen hin. Das Leibchen bedeckt den Leib, die Körpermitte, umfasst das Herz, Gefühle. Auch das gibt sie hin. Das Röcklein bedeckt den Unterleib, die Beine und kann für Fortbewegung und Sexualität stehen, auch das gibt sie hin. Im Wald gibt sie schließlich auch noch ihr Hemdlein von sich, die leibliche Hülle. Sie verlässt ihren Körper, und da fallen die Sterne vom Himmel und sind lauter harte, blanke Taler, das Himmelreich. »... und ob es gleich sein Hemdlein weggegeben, so hatte es ein neues an, und das war vom allerfeinsten Linnen.« Ein schönes Bild, das uns das Märchen für den Sterbenden gibt. Als Engelsgestalt trägt es ein neues Gewand von allerfeinstem Linnen.

Betrachten wir nun das Märchen unter dem Aspekt der Trauer. Das Mädchen ist arm. Es hat Vater und Mutter (oder den Geliebten, Ehefrau, Kind, Freund …) verloren. Es ist verlassen von aller Welt, doch obgleich es als arm bezeichnet wird, trägt es doch etwas Wertvolles in sich: Gottvertrauen. Im Schmerz um den Verstorbenen ist es oft schwer, Gottvertrauen zu bewahren. Schmerz wirkt lähmend, sodass der Trauernde in seinem Leid verharrt. Das Mädchen aber geht im Vertrauen hinaus. Hinaus heißt nicht in die Hektik der Stadt, sondern hinaus in die Natur, ins Feld, in den Wald. Die Natur ist natürlich, sie führt uns wieder zu unseren Wurzeln, sie lebt im Einklang mit den Zyklen von Werden und Vergehen.

Der Trauernde fühlt sich um Jahre gealtert, müde, erschöpft, gerädert. Sein leiblicher Körper braucht Nahrung, um wieder zu Kräften zu kommen. Das Mädchen gibt ihm das Brot. Wieder etwas bei Kräften, macht sich der Kopf Gedanken, vielleicht sogar Vorwürfe, was man nicht alles hätte anders machen können, besser, lebenserhaltend … Das Mädchen vertraut ihre Gedanken, symbolisiert in der Mütze, jemandem an. Die Gefühle laufen Amok, Schuldzuweisungen, Ängste, Freude und Schmerz, ein wahres Wechselbad durchströmt den Trauernden. Das Mädchen vertraut ihre Gefühle, das Leibchen, jemandem an. Nie wieder seinen/ihren Duft riechen, seine/ihre körperliche Nähe spüren, nie wieder verschmelzen in Liebe, nie wieder mit ihm/ihr zusammen sein können. Das Mädchen vertraut ihre Triebe, das Röcklein, jemandem an. Dann kommt es in den Wald. Der Wald steht im Märchen für das Unbewusste. Hier findet sich Hilfe, gleichzeitig wird man aber auch mit seinen größten Ängsten konfrontiert, um neu und verwandelt daraus hervorzugehen. Das Mädchen vertraut das letzte Hemd jemandem an: Der Trauernde gesteht sich zu, dass der geliebte Mensch nie mehr zurückkehren wird.

Da fallen die Sterne vom Himmel. Das, was wir am anderen so sehr liebten und bewahren wollen, sind häufig Eigenschaften und Fähigkeiten, die wir in uns selbst entwickeln sollen. Wenn wir diese Fähigkeiten in uns integrieren, lebt der Verstorbene als Kraft in uns weiter. Das Haben- und Haltenwollen verwandelt sich in ein neues Kleid: Sein. Die fehlenden Anteile sind integriert und machen reich. Elisabeth Kübler-Ross sagte: »Es gibt zwei Möglichkeiten, wenn jemand stirbt, den man liebt: Man kann hinter einer dünnen Fassade in Schmerz, Reue und Schuldgefühl leben, oder man kann diesen Gefühlen ins Auge sehen, sie aufarbeiten und daraus hervorgehen als jemand, der den Tod akzeptiert und dem Leben verpflichtet ist.«[20]

Abschied nehmen heißt loslassen und anvertrauen. Indem wir alles abgeben, was uns hindert, sind wir bereit für das Neue, das kommt.

Übung

Die folgende Übung ist dem Loslassen und Abgeben gewidmet.

Diese Übung kann man wunderbar im Liegen ausführen (ist aber auch im Sitzen möglich). Sie können die Augen dabei geöffnet oder geschlossen halten, wie es für Sie am angenehmsten ist. Spüren Sie in Ihren Körper hinein. Fangen wir mit den Füßen an. Spüren Sie Ihre Fußsohlen, wandern Sie jetzt die Knöchel hinauf zu den Waden. Spüren Sie Ihre Knie. Die Oberschenkel. Sie brauchen nichts zu tun. Nehmen Sie einfach Ihren Körper wahr. Spüren Sie jetzt in Ihr Becken hinein. Gehen Sie in Ihrer Vorstellung die Wirbelsäule hinauf. Lendenwirbel. Untere Wirbelsäule. Spüren Sie Ihre Herzmitte, nicht das physiologische Herz, sondern die Herzmitte, die zwischen der Brust in der Mitte der Wirbelsäule liegt. Spüren Sie Ihre Lungen, wie sie sich weiten und zusammenziehen. Wenden Sie sich Ihrer Halswirbelsäule zu. Spüren Sie in die obersten Halswirbel hinein, die den Kopf tragen. Spüren Sie Ihre Kopfhaut. Nehmen Sie die Augenhöhlen wahr, die Ohren, spüren Sie Ihren Kiefer. Wenden Sie sich jetzt den Händen zu. Spüren Sie Ihre Finger. Das Handgelenk. Unterarm. Oberarm. Nehmen Sie Ihren Körper wahr. Dann öffnen Sie die Augen und bleiben Sie ganz in Ihrem Körperbewusstsein. Lassen Sie die Augen jetzt geöffnet und ziehen Sie Ihre Zehen nach oben, halten Sie die Anspannung und zählen Sie dabei bis drei, dann lösen Sie die Anspannung. Spüren Sie die Entspannung, die sich jetzt in Ihnen ausbreitet. Nehmen Sie jetzt nur den rechten Fuß. Ziehen Sie die Zehen des rechten Fußes wieder nach oben und zählen Sie bis drei. Dann lassen Sie los. Spüren Sie jetzt in Ihren rechten Fuß. Wie fühlt er sich an? Wie fühlt sich der linke an? Nehmen Sie jetzt den linken Fuß, ziehen Sie die Zehen des linken Fußes nach oben und zählen Sie bis drei, dann lösen Sie die Anspannung. Wie fühlt sich der linke Fuß an? Wenden wir uns jetzt den Händen zu. Sind sie geöffnet oder geschlossen? Ballen Sie beide Hände zur Faust und zählen Sie bis drei, dann lösen Sie die Anspannung. Wie fühlen sich Ihre Hände jetzt an? Nehmen Sie jetzt nur die linke Hand. Strecken Sie die Finger der linken Hand weit auseinander, zählen Sie bis drei und lösen Sie die Anspannung wieder. Wie fühlt sich die linke Hand an? Nehmen Sie jetzt die rechte Hand, strecken Sie die Finger der rechten Hand weit auseinander, zählen Sie bis drei und lösen Sie dann die Anspannung wieder. Wie fühlt sich die rechte Hand an? Wie fühlt sich die linke Hand an?

Die weitere Übung kann sehr wirkungsvoll und gefühlsreich werden, wenn sie laut ausgesprochen wird. In einer Gruppe kann sich ein gemeinsamer Rhythmus entwickeln. Lassen Sie sich Zeit für diese Übung, und nehmen Sie die unterschiedlichen Rhythmen wahr. Anspannung ist kraftvoll, feurig, sie ist schnell. Entspannung ist lösend, wässrig, fließend und braucht Zeit. Gönnen Sie sich die Zeit zum Loslassen.

Lassen Sie die Augen geöffnet. Ballen Sie beide Hände zu Fäusten, halten Sie die Anspannung ohne Kraftaufwand und sagen sie laut: »ICH WILL.« Lösen Sie langsam die Faust, wenn Ihre Hand ganz entspannt ist, sagen Sie laut: »ICH LASSE.« Sie können diese Übung fünf bis sieben Mal wiederholen.

(Ich lade Sie ein, diese Sätze zu ergänzen, z. B.: Ich will wieder gesund sein. Ich lasse die Krankheit. / Ich will sterben. Ich lasse die Angst zu. / Ich will, dass er wieder zurückkommt. Ich lasse ihn los. Vielleicht wird Ihnen durch die Formulierungen deutlich, dass beides wesentlich ist. Wollen und Lassen sind zwei Seiten einer Münze, gleichwertig und not-wendig.)

Wenden Sie sich jetzt wieder Ihrem ganzen Körper zu. Spüren Sie in sich hinein und lassen Sie die Augen dabei geöffnet. Wo sitzt Anspannung in Ihrem Körper, wo sind Sie ganz entspannt? Bewerten Sie nichts, nehmen Sie nur wahr. Dann fangen Sie an, sich langsam wieder zu bewegen, recken und strecken Sie sich und kommen Sie wieder ganz ins Hier und Jetzt zurück.

Symbol

Kleider machen Leute, das Hemd ist einem näher als der Rock, sein letztes Hemd weggeben, jemanden bis aufs Hemd ausziehen, mach dir nicht ins Hemd, jemandem das Hemd über den Kopf ziehen.

Kaum dass Adam und Eva von der Frucht der Erkenntnis genossen hatten, schämten sie sich ihrer Nacktheit. Nacktheit ist heute etwas Intimes, das der Mensch nicht mit jedem teilen will. Nacktheit ist auch Individualität, denn kein Körper ist wie der andere. Uniformierung bewirkt Vereinheitlichung. Kleidung schützt und wärmt. Sie ist wie eine zweite Haut. Kleidung ist auch Sinnbild sozialer Angepasstheit und sozialen Ranges. Trachten zeigen eine bestimmte Volkszugehörigkeit, Uniformen einen bestimmten Rang. Weiße, oft leuchtende Gewänder sind häufig ein Hinweis auf die Überwindung der irdischen Leiblichkeit (z. B. bei Engeln, Verklärten, Verstorbenen). Das Wechseln der Kleidung ist vielfach auch das Symbol für den Eintritt in einen neuen Lebensabschnitt, eine neue Gemeinschaft und wird häufig auch zeremoniell eingesetzt, z. B. Brautkleid, Priestergewand, Totenhemd.

Fallbeispiel

Frau W. ist 80 Jahre alt; Diagnose: Lungen-CA mit Metastasen.

Frau W. war zweimal verwitwet, lebte allein in ihrem Haus und bekam täglich Essen auf Rädern. Ihr Sohn wohnte in Amerika. Ansprechpartner waren der ambulante Pflegedienst, eine Nachbarin und per Telefon der Sohn. Obwohl Frau W. nicht mehr aufstehen konnte und fast den ganzen Tag allein war, verschob sie immer wieder den für sie vorgeschlagenen Ausweg, in ein Hospizhaus zu ziehen. Ihre Gefühle – sich für immer von der vertrauten Umgebung verabschieden zu müssen – ließen eine Entscheidung noch nicht zu. Ging es ihr sehr schlecht, sagte sie zu, ging es ihr besser, sagte sie wieder ab. Durch das Wechselbad ihrer Gefühle war sie oft ungehalten, wechselhaft und mürrisch. Andererseits ließ sie die Angst vor Einsamkeit, Hilflosigkeit oder Abhängigkeit weder bei sich noch bei anderen zu.

Schließlich wurde der Hospizdienst informiert, und ich besuchte Frau W. Nach der ersten Kontaktaufnahme stellten wir schnell fest, dass wir beide Berlinerinnen waren. Das war schön, denn wir hatten den ersten Anknüpfungspunkt gefunden und sprachen über Berlin und fanden bald Gemeinsamkeiten. Zudem stellte sich heraus, dass uns auch die Liebe zu Geschichten und Märchen verband. Bald schon erzählte mir Frau W. aus ihrem Leben, und ich durfte teilhaben an ihrer Biografie. Einmal erzählte ich ihr das Märchen »Die Sterntaler«. Als ich geendet hatte, war sie gerührt und sagte: »Sie sind die Einzige, die in mein Herz geschaut hat.« Danach war unser Verhältnis so tief und innig, dass sie sich mir ganz öffnete. Sie erzählte mir ihre Lebensgeschichte, Kindheit, Liebe, Ehe, Sohn, Krieg, Arbeit, Krankheit. Jetzt konnten wir auch über Gefühle sprechen, über Ängste, Loslassen, Sterben, Wünsche und Tod.

Ich hatte durch dieses Märchen ihr Herz berührt. Sie fand eine innere Ruhe und öffnete sich für Gedanken und Gefühle. Durch das Märchen erlangte sie die Bereitschaft, loszulassen und ihr Sterben anzunehmen. Wir sprachen über ihre letzten Wünsche

(Beerdigung, Sohnbesuch etc,), und das Hospiz organisierte das Mögliche. Schließlich war sie auch bereit, ins Hospizhaus zu ziehen. In unseren Gesprächen kamen wir immer wieder auf das Märchen »Die Sterntaler« zurück, und ein reger Austausch fand statt.

Kann die richtige Lösung nur vom Herzen kommen? Greifen die Sterne auf das Schicksal der Menschen zurück? Die Sterne erscheinen erst, wenn die Sonne schon untergegangen ist. Richtet sich das Leben auf der Erde nach den Sternen? Das arme Waisenkind verschenkte alles, was es besaß, dafür wurde es mit Sternen, die vom Himmel fielen und sich in Taler verwandelten, belohnt. Sterntaler entstammen dem Himmel. Sind sie der Lohn für selbstlose Hingabe? Ist nur dadurch diese Art himmlischer Reichtum zu gewinnen?

Der selbstsüchtige Riese, O. Wilde

Stichwörter: Einsamkeit, Verlust, Annehmen

Wenn die Kinder am Nachmittag aus der Schule kamen, gingen sie für gewöhnlich in den Garten des Riesen, um dort zu spielen. Es war ein großer, wunderschöner Garten mit weichem grünem Gras. Hier und da standen prächtige Blumen sternengleich auf der Wiese, außerdem zwölf Pfirsichbäume, die im Frühjahr zarte Blüten in Rosa und Perlweiß hervorbrachten und im Herbst reiche Frucht trugen. Die Vögel saßen in den Bäumen und sangen so lieblich, dass die Kinder im Spiel innehielten, um ihnen zuzuhören. »Wie glücklich sind wir doch hier!«, riefen sie einander zu.

Eines Tages kam der Riese zurück. Er hatte seinen Freund besucht, den Menschenfresser von Cornwall, und er war sieben Jahre lang bei ihm geblieben. Nachdem die sieben Jahre vergangen waren, hatte der Riese all das gesagt, was zu sagen war; seine Gesprächsbereitschaft war nämlich begrenzt, und so entschied er sich dafür, in sein eigenes Schloss zurückzukehren. Als er dort ankam, sah er die Kinder in seinem Garten spielen. »Was macht ihr hier?«, schrie er mit äußerst mürrischer Stimme, und die Kinder liefen verängstigt davon. »Mein eigener Garten ist immer noch mein eigener Garten«, sagte der Riese, »das muss jeder einsehen, und ich werde niemals jemandem außer mir selbst erlauben, darin zu spielen.« Und so errichtete er eine hohe Mauer rings um den Garten und stellte ein Warnschild mit den folgenden Worten auf: Unbefugten ist der Zutritt bei Strafe verboten! – Er war wirklich ein sehr selbstsüchtiger Riese.

Die armen Kinder hatten von nun an keinen Ort mehr, wo sie spielen konnten. Sie versuchten auf der Straße zu spielen, aber diese war sehr staubig und voll mit spitzen Steinen, und das gefiel den Kindern nicht. Immer wieder schlenderten sie nach dem Unterricht um die hohe Mauer herum und sprachen von dem herrlichen Garten, der dahinter verborgen lag. »Wie glücklich waren wir doch dort«, sagten sie zueinander.

Dann kam der Frühling, und überall – landauf, landab – waren kleine Blüten zu sehen, und junge Vögel zwitscherten vergnügt. Nur im Garten des selbstsüchtigen Riesen war immer noch Winter. Die Vögel wollten dort nicht singen, und die Bäume vergaßen zu blühen, weil keine Kinder mehr da waren. Einmal streckte eine wunderschöne Blume ihren Kopf aus dem Gras heraus, aber als sie das Hinweisschild sah, hatte sie so großes Mitleid mit den Kindern, dass sie sich sofort wieder in den Boden zum Schlafen zurückzog. Die Einzigen, denen der Garten noch gefiel, waren der Schnee und der Frost. »Der Frühling hat diesen Garten vergessen«, riefen sie erfreut, »wir werden das ganze Jahr über hierbleiben.« Der Schnee bedeckte das Gras mit seinem dicken weißen Mantel, und der Frost ließ alle Bäume silbern erscheinen. Dann luden sie den Nordwind ein, ihnen Gesellschaft zu leisten – und er kam. Er war in warme Felle gehüllt, brüllte unaufhörlich durch den Garten und blies die Schornsteinbleche hinunter. »Welch ein herrlicher Platz«, schwärmte er, »wir sollten den Hagel bitten, uns zu besuchen.« Und der Hagel kam. Jeden Tag prasselte er drei Stunden lang auf das Dach des Schlosses, bis er fast alle Ziegel zerstört hatte, und danach sauste er, so schnell er konnte, quer durch den Garten. Er war ganz in Grau gekleidet, und sein Atem war so kalt wie Eis.

»Ich kann nicht verstehen, warum der Frühling in diesem Jahr so spät kommt«, sagte der selbstsüchtige Riese, als er an dem Fenster saß und in seinen kalten weißen Garten blickte, »ich hoffe, dass sich das Wetter bald ändert.«

Aber es kamen weder Frühling noch Sommer. Der Herbst beschenkte jeden Garten mit goldenen Früchten, nur den Garten des Riesen sparte er aus. »Er ist zu selbstsüchtig«, sagte der Herbst. So war anhaltender Winter im Garten; und der Nordwind, der Hagel, der Frost und der Schnee tanzten im Wechsel zwischen den Bäumen herum.

Eines Morgens lag der Riese wach in seinem Bett, als er eine wunderschöne Musik hörte. Sie klang so lieblich in seinen Ohren, dass er dachte, es könnten nur die Musiker des Königs sein, die vorbeizögen. In Wirklichkeit aber war es nur ein kleiner Hänfling, der draußen vor seinem Fenster sang; aber es war so lange her, seit er einen Vogel in seinem Garten hatte singen hören, dass er das Gefühl hatte, die schönste Musik der Welt zu vernehmen. In diesem Moment hörte der Hagel auf, über seinem Kopf herumzutanzen, der Nordwind stellte sein Gebrüll ein, und ein köstlicher Duft strömte ihm durch das geöffnete Fenster entgegen. »Ich glaube, nun kommt der Frühling wohl doch noch«, sagte der Riese, sprang aus dem Bett und guckte nach draußen. Und was sah er da?

Es war der wundervollste Anblick, den man sich denken konnte. Die Kinder waren durch ein kleines Loch in der Mauer in den Garten gekrochen und saßen nun auf den Zweigen der Bäume – in jedem Baum, den er sehen konnte, ein kleines Kind. Und die Bäume waren so froh, die Kinder endlich wieder bei sich zu haben, dass sie sich mit Blüten schmückten und ihre Zweige gleich schützenden Händen über den Köpfen der Kinder auf und ab bewegten. Die Vögel flogen umher und zwitscherten vor Vergnügen, und die Blumen schauten lachend aus dem frischen grünen Gras heraus. Es war ein anmutiges Bild, nur in einer Ecke des Gartens war noch immer Winter. Dort, in dem entferntesten Winkel, stand ein kleiner Junge. Er war so klein, dass er nicht an die Zweige des Baumes heranreichen konnte; immer wieder ging er um ihn herum und weinte bitterlich. Der arme Baum war immer noch über und über mit Eis und Schnee bedeckt, und der Nordwind blies und heulte über ihn hinweg. »Klettere nur hinauf, kleiner Junge!«, sagte der Baum freundlich und beugte seine Zweige so tief herunter, wie er konnte, aber der Junge war einfach zu klein.

Als der Riese das sah, wurde es ihm ganz warm um das Herz. »Wie selbstsüchtig bin ich gewesen!«, sprach er reumütig zu sich selbst, »jetzt verstehe ich, warum der Frühling nicht in meinen Garten kommen wollte. Ich werde den kleinen Jungen auf die Spitze des Baumes setzen und danach die Mauer niederreißen.

Von nun an soll der Garten auf ewig der Spielplatz der Kinder sein.« Er bedauerte aufrichtig, was er getan hatte.

Der Riese schlich nach unten, öffnete ganz leise die Haustür und trat in den Garten. Aber als die Kinder ihn sahen, hatten sie solche Angst, dass sie alle davonrannten – und augenblicklich wurde es wieder Winter im Garten. Nur der kleine Junge lief nicht fort; denn er hatte, da seine Augen ganz mit Tränen gefüllt waren, den Riesen nicht kommen sehen. Dieser näherte sich dem Jungen ganz vorsichtig von hinten, nahm ihn sanft in seine Hand und setzte ihn in den Baum. Unverzüglich erstrahlte der Baum in üppiger Blütenpracht und die Vögel kamen, setzten sich hinein und sangen; und der kleine Junge streckte seine Arme aus, schlang sie dem Riesen um den Hals und küsste ihn. Und als all die anderen Kinder sahen, dass der Riese nicht länger böse war, kamen sie eilig zurück – und mit ihnen kam der Frühling. »Von nun an, Kinder, ist dies euer Garten«, sagte der Riese, nahm eine riesige Axt und riss die Mauer nieder. Und als die Menschen um die Mittagszeit zum Markt gingen, sahen sie den Riesen mit den Kindern im Garten spielen, dem schönsten Garten, den sie jemals gesehen hatten. Sie spielten den ganzen Tag lang, und am Abend gingen sie auf den Riesen zu, um sich von ihm zu verabschieden.

»Aber wo ist denn euer kleiner Spielgefährte, der Junge, den ich auf den Baum gesetzt habe?«, fragte der Riese. Den kleinen Jungen liebte er nämlich am meisten, weil dieser ihn geküsst hatte.

»Das wissen wir nicht«, antworteten die Kinder, »er ist fortgegangen.«

»Ihr müsst ihm sagen, dass er morgen unbedingt wiederkommen soll«, sagte der Riese. Aber die Kinder entgegneten, dass sie nicht wüssten, wo er wohne, und dass sie ihn auch niemals zuvor gesehen hätten. Daraufhin wurde der Riese sehr traurig.

Jeden Nachmittag, wenn die Schule zu Ende war, kamen die Kinder und spielten mit dem Riesen. Aber den kleinen Jungen, den der Riese besonders liebte, sah man nie mehr. Der Riese war sehr freundlich zu all den Kindern, und dennoch blieb in ihm die Sehnsucht nach seinem ersten kleinen Freund; immer wieder sprach er von dem Jungen. »Wie gerne würde ich ihn wiedersehen«, pflegte der Riese dann zu sagen.

Jahre vergingen, und der Riese wurde ganz alt und schwach. Er konnte nicht mehr im Garten spielen, und so saß er in einem riesigen Lehnstuhl, sah den Kindern beim Spielen zu und erfreute sich an seinem Garten. »Ich habe zwar viele herrliche Blumen, aber die Kinder sind die schönsten von allen«, sagte er zu sich selbst. An einem Wintermorgen schaute er, während er sich anzog, aus dem Fenster. Jetzt hasste er den Winter nicht mehr, denn er wusste, dass dies nur die Zeit des schlafenden Frühlings und der sich ausruhenden Blumen war. Plötzlich rieb er sich verwundert die Augen – und schaute und schaute. Es war in der Tat ein wundervoller Anblick. In der entlegensten Ecke des Gartens war ein Baum über und über mit herrlichen weißen Blüten bedeckt. Seine Zweige waren vergoldet und silberne Früchte hingen von ihnen herab. Und unter dem Baum stand der kleine Junge, den der Riese so sehr in sein Herz geschlossen hatte. Hocherfreut rannte der Riese nach unten und hinaus in den Garten. Er hastete über die Wiese und näherte sich dem Kind. Und als er ganz nah herangekommen war, wurde sein Gesicht rot vor Zorn, und er fragte: »Wer hat es gewagt, dich zu verletzen?« Auf den Handflächen des Kindes waren nämlich die Male von zwei Nägeln zu erkennen, und die Male von zwei Nägeln waren auch an seinen kleinen Füßen.

»Wer hat es gewagt, dich zu verletzen?«, schrie der Riese noch einmal, »sag es mir, damit ich mein mächtiges Schwert ziehen und ihn erschlagen kann!« »Nein!«, antwortete das Kind, »denn dies sind die Wunden der Liebe.« »Wer bist du?«, fragte der Riese; eine seltsame Ehrfurcht überkam ihn, und er kniete vor dem kleinen Jungen nieder.

Daraufhin lächelte das Kind den Riesen an und sagte zu ihm: »Du hast mich einst in deinem Garten spielen lassen, heute sollst du mit mir in meinen Garten kommen – in das Paradies eingehen.«

Und als die Kinder an diesem Nachmittag in den Garten gelaufen kamen, fanden sie den Riesen tot auf – er lag unter dem Baum und war über und über mit weißen Blüten bedeckt.

Gedanken

Der Garten des Riesen ist erfüllt von Freude und Spiel, doch der Riese ist entsetzt und verjagt die Kinder. Der Riese ist groß, übergroß, gegen ihn erscheinen die Kinder fast als Zwerge. Ein fast lebloser Klotz und lebensfreudige Wesen. Verstand und Gefühl, Kopf und Herz, Hass und Liebe, Tod und Leben? Was hat den Riesen so riesig gemacht? Er ist übermächtig, jagt die Kinder aus seinem Garten und errichtet eine hohe Mauer. Verletzungen, Ängste, unerlöste Trauer können den Menschen dazu bringen, sich im Garten zu verschanzen, mit einer hohen Mauer darum. Kommunikation und Gemeinschaft lassen den Garten erblühen, Einsamkeit ist Leere und ebenso leer ist auch der Garten des Riesen. Die Blumen wagen sich nicht mehr hervor, Kälte breitet sich aus und lässt auch den Riesen beinahe erstarren.

Mitten im Leben, voller Freude und Spiel, kommt die Diagnose der tödlichen Krankheit. Zorn macht sich breit und verjagt alle Freude. Isolation, Rückzug. Niemanden mehr sehen wollen, nichts mehr hören wollen. Der Kranke geht in die Einsamkeit. Ängste und Sorgen prasseln wie Hagelschauer auf ihn ein. Doch durch irgendein kleines Loch kommt das Leben herein und singt. Das Leben singt so herrlich, dass der Kranke es nicht überhören kann. Es ist ein Locken, ein Rufen – Hoffnung, das Leben kehrt zurück. Vorsichtig tastet sich der Kranke wieder ins Leben, Freunde und Familie sind verstört, erschrocken, vielleicht flüchten sie (vorerst), da sie nicht wissen, wie sie mit der neuen Situation umgehen sollen. »Nur der kleine Junge lief nicht fort; denn er hatte, da seine Augen ganz mit Tränen gefüllt waren, den Riesen nicht kommen sehen. Dieser näherte sich dem Jungen ganz vorsichtig von hinten, nahm ihn sanft in seine Hand und setzte ihn in den Baum. Unverzüglich erstrahlte der Baum in üppiger Blütenpracht und die Vögel kamen, setzten sich hinein und sangen.« Der Kranke richtet seine Konzentration auf den Lebensbaum. Er beginnt langsam zu verstehen, erkennt seine Fehler und fragt: Was brauche ich jetzt wirklich? Sanft, behutsam hebt er das kleine, junge, neue Leben in den Baum, das ihn umarmt und küsst. Das macht auch Freunden und Familie Mut, sie kehren zurück, teilen ihre Zeit mit dem Kranken. Wo ist der Junge, das neue Leben, das so verheißungsvoll gesungen hat? »Das wissen wir nicht.« Niemand hat es je zuvor gesehen. Der Kranke wird traurig. Der kleine Junge als Bild eines neuen Lebens schien ihm wie ein Hoffnungsstrahl. Er sehnt sich nach ihm, ihm gilt seine ganze Liebe. Ist das Kind die Hoffnung auf Genesung? Ist es Sinnbild für das neue Leben nach dem Tod? Am Ende der Geschichte löst der Dichter Oscar Wilde dieses Rätsel für den Leser. Aber jetzt, hier, gebunden an den kranken Körper, in dem Wissen um den sicheren, baldigen Tod, ist das Wissen um Erlösung höchstens als Hoffnung vorhanden. Leben? Sterben? Es gibt noch so vieles zu er-leben, so viele Wünsche, Träume.

Der Riese lebt mit den Kindern, spielt mit ihnen, und als er zu schwach ist, ist er dennoch als Zuschauer dabei. Es ist ein liebevolles Miteinander. Doch die Sehnsucht gilt dem kleinen Jungen, den er nie vergisst. Ist es die Hoffnung auf Leben oder das Wissen um das Paradies? Als der Junge dann wieder vor ihm steht, ist der Riese entsetzt. Das Kind hat Wunden, Male. Das Leben zeichnet den Menschen, es prägt sich in seinen Körper ein, hinterlässt Male. »… dies sind die Wunden der Liebe«; erst hier wird der christliche Zusammenhang für den Leser deutlich. Das Kind ist Jesus, der Erlöser, der uns in seinen Paradiesgarten holt. Wie bei »Frau Holles Apfelgarten« endet das Märchen mit dem Bild des himmlischen Paradieses, in dem Ängste, Schmerzen und Sorgen unbekannt sind. Ein berührender und zugleich tröstlicher Schluss.

Übung

Diese Übung ist dem Garten als Bild für die inneren Kräfte gewidmet.

Setzen oder legen Sie sich bequem hin und schließen Sie die Augen. Nehmen Sie Ihren Körper wahr und lassen Sie Ihren Atem fließen. Stellen Sie sich jetzt Ihren Garten vor als Sinnbild für Ihre inneren Kräfte. Lassen Sie sich Zeit, dieses Bild entstehen zu lassen. Wie groß ist Ihr Garten? Ist er von einer Mauer oder einem Zaun umgeben? Wo liegt der Eingang in Ihren Garten? Ist er wild oder kultiviert? Welche Jahreszeit ist gerade? Welche Tageszeit? Welche Blumen und Pflanzen blühen in Ihrem Garten? Welche Bäume stehen in Ihrem Garten? Gibt es Wasser? Nehmen Sie die Farben in Ihrem Garten wahr, das Licht. Nehmen Sie den Wind wahr, spüren Sie den Boden in Ihrem Garten. Wenn Sie jetzt Ihren Garten als inneres Bild vor sich haben, treten Sie durch den Eingang in Ihren Garten ein. Wohin möchten Sie gehen? Begeben Sie sich an den Ort in Ihrem Garten, wo es Sie jetzt hinzieht. Verweilen Sie dort ein wenig, und nehmen Sie wahr, warum Sie sich gerade diese Stelle ausgesucht haben. Nehmen Sie das in sich auf, was Ihnen an diesem Ort geschenkt wird. Lassen Sie jetzt Ihren Blick über den Garten schweifen. Betrachten Sie Ihren Garten. Wie fühlt er sich an? Nehmen Sie den Duft wahr, den Wind, die Farben, das Licht. Lassen Sie Ihren Blick schweifen und weiten Sie Ihre Sinne für das Erlebnis, das Ihnen Ihr innerer Garten ermöglicht. Gibt es noch eine andere Stelle, die Sie anzieht, an der Sie verweilen möchten? Dann begeben Sie sich dorthin, oder verweilen Sie einfach noch hier. Nehmen Sie die Kraft dieses Ortes auf. Verbinden Sie sich mit diesem Ort, werden Sie eins mit ihm. Es ist Ihr innerer Kraftort, der Sie belebt. Sie können jederzeit dorthin gehen. Verabschieden Sie sich nun von Ihrem inneren Kraftort, verlassen Sie den Garten durch den Eingang, und kehren Sie langsam, in Ihrem Rhythmus wieder ins Hier und Jetzt zurück. Öffnen Sie die Augen, fangen Sie an, sich zu bewegen, und spüren Sie noch die Kraft Ihres inneren Gartens in sich.

Symbol

Im eigenen Garten jäten, quer durch den Gemüsegarten, das ist nicht in seinem Garten gewachsen, jemandem einen Stein in den Garten werfen, schwäbisch: »der gaht de Garte na«, er kommt zum Sterben.

Der Garten ist ein künstlich angelegtes, gepflegtes Stück Natur, das in der traditionellen Symbolik positiv besetzt ist. Er steht für das himmlische und irdische Paradies sowie die kosmische Ordnung. Der Paradiesgarten weist auf den Schöpfer hin, der die ersten Menschen in einen umhegten Ort stellte. In der Alchemie stellt der Garten ein Gefilde dar, das nur unter Überwindung von Schwierigkeiten durch eine schmale Pforte betreten werden kann. Das Hohelied vergleicht den Garten mit der Geliebten. Die Gärten der Hesperiden sind der Inbegriff eines seligen Jenseits, in dem die goldenen Äpfel am Lebensbaum wachsen. In der christlichen Ikonografie ist der umhegte Garten ein Sinnbild der Jungfräulichkeit. In der Renaissance und im Barock steht der Garten als endgültiger Ausdruck der Kultivierung des Lebens; der englische Garten entspricht eher dem romantischen Lebensgefühl. Die japanische Gartenarchitektur strebt nach einer Harmonisierung der Elemente; in der chinesischen gelten Naturobjekte wie Stein, Baum, Berg, Teich und Insel als sichtbarer Ausdruck göttlicher Wesenheiten. In seiner Abgeschlossenheit steht der Garten der Oase oder Insel nahe. In der Traumsymbolik ist der Garten ein Ort des Wachstums und der Pflege. Er zeigt das Leben in seiner Fülle und hält die inneren Kräfte durch seine Umgrenzung zusammen.

Das weiße Steinkanu, Nordamerika

Stichwörter: Einsamkeit, Trauer, Verlustangst

Vor vielen, vielen Jahren lebte am Michigansee ein wunderschönes Mädchen, das mit einem tapferen, jagdtüchtigen jungen Mann verlobt war. Der Tag ihrer Hochzeit war auch bereits festgesetzt worden; als aber dieser endlich herankam, starb die hübsche Braut plötzlich. Das raubte denn dem Bräutigam alle Ruhe und alle Lebenslust. Stundenlang saß er unter dem Totengerüst, auf das die alten Frauen ihren Leichnam zur Verwesung hingelegt hatten, und nahm weder Speise noch Trank zu sich. Seine Kameraden kamen häufig zu ihm und sagten, er sollte doch klüger sein und seine Gedanken lieber auf die Jagd oder den Krieg lenken, als seine jungen Tage so mit unnützem Trauern zu vergeuden. Aber sein Herz war tot für solche Beschäftigungen, und unwillig schleuderte er Keule, Pfeil und Bogen von sich, da sie ihm keinen Ersatz für das Verlorene zu gewähren vermochten.

Nun hatte er einst von alten Leuten gehört, dass es einen geheimen Pfad gäbe, der zum Land der Seelen führe. Diesen gedachte er nun zu verfolgen. Er marschierte südwärts, was der Tradition nach die rechte Richtung war. Für eine Weile begegnete ihm weiter nichts Außergewöhnliches; Berge, Täler und Bäume sahen geradeso aus wie bei ihm und die Tiere und die Vögel ebenfalls.

Als er seinen Wigwam verlassen hatte, lag rundum alles in Schnee und Eis, welch winterliche Zeichen sich jedoch allmählich verloren; der Schnee schmolz durch die Strahlen der erstarkenden Sonne, die Bäume bekamen nach und nach grüne Blätter, und ohne dass er wusste, wie es eigentlich zuging, stand rings um ihn her die ganze Natur in der anmutigsten Frühlingspracht. Die Blumen erglänzten in ungeahntem Farbenschmuck, und die Vögel erfüllten die Luft mit den herrlichsten Liedern. Unser Wanderer war also auf dem rechten Weg.

Bald entdeckte er auch einen geebneten Fußpfad, der ihn durch ein allerliebstes Wäldchen auf eine Anhöhe führte, auf der er eine sorgfältig gebaute Hütte wahrnahm. Ein alter Mann mit schneeweißem Haar und eingesunkenen Augen, aus denen aber doch noch das Feuer der Jugend zu lodern schien, kam ihm freundlich entgegen und hieß ihn willkommen. Um seine Schultern hing ein weiter Mantel aus den feinsten Tierfellen, und in seiner Hand führte er einen silberglänzenden Stab. Der junge Mann nahte sich dem Alten ehrfurchtsvoll und brachte in ehrerbietigster Weise sein Anliegen vor.

»Oh«, sagte der Greis, »ich kenne deinen Wunsch bereits; ich habe dich schon lange erwartet und war eben ausgegangen, um nach dir zu sehen. Diejenige, die du suchst, hat sich vorgestern bei mir ausgeruht und neue Kräfte zu ihrer Reise ins Land der Seelen gesammelt, und das musst du denn auch tun.«

Darauf setzten sie sich zusammen vor die Tür des Wigwams, und der Alte fuhr fort: »Sieh – dort, wo sich die große blaue Ebene bis ins Unendliche ausdehnt, dort ist das Paradies, ihre Heimat. Hier stehst du an der Grenze; mein Haus bildet die Eingangspforte. Deinen Körper aber kannst du nicht mit hinnehmen, auch deinen Hund und deine Waffen nicht; ich werde dir daher dies alles bis zu deiner Rückkehr treulich aufbewahren.« Darauf zog sich der Greis in seine Wohnung zurück, und der junge Mann marschierte rüstig weiter. Sein Gang war so leicht, als ob er plötzlich Flügel bekommen hätte, und je weiter er ging, desto heller glänzte alles um ihn. Die Tiere gingen so traulich an ihm vorbei, und die Vögel flogen so nahe an ihn heran, dass es ihm vorkam, als sähen sie ihn gar nicht. Weder Berg noch Baum nötigte ihn zu einem Umweg; er ging gerade mittendurch, denn es waren ja auch nur die Geister der Bäume und der Berge, die sich ihm entgegenstellten.

Als er so eine halbe Tagesreise hinter sich hatte, kam er an das Ufer eines breiten Sees, in dessen Mitte ein wunderschönes Eiland lag. Er setzte sich in ein weißes Steinkanu, von dem ihm der Alte vorher beim Abschied einige Worte nachgerufen hatte, und ergriff die Ruder, um hinüberzufahren. Beim Herumdrehen sah er jedoch auf einmal seine Geliebte in einem anderen Kanu neben sich. Die Wogen des Sees gingen immer höher und höher, vermochten aber nicht über den weißen Rand der Schifflein zu schlagen. Viele andere Seelen begegneten ihnen auch noch, und einige davon wurden von den schäumenden Wellen verschlungen. Nur die Kanus der kleinen Kinder blieben von diesen Stürmen vollständig verschont.

Auch unser Paar überstand glücklich alle diese Gefahren und betrat freudig das himmlische Eiland, wo es keine Stürme und keinen Regen mehr gab; wo keiner fror, keiner Hunger litt und keiner über einen Todesfall zu klagen brauchte. Dort sah man keine Gräber; auch hörte man von keinem Krieg. Auf die Tiere wurde nicht Jagd gemacht, denn die nahrhafte Luft des Paradieses sättigte alle vollkommen. Gern wäre der junge Krieger hier geblieben, aber der Meister des Lebens rief ihm plötzlich zu: »Geh zurück in das Land, aus dem du gekommen bist, da du deine Pflichten dort noch nicht erfüllt hast. Höre dann auf die Lehren, die dir mein Türhüter geben wird, wenn er dir deinen Körper zurückerstattet; und wenn du danach handelst, dann wirst du auch späterhin den Geist wiedersehen, den du jetzt zurücklassen musst; er wird dann noch so jung, schön und glücklich sein wie an dem Tag, als ich ihn zu mir rief!«

Als diese Rede des Großen Geistes verhallt war, erwachte der rote Jüngling. Seine schöne Reise in das Land der Seelen war nur ein glücklicher Traum gewesen, während er in Wirklichkeit mit Hunger, Kälte und bitteren Tränen zu kämpfen hatte.

Gedanken

Kurz vor der Hochzeit stirbt die Braut. Manchmal scheint es, als würde der Tod gerade in den schönsten Momenten erscheinen und uns das Kostbarste rauben. Umso größer ist der Schmerz, der dem Bräutigam alle Ruhe und alle Lebenslust raubt. Seine Kameraden ermuntern ihn, auf die Jagd oder in den Krieg zu ziehen. Er lehnt es ab. Er ist depressiv, in seinem Schmerz gefangen und nicht bereit, Abschied zu nehmen. Doch das Leben fordert Wandlung und Entwicklung, und endlich macht er sich auf, seine Liebe zu suchen. Der Hinterbliebene hat ein Ziel vor Augen und geht los. Der Winter vergeht, die Erstarrung löst sich. Manchmal kann schon ein Spaziergang wahre Wunder bewirken, um die Lebensgeister wieder zu wecken. »Die Blumen erglänzten in ungeahntem Farbenschmuck, und die Vögel erfüllten die Luft mit den herrlichsten Liedern. Unser Wanderer war also auf dem rechten Weg.« Am Haus des Alten angekommen, erweist sich dieses als eine Grenzstation. Der Alte ist der Wächter und entscheidet, wer über die Grenze darf. Der Krieger wird nun auf eine faszinierende Reise geschickt: Sein Weg ist jetzt leicht und ohne Hindernisse. Schon fast euphorisch mutet diese Szene an, was sich durchaus auch im Trauerprozess zeigen kann. Dann kommt der junge Mann zu einem See. Der See ist hier ein Bild für den Übergang ins Jenseits. Wasser im Märchen deutet aber auch auf die Gefühlsebene hin. Wir sind nah am Wasser gebaut oder halten uns über Wasser, um nicht von unseren Gefühlen überschwemmt zu werden. Im Kanu, also mitten auf dem Wasser, sieht er seine Geliebte und wird von seinen Gefühlen schier überwältigt. Die Wogen gehen hoch, doch das Kanu führt ihn sicher auf die Insel der Seligen, mitten ins Paradies. Doch kaum dort angekommen, hört er den Meister des Lebens rufen und erwacht aus seinem Traum.

Die Realität sieht folgendermaßen aus: Er kämpft mit Hunger, Kälte und bitteren Tränen. Ja, der Traum vom Paradics ist zerstört, aber er gewinnt etwas Wesentliches: sein Leben. Er lebt einen Gesundungsprozess, der schmerzhaft ist. Im Traum war er mit Leben und Tod verbunden. Er kennt jetzt das Paradies, in dem seine Braut ist. Die Hoffnung, dass es der Toten gut geht, ist bestätigt. Diese Sorge kann der Hinterbliebene loslassen. Als er erwacht, kämpft er mit Hunger. Allein das Wort Kampf zeigt schon, dass er wieder zu Kräften kommt. Sind wir ohnmächtig, können wir nicht kämpfen. Kampf hat etwas mit Bereitschaft zu tun und löst die

Depression auf. Zu Beginn der Trauer verweigerte er das Essen, durch den Traum aber sind seine Lebenskräfte erwacht und er ist bereit, sich wieder zu nähren. Er spürt die Kälte. Auch das ist gesund. Der Trauernde kapselt sich schnell ab von seinen Gefühlen und erstarrt. Wenn er sich der Kälte bewusst wird, kann er etwas ändern und die Wärme suchen, bei Freunden, in der Familie oder auch bei Fremden. Er kämpft mit bitteren Tränen. Ja, wunderbar. Endlich löst sich die Starre, seine Gefühle kommen in Fluss. Er nimmt Abschied und lässt los.

Übung

Die folgende Übung lädt ein, sich vom Boot des Lebens tragen zu lassen.

Setzen oder legen Sie sich bequem hin, schließen Sie die Augen, nehmen Sie Ihren Körper wahr und lassen Sie Ihren Atem fließen. Ich lade Sie nun auf eine Reise ein, die Sie zu einem Wasser führt. Sie stehen am Ufer und schauen in das Wasser. Ist es ein See, ein Fluss, das Meer? Alles ist richtig. Es ist Ihr Bild. Ist das Wasser ruhig oder bewegt? Können Sie Wellen sehen oder liegt es ganz still? Und wie Sie so das Wasser betrachten, sehen Sie ganz in der Nähe ein Boot. Sie haben Lust, sich von diesem Boot tragen zu lassen, und gehen dorthin. Sie sehen das Ruder und wissen, Sie können das Boot jederzeit damit lenken. Das Boot bewegt sich leicht im Wasser, und das Schaukeln erinnert Sie an die Wiege Ihrer Kindheit. Sie steigen in das Boot, lösen das Seil und lassen sich vom Wasser tragen. Wenn Sie wollen, können Sie es sich ganz bequem machen im Boot in dem Vertrauen, dass es Sie trägt. Spüren Sie das leichte Wiegen. Spüren Sie das lautlose Gleiten über das Wasser. Vielleicht spüren Sie auch ab und an einen Wasserspritzer, der sie kitzelt. Nehmen Sie wahr, wie Sie ganz geborgen sind in diesem Boot, das Sie sanft auf den Wogen wiegt. Sie haben kein Ziel, sondern genießen nur das Wiegen und Dahingleiten im Fluss des Lebens. Sie wissen, es wird nun Zeit, zurückzukehren. Sie setzen sich in Ihrem Boot auf und ergreifen das Ruder. Das Boot folgt Ihrer Führung, und Sie rudern spielend leicht Richtung Ufer. Nehmen Sie auch jetzt wahr, dass das Boot Sie trägt. Jetzt sind Sie der Führer, die Führerin dieses Bootes. Leicht gleitet das Ruder ins Wasser. Ein Rhythmus entsteht zwischen Ihnen, dem Wasser und dem Boot. Vertrauen Sie sich diesem Rhythmus an. Lassen Sie sich tragen und führen Sie gleichzeitig das Boot. Jetzt erreichen Sie das Ufer und steigen aus dem Boot. Sie binden das Boot wieder an und werfen noch einen letzten Blick auf das Boot und das Wasser. Spüren Sie die Dankbarkeit in sich für dieses Erlebnis in dem Wissen, dass Sie sich jederzeit wieder von dem Boot tragen lassen können. Jetzt kommen Sie langsam wieder zurück, öffnen die Augen und fangen an, sich zu recken und zu strecken, bis sie wieder ganz im Hier und Jetzt sind.

Symbol

Er hat sein Schiff ins Trockene gebracht, er weiß sein Schifflein zu führen, sein Schiff ist gestrandet, klar Schiff machen, wir sitzen alle in einem Boot, die Ratten verlassen das sinkende Schiff, Schiffbruch erleiden, etwas über Bord werfen, jemanden mit ins Boot nehmen.

Schiff, Kahn, Nachen, Barke, Boot: Das Wort Schiff stammt vom altnordischen »skop«, was Schicksal bedeutet. Das altnordische Totenschiff wurde »ludr« genannt und bedeutet Boot, Sarg, Wiege. Es brachte die Toten zurück zu ihrer Mutter, dem Meer. Der altnordische Ausdruck für tot war »in den Mutterleib zurückkehren«. Das Fahrzeug des Todes und der Wiedergeburt war immer weiblich, daher mag es kommen, dass Schiffe heute noch als »weiblich« gelten. Das Schiff ist Sinnbild für Reise und Überfahrt und damit auch Symbol für das Leben, die Lebensfahrt. Augustinus formulierte es im christlichen Sinn: »Das Leben in dieser Welt ist wie ein stürmisches Meer, durch das hindurch wir unser Schiff in den Hafen führen müssen. Wenn es uns gelingt, den Verlockungen der Sirenen zu widerstehen, wird es uns zum ewigen Leben führen.« Das Kirchenschiff symbolisiert auch die Arche Noah, die zum himmlischen Ziel trägt. Das Kreuz wird ebenfalls bald als Mast, bald als Anker der Hoffnung gedeutet. In vielen Kulturen werden die Schiffe auch wie magisch belebte Wesen empfunden, worauf auch die häufigen Tierkopfsteven, später Galionsfiguren hinweisen.

Fallbeispiel

Ich war 24 Jahre jung und nahm an einem Seminar zum Thema »Der Tod im Märchen« teil. Wir hörten das Märchen und tauschten unsere Vorstellungen von der anderen Welt aus. Eine Teilnehmerin hatte Krebs und erzählte von ihrem immer wiederkehrenden Traum: Sie sieht sich selbst, wie sie in einem Boot über ein großes Wasser auf eine Insel zurudert, doch sie kommt nie an. Manches Mal ist das Wasser ganz ruhig, und sie denkt: »Gleich bin ich da«, aber die Insel entfernt sich immer wieder. Manchmal gehen die Wogen hoch, und sie hat Angst zu kentern. Im Gespräch stellte sich bald heraus, dass die Träume gehäuft nach der Bestrahlung oder Chemotherapie auftraten. Sie war berührt und erkannte für sich, dass sie gerne noch weiter durch das Wasser des Lebens rudern würde. Die Beschäftigung mit dem Tod anhand dieses Märchens machte ihr Mut zum Leben.

Himmel und Hölle

In unseren Köpfen herrscht vorwiegend das Bild von Himmel und Hölle. Die Hölle ist das traditionelle Gegenbild des Himmels und geht aus einer dunklen Unterwelt (Höhle) hervor. Das Wort Hölle ist wurzelverwandt mit dem Namen der altgermanischen Totengöttin Hel. Ihr Name bedeutet »die Verborgene«, und sie lebt in ihrem Palast »Eiseskälte«, isst vom Teller »Hunger« und schläft auf ihrer Bettstelle »Siechenlager«. Ihre Diener sind der Sklave »Senilität« und die »Altersschwäche«. Der Weg zu ihr ist die »Straße der Mühsal«. Vulkanausbrüche wurden früher als Beweis für die Existenz der Hölle mit Feuer und Schwefel genommen. Im christlichen Weltbild ist die Hölle ein Strafort für verstorbene Sünder, die endlose Qualen erleiden müssen. Aber auch in anderen Religionen finden sich düstere, dunkle Bilder. Die Griechen hatten die Vorstellung, dass die Toten als Schatten über ihren toten Zustand trauerten und auf ihre Wiedergeburt warteten. Für die Ägypter war die Unterwelt Hölle und Paradies, ein Ort des Gerichts und ein Ort der Wiedergeburt.

Die Bedeutung des Himmels habe ich im Märchen »Das Mädchen mit den Schwefelhölzern« ausführlich beschrieben. Symbolisch ist er lichtvoll und hell und erinnert an den paradiesischen Zustand. Die Gegensätze Himmel und Hölle machen deutlich, wie sehr wir von der Dualität geprägt sind. Unsere Ängste führen uns durch ungeahnte Höllen und unsere Freuden in himmlische Sphären.

Der Engel des Todes, Persien

Stichwörter: Hingabe, Bereitschaft

Es war einmal ein altes Ehepaar, das hatte einen Sohn. Der Vater war Schreiner, der Sohn war Schneider. Eines Tages bat der Sohn seinen Vater um die Erlaubnis, eine Reise nach einem weit entfernten Heiligtum zu unternehmen.

Als er nun unterwegs war, traf er einen Derwisch (muslimischer Mönch), und die beiden wurden Reisegefährten. Eines Tages ließen sie sich zum Mittagessen nieder, und der Jüngling lud den Derwisch ein, sein Essen mit ihm zu teilen. Der Derwisch lehnte es ab, aber der Jüngling bestand nochmals darauf, sodass der Derwisch schließlich notgedrungen mitaß. Als der Derwisch nach einigen Tagen seinen Weg allein fortsetzen wollte, fragte ihn der Jüngling: »Wie heißt du? Woher kommst du, und wohin gehst du?« Der Derwisch erwiderte: »Mein Name ist schrecklich. Wenn ich ihn dir sage, wirst du Angst bekommen.« »Nein«, entgegnete der Jüngling, »warum sollte ich mich fürchten? Ich werde keine Angst haben, denn ich habe das Salz mit dir geteilt, und ich weiß, dass mir von dir kein Unheil zustoßen wird.« Da sprach der Derwisch: »Mein Bruder! Ich bin Azra'il, der Todesengel.« »Wenn du wirklich Azra'il bist,« meinte da der Jüngling, »sage mir, wann ich denn sterben werde.« »Dein Tod«, sprach der Derwisch, »wird in deiner Hochzeitsnacht sein.« »Gut«, meinte der Jüngling, und beide verabschiedeten sich voneinander. Vorher aber bat der Jüngling den Derwisch noch: »Mein Bruder! Bei dem Salz, welches wir zusammen gegessen haben! Wenn du kommst, um meine Seele zu holen, dann zeige dich mir in deiner jetzigen Gestalt.« Dem stimmte der Derwisch zu.

Der Jüngling setzte seine Reise fort. Als er wieder nach Hause kam, wollten seine Eltern ihn verheiraten. Er aber wehrte ab mit den Worten: »Ich will keine Frau.« So ging es eine Weile, bis der

Sohn dreißig Jahre alt wurde. Da sprach sein Vater zu ihm: »Mein Söhnchen! Mittlerweile ist mein Bart weiß geworden. Ich würde dich gerne als Bräutigam sehen!«

Der Sohn aber erwiderte: »Mein Vater! Wünsche dir nicht, mich als Bräutigam zu sehen; denn wenn ich heiraten sollte, werde ich in der Hochzeitsnacht sterben.« Hierauf erzählte er ihm sein Erlebnis mit Azra'il. Der Vater aber warf ein: »Was sind das für Worte! Was erzählst du mir denn da! Erstens einmal kann man Azra'il nicht sehen; und zweitens, wenn er vom Himmel herabsteigen sollte, um deine Seele zu holen, dann werde ich meine Seele stattdessen anbieten.« Und ebenfalls boten seine Mutter und seine Schwester an, ihre Seelen statt seiner zu geben.

Auf jeden Fall wurde die Hochzeit vorbereitet und die Hochzeitsnacht fand statt. Aber gerade als Braut und Bräutigam die Hände ineinanderlegten, öffnete sich die Tür, der Derwisch trat ein und sprach: »Habe ich dir nicht gesagt, Jüngling, du sollest nicht heiraten, denn deine Hochzeitsnacht werde die letzte Nacht deines Lebens sein?« »Gewähre mir eine kurze Frist«, erwiderte der Jüngling, »damit ich meine Eltern rufen kann.« Er rief sie beide, und als sie gekommen waren, erinnerte er sie an ihr Versprechen: »Ihr habt doch versprochen, dass ihr zu dem Zeitpunkt, wenn Azra'il komme, bereit seid, eure Seele anstelle meiner zu geben. Hier nun ist Azra'il gekommen. Gebt ihm eure Seele!« Da bot der Vater sich an: »Komm, Azra'il, und nimm meine Seele!« Sogleich machte Azra'il sich daran, die Seele des Vaters aus seinem Körper zu ziehen. Er hatte sie schon bis zur Brust herausgezogen, da rief der Vater: »Azra'il! Es ist doch zu schwer, die Seele herzugeben. Nimm lieber seine eigene Seele!« Gerade als Azra'il den Sohn zum Schlafen legte, rief nun die Mutter: »Der Bräutigam ist doch noch so jung, nimm statt seiner lieber meine Seele!« Also machte sich Azra'il daran, die Seele der Mutter herauszuziehen. Aber als er sie schon bis zur Kehle herausgezogen hatte, rief die Mutter auch: »Es ist so schwer! Ich will lieber auf der Welt bleiben. Nimm doch seine eigene Seele!« Da lief aber sogleich die Braut herbei und sprach: »Wenn heute der Bräutigam stirbt, wird man morgen zu mir sagen, mein Schritt bringe Unheil. Also nimm gleich heute meine Seele, damit ich Ruhe finde vor den Anschuldigungen der Leute.«

So machte sich Azra'il nun daran, die Seele des Mädchens herauszuziehen. Aber gerade als er sie schon bis zur Nase herausgezogen hatte, ertönte eine Stimme vom Himmel, die rief: »Lass sie beide in Frieden! Wegen der Opferbereitschaft der Braut schenke ich ihnen beiden dreißig Jahre Leben zusammen!« So beendete Gott alles mit Wohlgefallen.

Gedanken

Der junge Mann macht sich auf eine Reise und findet einen Weggefährten. Ein märchenhaftes Bild für das Leben. Wir sind alle auf einer großen Reise und begegnen Weggefährten. Dieser Derwisch aber ist etwas Besonderes, das wird schnell deutlich, denn er will das Essen nicht teilen. Und obwohl die beiden einige Tage unterwegs sind, fragt der junge Mann erst beim Abschied: »Wie heißt du? Woher kommst du, und wohin gehst du?« Diese Fragen hören wir oft in unserem Leben und geben auch selbstverständlich Antwort. Aber wissen wir wirklich, wer wir sind, woher wir kommen, wohin wir gehen? Es sind wesentliche Fragen, die das Leben im Angesicht des Todes stellt. Habe ich mein Ziel erreicht? Habe ich meinen Lebensplan erfüllt, meine Träume erfüllt?

»Mein Name ist schrecklich. Wenn ich ihn dir sage, wirst du Angst bekommen.« »Nein«, entgegnete der Jüngling, »warum sollte ich mich fürchten. Ich werde keine Angst haben, denn ich habe das Salz mit dir geteilt, und ich weiß, dass mir von dir kein Unheil zustoßen wird.« Und tatsächlich scheint es so, als ob der Jüngling den Todesengel nicht fürchtet, im Gegenteil. Er will sofort wissen, wann er sterben wird, und erhält darauf die Antwort. Kein Mensch weiß, wann der Tod kommen wird, umso mehr sind wir betroffen, wenn er dann in unser Leben tritt. Elisabeth Kübler-Ross hat in ihrer Arbeit mit Sterbenskranken bewiesen, dass vor allem Kinder den Zeitpunkt ihres Todes kennen und ihn auf Bildern festhalten.

Würden wir anders leben, wenn wir den Zeitpunkt unseres Todes wüssten? Es ist jedenfalls verständlich, dass der junge Mann Konsequenzen aus der Antwort zieht: Er beschließt, niemals zu heiraten. Nun ist die Hochzeit, im Bild gesprochen, eine hohe Zeit und bedeutet die Vereinigung von Männlichem und Weiblichem in uns. Um diese Vereinigung will sich der junge Mann bringen, was selbstverständlich die Eltern nicht zulassen wollen.

Doch kann ich das Schicksal abwenden oder es für einen anderen tragen? Der Mensch zweifelt stets an der Vollkommenheit allen Seins. Wir wollen alles beherrschen und beherrschen noch nicht einmal uns selbst. Wir fliegen zum Mond und schaffen es nicht, mit der Erde im Einklang zu leben. Doch letztlich, und das wird im Zusammensein mit Sterbenden sehr deutlich, werden wir immer wieder auf uns selbst zurückgeworfen.

Und so geschieht es denn auch in der Hochzeitsnacht, dass sowohl Vater als auch Mutter nicht bereit sind, das Schicksal ihres Sohnes zu tragen. »Es ist doch zu schwer, die Seele herzugeben. Nimm lieber seine eigene Seele!« Nur die Braut hat nichts zu verlieren, denn sie weiß, sie wird im Leben kein Glück mehr finden. »Wenn heute der Bräutigam stirbt, wird man morgen zu mir sagen, mein Schritt bringe Unheil. Also nimm gleich heute meine Seele, damit ich Ruhe finde vor den Anschuldigungen der Leute.« Sie gibt sich nicht für den Bräutigam hin, sie ist kein Opfer. Sie gibt sich freiwillig, nicht aus Angst zu verlieren, sondern aus der Kenntnis, dass sie bereits verloren ist. Und genau das lässt Gott einlenken, sodass sich alles zum Guten wendet. Wenn wir uns dem Sterben ebenso selbstverständlich zuwenden können wie dem Leben, haben wir wahrscheinlich den Himmel auf Erden.

Warum findet sich dieses Märchen im Kapitel »Himmel und Hölle«? Da ist einmal der Todesengel, der auf die Erde herabkommt und uns auf unserem Weg durchs Leben begleitet. Zum anderen scheint es als höllisches Bild, wenn Azra'il den Lebenden die Seele herauszieht. Beim Vater zieht er sie bis zur Brust, bei der

Mutter bis zur Kehle heraus, bei der Braut bis zur Nase. Mutter und Vater sagen »Es ist zu schwer« und geben auf. Dieses Bild schreckt und macht Angst, gleichzeitig wissen wir aber ja auch, dass ihnen der Tod noch nicht bestimmt war. Es ist, als würde man die Krankheit auf sich nehmen wollen, um den geliebten Menschen zu retten, und das ist dann wahrhaftig die Hölle. Anstatt helfend für den Kranken da zu sein, machen wir uns das Leben zur Hölle. Es ist also die selbst geschaffene Hölle, die wir zu fürchten haben. Interessant ist auch, dass Mutter und Vater leiden, während der eigentlich Bestimmte zum Schlafen gelegt wird: »Gerade als Azra'il den Sohn zum Schlafen legte, rief nun die Mutter …« Und das könnte dann wahrhaft das Bild des Himmels sein: Der Todesengel legt uns, wie die Mutter das Kind, zum Schlafen.

Übung

Diese Übung ist der Vereinigung von Gegensätzen gewidmet.

Setzen oder legen Sie sich bequem hin und schließen Sie die Augen. Nehmen Sie Ihren Atem wahr. Atmen Sie jetzt ganz bewusst ein, und halten Sie dann den Atem so lange an, wie es geht, dann erst atmen Sie aus. Lassen Sie jetzt Ihren Atem wieder ganz von selbst fließen. Spüren Sie nach, was es bedeutet, wenn Ihr Atem nicht im Einklang ist. Und wenden Sie sich jetzt Ihrem normalen Atemrhythmus zu, der ganz von selbst kommt und geht, ohne ihr Zutun. Spüren Sie, wie es sich anfühlt, wenn Ihr Atem im Einklang ist.

Spannen Sie jetzt die Muskeln in Ihren Armen an, und halten Sie die Anspannung, bis es nicht mehr geht, dann lassen Sie los. Spüren Sie nach, wie es ist, wenn Sie immer unter Spannung sind. Spüren Sie nach, wie es sich anfühlt, wenn Sie immer ohne Spannung sind. Nehmen Sie wahr, wie Sie bei jeder Bewegung im Einklang zwischen Anspannung und Entspannung sind.

Denken Sie an ein schönes Erlebnis. Versuchen Sie, nur daran zu denken. Spüren Sie die Verbindung von Gedanken und Gefühlen, die mit diesem Erlebnis verbunden sind. Spüren Sie, wie Gedanken und Gefühle ganz im Einklang sind.

Jetzt nehmen Sie wieder Ihren Körper wahr. Nehmen Sie wahr, wie Ihre Zellen miteinander verbunden sind. Nehmen Sie wahr, wie Ihr ganzer Körper für sie wirkt und arbeitet, ohne dass Sie etwas tun müssen. Spüren Sie, wie Ihr Geist jetzt ganz mit Ihrem Körper in Einklang ist.

Verabschieden Sie sich nun aus der Übung in dem Bewusstsein, dass Sie immer wieder zur Einheit zurückkehren können. Öffnen Sie dann die Augen, und bewegen Sie sich, wie es Ihnen guttut, sodass Sie ganz ins Hier und Jetzt zurückkehren.

Symbol

Die Hochzeit ist ein fast weltweit verstandenes Symbol für die Vereinigung verschiedenster Gegensatzpaare oder Dualsysteme, die nicht mehr konträr und konkurrierend, sondern komplementär wirken und in ihrer gegenseitigen Ergänzung zu einer höheren Einheit werden. Ein Ganzes bedeutet mehr als die Summe seiner Teile. In den alten Kulturen symbolisierte die heilige Hochzeit die schöpferische Vereinigung zwischen Himmel und Erde, männlichem und weiblichem Element, Gott und Göttin. Nur durch diese Vereinigung konnte die Fruchtbarkeit erhalten und die kosmische Ordnung gesichert werden.

Der Samurai, Japan

Stichwörter: Himmel und Hölle

Ein großer Kämpfer kam zu einem kleinen Mönch. »Mönch, lehre mich etwas über Himmel und Hölle!«

Der Mönch sah zu dem mächtigen Krieger auf: »Dich etwas über Himmel und Hölle lehren? Überhaupt nichts könnte ich dich lehren! Du bist schmutzig, erbarmungslos und ohne Mitleid. Du bist eine Scham und Schande für alle Kämpfer. Geh mir aus den Augen. Ich kann dich nicht ertragen.«

Der Kämpfer war zornig. Er zitterte und wurde rot im Gesicht. Er war sprachlos vor Wut. Da zog er sein Schwert und hob es in die Höhe, um den Mönch zu erschlagen. »Das ist die Hölle.« Der Kämpfer wurde von seinen Gefühlen überwältigt. Dieser kleine Mann war bereit, sein Leben zu opfern, um ihm diese Lehre zu geben und ihm die Hölle zu zeigen! Langsam senkte er sein Schwert, erfüllt von Dankbarkeit und plötzlichem Frieden.

»Und das ist der Himmel!«

Gedanken

Das Bild, das diese Geschichte vermittelt, sagt, dass wir uns unsere eigene Hölle erschaffen. Wenn wir Wut, Ärger, Zorn nicht im Griff haben, ist das die Hölle. Wenn wir in Frieden mit uns sind, ist es der Himmel. Das heißt nicht, dass wir keine Gefühle haben dürfen, ganz im Gegenteil. Es heißt, dass wir die Macht über unser Leben in der Hand halten. Wenn wir uns vom Zorn regieren lassen, wird er übergroß und bereitet Höllenqualen, meistens für uns selbst.

In allen Wandlungsprozessen tauchen Momente des Zorns auf, diese sind notwendig, um den nächsten Schritt zu tun. Die Ohnmacht des Kranken drückt sich im Zorn aus. »Warum gerade ich?« Nichts ist gut, was auch getan wird, ist falsch, selbst die kleinste Kleinigkeit. Der Kranke ist grantig, wütend, ungehalten und klagt die Welt für sein Unglück an. Ebenso kann sich Zorn auch im Trauerprozess um einen verlorenen Menschen oder bei Angehörigen des Kranken ausdrücken. »Warum trifft es gerade uns?« »Warum tut er/sie mir das an?« Die Verwandten sind ebenso ohnmächtig wie der Kranke oder die Hinterbliebenen wütend, dass sie alleingelassen wurden.

Doch die Geschichte geht weiter. Würden wir nicht durch die Hölle gehen, könnten wir auch den Himmel nicht erfahren. Es geht nicht darum, die Hölle zu verdammen, sondern darum, den Prozess anzuerkennen. Dem Anerkennen folgt das Loslassen, von der Anspannung zur Entspannung. Von der Hölle zum Himmel.

Übung

Die Übung ist Himmel und Hölle in unserem Leben gewidmet und eine aktive Übung.

Nehmen Sie ein Blatt Papier hochkant und teilen Sie es von oben nach unten mit einem Strich. Links schreiben Sie als Überschrift »Hölle«, rechts »Himmel«. Erinnern Sie sich jetzt an die Tiefen in Ihrem Leben, in denen Sie sprichwörtlich durch die Hölle gegangen sind. Schreiben Sie diese Punkte auf die linke Hälfte des Blattes. Lassen Sie sich Zeit. Es spielt keine Rolle, wie viele Punkte auf dem Papier stehen. Es können gravierende Erlebnisse oder aber auch scheinbare »Kleinigkeiten« sein. Schreiben Sie Punkt für Punkt auf, was auftaucht, ohne es zu bewerten.

Wenn Sie diesen Teil für sich abgeschlossen haben, gehen Sie jeden einzelnen Punkt der Reihe nach durch. Was war die Hölle? Machen Sie sich jetzt bewusst, was aus dieser Hölle entstanden ist. Lassen Sie sich Zeit, um die himmlische Seite zu entdecken. Manchmal geht es vielleicht ganz schnell, ein anderes Mal sind Sie vielleicht noch zu sehr in der Hölle, in dem Schmerz gefangen und können das Gute daran nicht sehen. Wenn Ihnen für die Himmelsseite absolut nichts einfällt, lassen Sie sie vorerst offen und wenden Sie sich dem nächsten Punkt zu.

Zur Anschauung hier ein Beispiel:

Linke Blattseite: In der Schule wurde ich immer gehänselt, weil ich so dicke Brillengläser tragen musste. **Rechte Blattseite:** Mir wurde bald klar, dass ich manche Dinge anders sehe als meine Freunde. Das gab mir Kraft und ich entwickelte Selbstbewusstsein.

Alle Tiefen und Höllen, durch die wir gehen, haben auch ihre Himmelsseite. Häufig vergessen wir diese und sind uns ihrer nicht bewusst, weil wir in unserem Schmerz oder Zorn verharren.

Wenn Sie alle Punkte durchgegangen sind, wenden Sie sich nochmals den Stellen zu, für die Sie keine Himmelsseite gefunden haben. Was wünschen Sie sich, dass auf der Himmelsseite stehen soll? Was wäre die Er-Lösung? Schreiben Sie diesen Wunsch auf und staunen Sie, wenn er eines Tages in Erfüllung geht. Viel Vergnügen und reiche Erkenntnis mit »Himmel und Hölle«.

Symbol

Ein zweischneidiges Schwert, das Damoklesschwert schwebt über ihm, jemanden mit dem eigenen Schwert schlagen, das Schwert in die Scheide stecken, das Schwert im Munde führen, das Schwert in die Waagschale werfen.

Das Schwert ist ein stark männliches Symbol, kann auch als Phallus gedeutet werden und ist erst seit der Bronzezeit bekannt. Das Schwert in der Scheide symbolisiert die Vereinigung von männlichen und weiblichen Kräften, wobei das Weibliche das Männliche bewahrt, behütet und damit für Mäßigkeit und Besonnenheit steht. Als aktives, männliches Prinzip wird das Schwert mit den Sonnenstrahlen, die wie Schwerter blitzen, verglichen oder aber dem Blitz zugeordnet. Die germanischen Schwertertänze zelebrierten die Kraft und Tapferkeit der Männer. Oftmals besaßen die Schwerter der Helden Namen, und ihnen wurden magische Kräfte nachgesagt. Das Schwert ist auch ein Symbol der Entscheidung und der Trennung in Gut und Böse und wird auch unter dem Aspekt der Gerechtigkeit behandelt. In Japan war das Führen des Schwertes die Kunst des Samurai, und es wurde nicht nur im Kampf, sondern auch rituell benutzt. Die Arbeit der Schwertschmiede hatte sakralen Charakter, und es waren Abstinenzgebote damit verbunden. In der Johannesapokalypse geht ein Schwert aus dem Munde Christi und ist Symbol der unbezwinglichen Kraft und himmlischen Wahrheit, die wie ein Blitz vom Himmel niederfährt.

Fallbeispiel

Am Ende eines Märchenabends, bei dem mein Partner Gerhard Dosche das Märchen vom Samurai erzählt hatte, kam ein Zuhörer zu mir und sagte: »Wissen Sie, was die wahre Hölle ist?« Ich schaute ihn fragend und offen an, in der Hoffnung, dass er auch eine Antwort auf seine Frage wusste. »Die wahre Hölle ist, wenn die Menschen nicht mehr miteinander sprechen. Vielen Dank für diesen unterhaltsamen Abend.«

Die Flucht, Orient

Stichwörter: Angst, Verzweiflung, Hingabe

Verfolgt von einem hungrigen Tier, rannte ein Mann um sein Leben, als er vor eine Schlucht kam. Ihm blieb kein anderer Ausweg, und er hangelte sich an den Wurzeln des wilden Weines festhaltend über den Rand der Schlucht. Weiter hinabklettern konnte er nicht, da die Felswand keinen Halt bot, von oben aber stieß ihm das wütende Tier seinen heißen Atem ins Gesicht. So hing der Mann zwischen Leben und Tod, als zwei Mäuse aus ihrem Versteck kamen und an den Wurzeln des Weines zu nagen begannen. Voller Verzweiflung sah sich der Mann um und sah nur eine Armeslänge entfernt eine rote, süße Erdbeere wachsen. Mit einer Hand hielt er sich fest, mit der anderen pflückte er die Erdbeere. Nie aß er eine, die köstlicher schmeckte.

Gedanken

Wer ist dieses hungrige Tier in uns? Wer sind die Mäuse, die an unseren Wurzeln nagen? Es ist wahrhaft eine Situation zum Verzweifeln. Von oben die Bestie, die uns verschlingen will, von unten, direkt an unseren Wurzeln, nagen zwei Mäuse. Was für ein Bild! Es scheint, als würde alle Welt gegen diesen Mann sein. Es ist tatsächlich die Hölle, die sich für ihn auftut. Doch schon im nächsten Satz offenbart sich etwas anderes. Trotz aller Verzweiflung sieht der Mann die Erdbeere. Sie zieht in magisch an und in all der Verzweiflung und Not schmeckt sie köstlich wie keine zuvor. Wenn wir uns den Prüfungen unseres Lebens hingeben, statt uns zu widersetzen, kann die schlimmste Hölle süß und erträglich werden.

Übung

Die Übung ist unseren letzten Lebensstunden gewidmet, egal wie krank oder gesund wir sind, egal wie jung oder wie alt.

Wenn Sie wüssten, dass Sie nur noch drei Stunden zu leben haben, was würden Sie sich dann wünschen? Malen Sie ein Bild, machen Sie eine Collage oder schreiben Sie es auf. Vielleicht möchten Sie Ihren Wunsch auch mit einem vertrauten Menschen teilen, dann erzählen Sie von Ihrem letzten Wunsch.

Symbol

Die Erdbeere ist wegen ihrer dreiteiligen Blätter Symbol der Dreieinigkeit und wegen ihres niederen Wuchses auch Sinnbild edler Demut und Bescheidenheit. Die blutrote, nach unten geneigte Frucht wurde gelegentlich auch als Symbol für das vergossene Blut Christi, die fünfblättrige Blüte als Sinnbild der fünf Wunden Christi gedeutet. Die reife Frucht leuchtet blutrot und erinnert damit an die Lebensfrucht, wird auch als die Reife einer jungen Frau zur Mutterschaft gedeutet oder begegnet als Sinnbild der Weltlust.

Fallbeispiel

In der Pause bei einem Erzählabend lud mich ein junger Mann auf ein Glas Wein ein. Beim Zuprosten lächelte er mich an und sagte: »Ich bin begeisterter Fallschirmspringer und habe eine Vorliebe für Erdbeeren.« Wir plauderten über das Abenteuer des Fallschirmspringen und er erzählte Anekdoten. Nichtsdestotrotz ließ er eine verwirrte Erzählerin zurück, und ich dachte noch lange über seinen Anfangssatz nach. Vielleicht wollte er mir mit seinen Worten sagen: »Ich weiß, dass ich ein Grenzgänger bin und eine gewisse Todessehnsucht habe. Aber ich genieße sie in vollem Umfang und kann dann wieder ins Leben zurückkehren.«

Gruppenarbeit mit Märchen im Hospiz

Wie kann ich einem sterbenden Menschen Nähe, Zärtlichkeit, Zuwendung, Liebe und Vertrauen schenken und sein Vertrauen empfangen?

Der Sterbende sucht nicht nur den Körperkontakt, dass jemand seine Hand hält, ihn in den Arm nimmt oder Gesicht oder Arme streichelt. Auch durch die Wärme der Sprache oder des Blicks kann Liebe, Zuneigung und Sympathie vermittelt werden. Oft fällt es schwer, das Ende anzusprechen, oder es besteht große Hilflosigkeit. Und wie oft möchte man noch etwas Liebes sagen oder noch etwas fragen, fragt sich aber wie? Vielleicht ist noch etwas zu ordnen, woran der Sterbende nicht gedacht hat. Manchmal wohnen die Angehörigen weit entfernt oder es gibt gar keine mehr. Wer hört einem zu? Im Altenheim oder im Krankenhaus ist wenig Zeit dafür vorhanden. Wir vom Hospiz haben uns zur Aufgabe gemacht, dass keiner einsam sterben soll.

Da Märchen unsere Lebenswege beschreiben, die durch Krisen, Konflikte, Liebe, Leid, Sterben und Tod führen, sind sie eine hilfreiche Möglichkeit, einen leichteren Zugang zu den Menschen zu finden. Viele Märchen sind den Menschen von Kindheit an vertraut, und auch die persönliche Geschichte des sterbenden Menschen ist ein unverzichtbarer Bestandteil der Lebensbegleitung bis zum Tod. Es bedeutet, aufmerksam zu sein auf die Botschaften des Menschen, die bei der Fülle von Erinnerungen, Erlebnissen, Prägungen und Lebenserfahrungen auftauchen. Ich sehe meine Aufgabe darin, Erinnerungen an schöne und aktive Zeiten zu wecken und damit vertraute Gefühle zu erneuern. Aber auch konfliktreiche Erlebnisse, Ängste, Trauer, Hilflosigkeit, Wut, Enttäuschung, Selbstvorwürfe, Hass auf sich und andere, Selbstmitleid usw. können auftauchen und sollen zur Sprache kommen. Die Möglichkeit, darüber zu sprechen, birgt auch die Möglichkeit der Versöhnung.

Märchen eröffnen einen Einblick in die eigene Gefühls- und Erlebniswelt. Sie berühren die Seele des Menschen. Immer wieder durfte ich erleben, wie Trauernde und Sterbende in den Märchen Teile ihrer Persönlichkeit und Lebensgeschichte entdeckten. Die

Märchen zeigten ihnen Lösungswege auf und vermittelten Vertrautheit, Wärme und Geborgenheit in dem Wissen um ein gutes Ende. Trauernde und Sterbende erlaubten sich durch die Märchen, Gefühle zuzulassen, die sie vorher nie geäußert hätten. Ereignisse aus dem Leben wurden erzählt und gerne weitergegeben. Erinnerungsarbeit ist auch immer Trauerarbeit. Oft genügt es schon, wenn das Bedrückende ausgesprochen werden kann, um sich zu lösen oder zu verwandeln. Durch diese Erfahrungen und das Wissen über den einzelnen Menschen ist es möglich, eine individuelle würdevolle Sterbebegleitung zu leisten.

Auch die eigene Angst im Umgang mit Sterbenden konnte ich wahrnehmen und mithilfe der Märchen vieles für mich klären. Es gilt, aufmerksam zu sein und aktiv zuzuhören, was der Sterbende noch sagen will. Ebenso wichtig ist das Schweigen, Geschehenlassen und Beobachten, ohne vorschnell zu interpretieren. Wie im Märchen brauchen Geschichten und Lebensgeschichten Mitwisser, sonst würde die Erinnerung zerfallen. Mitteilen heißt mit dem anderen teilen, sowohl Freude als auch Leid. Oft schweigt der Sterbende auch am Ende seines Lebens, denn nur wer bei sich sein kann, kann auch im vollen Sinn beim anderen sein. In der Stille öffnen sich alle Sinne, und in dieser Stille kann eine Meditation, ein Gebet, Musik oder ein Märchen eine neue Anregung bringen. In meiner jahrelangen Arbeit im Hospiz war es mir immer ein Bedürfnis, den Sterbenden mit seinen ureigenen Qualitäten und Fähigkeiten zu begleiten und den letzten Weg mit diesem Menschen bis zu seinem Tod zu leben.

Märchen wurden mir bei der spirituellen Begleitung eine unverzichtbare Hilfe. Sie wirken heilsam und bewegen eigene Gedanken und Gefühle. Sie öffnen Ebenen, auf denen ehrliche und tiefe Gespräche entstehen. Durch das Erzählen und Zuhören entsteht eine Verbundenheit. Wenn uns die Worte gegenseitig berühren, verändert sich ohne Anstrengung etwas in uns, und ein tiefes Erleben entsteht.

Manchmal geht es nur darum, das Märchen zu hören, ohne weitere Worte. Hören und Stille. Auch das berührt und wärmt die

Seele. Früher war es vielleicht die Mutter, die dem Kind die Gutenachtgeschichte vorgelesen hat, heute können die Märchen hinüberführen in die andere Welt. Märchen als Wegbegleiter, die uns von Zuversicht sprechen. Abschiednehmen wandelt sich in annehmbares Loslassen. Einfach nur da sein.

Die folgenden Beispiele stammen aus einer Gruppenarbeit, die, von Hannelore Sommer geleitet, für ein Jahr in einem Seniorenheim durchgeführt wurde. Einmal pro Woche trafen sich acht bis zwölf Teilnehmer/innen im Alter von 70 bis 95 Jahren, um sich von Märchen berühren zu lassen.

1. Gruppenstunde

Einführung: Die Märchenfrauen der Brüder Grimm

Ich möchte Sie mit den Märchenfrauen bekannt machen, die überwiegend zur Märchensammlung der Brüder Grimm beigetragen haben, und Ihnen im Anschluss eine Märchenfrau aus der Märchenwelt vorstellen, die Ihnen sicher nicht unbekannt ist.

Zunächst also zu den »irdischen« Märchenfrauen. Die Bekanntschaft mit der »Märchenfrau« Dorothea Viehmann aus Zwehren bei Kassel war für die Brüder ein Glücksfall. Sie wurde 1755 in der »Knallhütte« geboren, war Gastwirtstochter und Schneidersfrau und hütete einen großen Schatz an alten Geschichten. Die meisten hatte sie in der Herberge, in der sie ihre Kindheit verbrachte, von durchreisenden Kaufleuten, Handwerksburschen, Fuhrleuten und Soldaten gehört. Ihre Erzählart war besonders, sicher und lebendig. Viele Beiträge der Grimm'schen Märchensammlungen gehen auf sie zurück, manches wurde sogar wörtlich beibehalten. Die »Viehmännin« entstammte einer Hugenottenfamilie, was den Einfluss französischer Kulturelemente in ihrem Märchenschatz erklärt. Lassen wir die Brüder Grimm persönlich zu Wort kommen: »Diese Frau, noch rüstig und nicht viel über fünfzig Jahr alt, heißt Viehmännin, hat ein festes und angenehmes Gesicht, blickt hell und scharf aus den Augen und ist wahrscheinlich in ihrer Jugend schön gewesen.« Oder: »Niemals ändert sie bei einer Wiederholung etwas in der Sache ab und bessert ein Versehen, sobald sie es bemerkt, mitten in der Rede gleich selber.« Sie war eine arme, aber gebildete Frau, die auch des Französischen in Wort und Schrift mächtig war.

Ganz in der Nähe der Grimm'schen Arbeitsstätte lag die Apotheke der Wilds. Dorothea Wild vermählte sich 1825 mit Wilhelm Grimm. Alle sechs Töchter Wild erzählten im Gartenhaus am Ofen Märchen. So konnte Wilhelm eine Reihe der schönsten und beliebtesten Geschichten, darunter »Hänsel und Gretel«, »Frau Holle« usw. aufschreiben. Gretchen Wild war neben dem Dienstmädchen Marie Müller die erste Erzählerin jener Märchen, die die Brüder Grimm schriftlich fixierten.

Auch Geschwister und Bekannte wurden zum Märchensammeln animiert. Ludwig Hassenpflug schreibt: »... Inzwischen war der noch lockere Verkehr meiner Schwester Marie mit Familie Grimm zu einem Kränzchen geworden.« Marie Hassenpflug erzählte den Brüdern Grimm über einen Zeitraum von zwanzig Jahren nicht nur an die zwanzig Märchen, sondern ermunterte auch ihre Familie zu Beiträgen, sodass insgesamt etwa fünfzig Märchen auf die Familie Hassenpflug zurückgehen, darunter »Dornröschen« und »Rotkäppchen«. Somit gebührt Marie Hassenpflug der Ehrenplatz unter den Märchenbeiträgern, den man bisher der »alten Marie« zugewiesen hatte. Lange Zeit identifizierte man eine »alte Marie« als Erzählerin. Wie der Märchenforscher Heinz Rölleke herausfand, ist die vermeintlich einfache hessische Frau jedoch eine damals erst 22-jährige, sehr gebildete Frau aus gutem Haus mit mütterlicherseits hugenottischer Abstammung gewesen, eben Marie Hassenpflug.

Wenden wir uns jetzt einem bekannten märchenhaften Wesen zu, der Melusine. Sie ist eine in ganz Europa verbreitete Sagengestalt und wird gewöhnlich als Frau mit Schlangen- oder Fischunterleib dargestellt, ähnlich einer Meerjungfrau. Sie ist ein weiblicher Wassergeist oder eine Wassergöttin, die sich den Sagen zufolge nur dann mit einem Mann vermählt, wenn sie einmal in der Woche für sich sein darf. Dieses Verbot wird natürlich gebrochen, und der Gemahl findet dann seine Frau im Bad oder Teich liegend vor, mit einem Fischschwanz.

Diese »Eheklausel« macht neugierig. Was treibt die Frau an diesem einen Tag in der Woche? Die Fantasie vermutet natürlich sofort etwas Dunkles, Unheimliches, das logischerweise gelüftet werden muss.

Gesprächsimpuls: Helle und dunkle Seiten des Leben

Wir alle begegnen solch dunklen Seiten im Leben. Die Bewohner der Gruppe erzählten von ihrer Kindheit. Unheimlich waren die tiefen schwarzen Wälder in Ostpreußen, erzählte eine Bewohnerin, oder der kilometerlange Schulweg durch tiefsten Schnee. Die meisten aber erzählten von ihrer glücklichen Kindheit. Wir hielten inne: War sie wirklich so schön? Oder erinnern wir uns nur lieber an schöne Dinge und vergraben die nicht so schönen? Ich sehe nur leuchtende Augen und strahlende Gesichter. Ist das der Weg, die dunklen Seiten leichter zu ertragen? Doch auch der Krieg ist immer wieder ein Thema, die Flucht.

»Wirklich unheimlich ist mir der Tod«, sagt Frau A., »daran darf ich gar nicht denken.«

Eine andere Bewohnerin, Frau Z., erzählt von ihrer Angst vor ihren letzten Lebenstagen. Sie leidet zeitweise unter starken Schmerzen, hat unheimliche Träume und vor allem Angst, dass ihr Sohn nicht da sein wird, da er beruflich ständig unterwegs ist. Mir fällt das Märchen »Die drei Spiegel der Zauberin« ein, und ich verspreche, es in der nächsten Gruppenstunde zu erzählen.

Gedanken

Über die Märchenarbeit öffnete sich ein erster Zugang in andere Welten. Erinnerungen an die Kindheit, in der Märchen ja häufig noch eine wesentliche Rolle spielten, wurden geweckt, und auch die dunklen Seiten, Ängste und Unsicherheiten konnten bereits thematisiert werden.

2. Gruppenstunde

Märchen: Die drei Spiegel der Zauberin, Flandern

Ein König hatte nur eine einzige Tochter. Diese aber war ebenso schön wie klug. Nach dem Tode ihres Vaters bestieg sie den Thron. Bald hatte ein Prinz aus einem benachbarten Königreich um ihre Hand angehalten. Sie aber sprach: »Ich werde nur den zum Gemahl nehmen, der drei Dinge zum Geschenk bringen wird: einen glänzenden Stern, einen silbernen Mond und eine glühende Sonne.« Der Königssohn dachte lange über ihre Worte nach, während er zu seinem Vater nach Hause ritt. Dort angekommen, erzählte er ihm, was die junge Prinzessin sich gewünscht hatte, und sprach: »Ich werde nun in die weite Welt hinausziehen und nach dem glänzenden Stern, dem silbernen Mond und der glühenden Sonne suchen.« Der Vater versuchte vergeblich, ihn zurückzuhalten. Und so zog der Königssohn fort.

Er reiste durch viele Länder und Königreiche, durch Städte und Dörfer und fragte überall nach den drei Dingen. Die reichen Menschen aber besaßen keine Weisheit, und die armen hatten keine Einsicht. Da wandte er sich um Rat an die Vagabunden, Zauberinnen und Zauberer, die, verachtet von Reich und Arm, durch die Welt zogen, denn er hatte erkannt, dass sie die wahre Lebensweisheit besaßen. Aber auch sie konnten ihm nicht weiterhelfen.

Eines Abends wanderte er an einer armseligen Hütte ganz am Ende eines Dorfes vorbei. Plötzlich vernahm er von dort Seufzen und Stöhnen. Als er eben in die Hütte hineingehen wollte, hielt ihn ein Mann am Ärmel fest und sprach: »Geh da nicht hinein, Freund, da drinnen stirbt eine Zauberin, eine Hexe!« Der Prinz aber achtete nicht auf die Worte und ging in die Hütte hinein. Da lag in der Tat eine Zauberin auf einem Haufen getrockneter Blätter im Sterben. Sie wandte mühsam den Kopf nach ihm und sprach mit schwacher Stimme: »Schon so lange warte ich auf dich. Du kommst sehr spät. Du sollst die Dinge bekommen, die du suchst. Unter einer Bedingung will ich dir dazu verhelfen. Höre: Wenn mein Leben zu Ende sein wird, dann nimm meine Hand in die deine und mache die Zeichen des Kreuzes über mir. Dann aber wirf den Inhalt dieser Flasche nach dem Fußende des Bettes, denn dort harrt der Teufel auf meine Seele.«

Der Königssohn willigte ein und nahm die Flasche an sich. Er erkannte, dass sie mit Weihwasser gefüllt war. Die Hexe richtete sich ächzend auf und holte unter den Blättern, auf denen sie ruhte, drei silberne Spiegel hervor. Dann sprach sie: »Öffne das Fenster! Ich muss der Sonne, dem Mond und den Sternen in ihrem Lauf folgen können. Und nun komm und gib mir deine Hand!« Die Zauberin begann nun mit der anderen Hand allerlei seltsame und wunderbare Zeichen auf den ersten Spiegel zu schreiben und murmelte dabei merkwürdige Worte. Nach einigen Augenblicken zeigte sich ein heller Punkt auf dem Spiegel, der immer größer und stärker wurde, bis schließlich ein Stern darin glänzte, dass es nur so eine Pracht war. »Das ist das Eine«, sprach die Zauberin.

Sie nahm daraufhin den zweiten Spiegel und begann wiederum dieselben Zeichen zu schreiben und dieselben Worte zu murmeln. Jedoch dauerte alles diesmal viel länger als beim ersten Male. Endlich aber breitete sich auf dem zweiten Spiegel ein silberner Glanz aus. In dem Spiegel lag der Widerschein des silbernen Mondes. »Das ist das Zweite«, sprach die Zauberin.

Der Jüngling sah, dass sie mit dem Tode rang. Schweiß rann in dicken Tropfen von ihrer Stirn, und ihr Atem war keuchend. »Warum bist du nur so spät gekommen«, jammerte sie, »nun weiß ich nicht, ob ich den letzten Zauber noch vollbringen kann.« Sie nahm den dritten Spiegel, schrieb mit letzter Kraft die Zeichen und murmelte die Worte. Alles dauerte diesmal noch viel länger als die beiden ersten Male. Mit klopfendem Herzen sah der Königssohn zu. Der Angstschweiß brach ihm aus, und sein Gesicht war so bleich wie das der sterbenden Hexe. Endlich, endlich aber war der Zauber vollendet, und in dem dritten Spiegel lag die glühende Sonne. Die Zauberin reichte ihm den Spiegel und sprach: »Mein Herz bricht. Denk an dein Versprechen.«

Als die Zauberin verschied, machte der Jüngling das Zeichen des Kreuzes über ihr und warf das Weihwasser nach der Stelle, wo der Teufel hocken musste. Da flog ein schwarzes Ungeheuer neben ihm mit einem schrecklichen Fluch aus dem Fenster. Es war der Teufel, der vergeblich gewartet hatte. Das Zimmer aber war voll Gestank nach Pech und Schwefel. Der Königssohn zog von dannen mit seinen drei Spiegeln, darin der glänzende Stern, der silberne Mond und die glühende Sonne eingefangen waren. Als er sie der jungen Prinzessin überbrachte, verwunderte diese sich sehr, und die Hochzeit ward in aller Pracht gefeiert.

Gesprächsimpuls: Was wünschen wir uns für unseren Abschied?

Frau Z.: »Ja, so wünsche ich es mir auch. Ich hoffe, mein Sohn kommt nicht zu spät.«

Auch die anderen Bewohner wünschen sich, nicht allein sein zu müssen, wenn sie sterben. (Es ist Aufgabe der Pflegekräfte, dafür zu sorgen, dass niemand allein sterben muss, Hospizmitarbeiter/innen stehen Tag und Nacht zur Verfügung.)

Gedanken

Es war ein intensiver und reger Austausch, bei dem die Wünsche die Ängste überwogen. Gerade die Sicherheit im Märchen, dass die Zauberin ihr letztes Werk vollbringen konnte, bestärkte auch die Bewohner in ihren Hoffnungen. Manchmal sprach ich mit Frau Z. noch allein über das Märchen. Als ihre letzten Tage kamen, wurde der Sohn rechtzeitig gerufen. Er nahm sich Urlaub und begleitete seine Mutter bis zum Tod.

3. Gruppenstunde

Die Gruppenstunde begann mit einem Rätsel, um das Thema der Stunde zu finden:

Es rate, wer da will:
Ich laufe und steh doch still.
Ich gehe gerne aus.
Und bleibe doch zu Haus.

Da es keiner erraten konnte, stellte ich eine Kerze in die Mitte und erzählte dann das philippinische Märchen.

Märchen: Was die Menschen brauchen, Philippinen

Ein König hatte zwei Söhne. Als er alt wurde, wollte er einen der beiden zu seinem Nachfolger bestellen. Er versammelte die Weisen seines Landes und rief seine Söhne herbei. Er gab jedem der beiden fünf Silberstücke: »Füllt für dieses Geld die Halle in unserem Schloss. Womit, das ist eure Sache«

Der Älteste ging davon. Er kam an einem Feld vorbei. Dort waren die Arbeiter dabei, das Zuckerrohr zu ernten und in einer Mühle auszupressen. Das ausgepresste Zuckerrohr lag nutzlos umher. »Das ist eine günstige Gelegenheit, die Halle zu füllen.« Bis zum Nachmittag war es geschafft. Der älteste Sohn ging zu seinem Vater: »Ich habe die Aufgabe erfüllt. Auf meinen Bruder brauchst du nicht zu warten. Mach mich zu deinem Nachfolger.«

»Es ist noch nicht Abend. Ich werde warten.«

Bald darauf kam auch der jüngere Sohn. Er bat darum, das Zuckerrohr zu entfernen. Nachdem das geschehen war, stellte er mitten in die Halle eine Kerze und zündete sie an. Ihr Schein füllte die Halle bis in die letzte Ecke.

»Du sollst mein Nachfolger sein. Du hast nicht einmal ein Silberstück benötigt und sie mit Licht gefüllt. Das ist es, was wir Menschen brauchen.«

Gesprächsimpuls: Licht / Kerze

Zu welchen Anlässen zünden wir Kerzen an? Es werden Feierlichkeiten genannt, von der Taufe bis zum Tod und zum Begräbnis. Eine Frau erzählte ihre Erlebnisse von den Kriegszeiten, wenn der Strom abgeschaltet wurde und sie Kerzen anzündeten, solange der Vorrat reichte. Es wurde über Weihnachten gesprochen. Über die Lichter am Tannenbaum.

Frau L. erzählte von der Beerdigung ihres Sohnes. Ihre Stimme erstickte fast beim Sprechen. Aber sie erzählte uns alles, was sie uns anvertrauen wollte. Sie war sehr betroffen und weinte. Ihre Nachbarin nahm sie in den Arm. Alle waren bei ihr und begleiteten sie in der Stille. Nach einer kurzen Zeit konnte sie wieder richtig atmen und sprechen. Sie erzählte, wie furchtbar es war, nicht bei ihrem Sohn gewesen zu sein. Er lag im Krankenhaus, und man hatte sie erst am anderen Morgen, als er bereits tot war, benachrichtigt. »Als ich ihn sehen wollte, führte man mich in den Keller des Krankenhauses, durch eine Bettendesinfektionsabteilung bis zu einem Raum, der kein Fenster hatte und muffig roch. Es war wie in einem Gruselkabinett. Dort war mein Sohn aufgebahrt.« »Gott sei Dank ist es heute nicht mehr so«, sagt eine Bewohnerin.

Wir sprachen gemeinsam über unsere Vorstellungen vom »Danach«. Im Seniorenheim war ein Verabschiedungsraum im Erdgeschoss eingerichtet und eine festliche Verabschiedung / Aussegnung des Verstorbenen, an dem Bewohner, Angehörige, Freunde, Mitarbeiter etc. teilnehmen konnten, fand für jeden Verstorbenen statt. Wir sprachen über die feierlichen Verabschiedungen, über die Kleidung im Grab, die schon bereitlag, über Lieblingsblumen und Lieblingslieder zur Feier. Weitere Wünsche waren: »Nicht allein sein beim Sterben.« » Keine Schmerzen haben müssen.« »Im eigenem Bett und im eigenen Zimmer sterben dürfen.« »Abends einschlafen und morgens nicht wieder aufwachen.« »Nicht lange leiden müssen.« »Nicht an Maschinen und an Schläuchen hängen müssen. Es muss schnell vorbei sein.« »Nicht noch ins Krankenhaus zum Sterben eingeliefert werden.« »Meinen Kindern nicht zu lange zur Last fallen, die bezahlen nämlich auch einen Teil für mich.«

Ich schrieb die Wünsche jedes einzelnen Bewohners auf einen Zettel und versprach, dass sich diese Wünsche erfüllen lassen. Es war für sie wie eine Erleichterung. Eine Frau sagte: »Jetzt kann ich bestimmt gut schlafen.« Zum Schluss sangen wir auf Wunsch einer Bewohnerin: »Lang, lang ist's her.«

Gedanken

Ich erlebe immer wieder, wie wichtig es für ältere Menschen ist, über ihre letzte Lebenszeit, Verabschiedung, Sorgen und Bedürfnisse zu sprechen. Oft ist es für sie einfacher, sich einer neutralen Person gegenüber zu äußern, da diese emotional weniger beteiligt ist. Kein Sterbender möchte seine eigene Familie noch mehr belasten. Auch die Angehörigen tun sich oft schwer damit, weil sie den Sterbenden nicht verletzen möchten. Sie verbergen ihre eigenen Gefühle und geben sich unbefangen und heiter. Das Märchen um das Licht, das jeder braucht, entzündete sich in den Augen der Teilnehmer/innen und ermöglichte einen echten Austausch über das, was sie jetzt brauchen.

Fallbeispiel

Ein Ehemann, der an den Gruppengesprächen teilnahm und mit seiner schwerkranken Frau in einem Zimmer zusammenlebte, sagte mir: »Ich weiß, dass meine Frau bald sterben wird, aber meine Tochter weiß es nicht, sie könnte es nicht ertragen.« Bei einem Abend mit Angehörigen erzählte mir die Tochter, dass sie weiß, dass ihre Mutter bald sterben wird, aber sie verschone Vater und Mutter damit. Alle wussten Bescheid, aber keiner hatte den Mut, mit dem anderen zu reden. Ich erzählte ihr von unserer Gruppenstunde und wie sich ihr Vater geäußert hatte. Sie war sprachlos und konnte es kaum glauben. Ich ermutigte nun die Tochter zu einem gemeinsamen Gespräch. Nach dem Tod der Mutter waren alle dankbar, die letzten Wünsche erfüllt zu haben. Sie liebten sich, die Tochter ihre Mutter und umgekehrt, und doch berührten sie einander nicht. Wie weit die Menschen doch voneinander entfernt sind, und jene, die einander lieb haben, sind es oft am weitesten. Was macht diese Angst aus, aufeinander zuzugehen?

Begleitung am Ende des Lebens mit Offenheit, Trost und Zuspruch ist unverzichtbar. Wir wissen, dass das menschliche Ohr bis zuletzt erreichbar und aufnahmefähig für wahre Worte ist, für Zuversicht, Mut und Liebe. Durch die Märchen entstand eine neue Offenheit bei der Familie. Endlich über den Tod zu sprechen, war durch die Märchen möglich geworden und ein großes Geschenk für alle Beteiligten.

4. Gruppenstunde

Märchen: Das Paradies der Tiere, H. Berger

Ein armes altes Pferd stand mit seinem Wagen träumend vor der Tür eines elenden Wirtshauses. Es regnete, Mitternacht war nahe. Das arme dürre Pferd wartete todtraurig mit herabgesunkenem Kopf und schwachen Beinen. Diese Nacht nun träumte ihm von einem kleinen Füllen, das es einmal gewesen war, von einer Wiese, auf der es, noch ganz rosig, seine Sprünge gemacht hatte, und von seiner Mutter, die ihm zu trinken gegeben hatte. Da stürzte das alte Pferd plötzlich tot hin auf das schmutzige Pflaster. Das Pferd kam an das Tor des Himmels. Ein großer Weiser stand davor und wartete, dass Sankt Petrus käme und ihm öffne. Er sagte zu dem Pferd: »Was willst du denn hier? Du hast kein Recht, in den Himmel zu kommen.«

Das alte Pferd erwiderte ihm: »Meine Mutter war eine liebe Stute. Sie war alt und ausgesogen von den Blutsaugern, als sie starb. Ich komme jetzt, um den lieben Gott zu fragen, ob sie hier ist.«

Da öffnete das Tor des Himmels seine beiden Flügel, und das Paradies der Tiere lag vor ihnen. Das alte Tier erkannte sogleich seine Mutter, und auch diese erkannte es, und sie begrüßten einander wiehernd. Da sie nun beide auf der großen himmlischen Wiese standen, hatte das Pferd eine große Freude, denn es erblickte all seine Gefährten aus dem einstigen Elend wieder, und es sah, dass sie für immer glücklich waren.

Alle waren da: die, die ausgleitend und stolpernd einst auf dem Pflaster der Städte Steine geschleppt hatten und lahm geschlagen vor den Lastwagen zusammengebrochen waren. Die waren da, die mit verbundenen Augen zehn Stunden am Tag im Karussell die Holzpferde gedreht hatten, und die Stuten, die bei den Stierkämpfen an den jungen Mädchen vorbeigerast waren. Und alle gingen nun in Ewigkeit über das große Gefilde der göttlichen Stille. Alle Tiere waren glücklich. Zierlich und geheimnisvoll, selbst dem lieben Gott, der ihnen lächelnd zusah, ungehorsam, spielten die Katzen mit dem Knäuel Bindfaden, den sie mit leichter Pfote weiterrollten. Die Hündinnen, die guten Mütter, verbrachten ihre Zeit damit, ihre winzigen Jungen zu säugen. Die Fische schwammen ohne Angst vor dem Fischer dahin. Der Vogel flog, ohne den Jäger zu fürchten. Und so war alles. Und nicht einen Menschen gab es in diesem Paradies.

Gesprächsimpuls: Das himmlische Paradies

Unser anschließendes Gespräch handelte anfangs von einem Hund, der gestorben war. »Aber der wurde bei uns immer gut behandelt«, sagte Frau T. Wir sprachen vom Tod und der Hoffnung, wenn alles vorbei ist, ins himmlische Paradies zu kommen.

Obwohl einige nicht gläubig waren, wollten doch alle ins Paradies. Es war noch niemand dort gewesen, der uns etwas über das Paradies sagen konnte, also malten wir uns unser eigenes Paradies in Gedanken aus. Alle hofften, dass Gott die Fehler verzeihen wird. Ich beobachtete Frau Z., die sehr ruhig und nachdenklich wirkte. Nachdem unsere Stunde beendet war, bat sie mich um ein Einzelgespräch.

Einzelgespräch

»Ich möchte Ihnen etwas anvertrauen«, sagte sie. »Ich musste an meine Mutter denken. Als Kind empfand ich meine Mutter als sehr streng. Sie drohte und schimpfte oft mit mir, und ich wünschte einmal in meiner Verzweiflung, sie möge sterben, damit sie mich in Ruhe lässt. Drei Wochen später starb sie. Ich fühle mich noch bis heute schuldig. Im Nachhinein erfuhr ich, dass meine Mutter damals sehr krank war und starke Schmerzen hatte.

Keiner hatte mir etwas davon gesagt. Heute weiß ich, dass ihre Ausbrüche mit den Schmerzen zusammenhingen. Ich hoffe, dass ich trotzdem in den Himmel komme und sie mir verzeiht.«

Wir sprachen noch lange und immer wieder darüber. Kurz bevor sie starb, las ich ihr auf ihren Wunsch das Märchen noch einmal vor. Sie sagte: »Bald werde ich meine Ruhe finden.«

Gedanken

Die Wörter Sterben und Tod, das anfangs in der Gruppe vermieden wurden, konnten jetzt durch die Beschäftigung mit den Märchen offen ausgesprochen werden. Frau Z. hatte es sehr nachdenklich gestimmt, ein Leben lang mit einem Schuldgefühl zu leben, und sie versuchte es zu verarbeiten. In der Gruppe wussten die Teilnehmer/innen, dass sie bald sterben werden, und sie sprachen jetzt offen über ihre Ängste und Ahnungen. Der anfangs forschende Blick der Gruppenteilnehmer wurde ein ruhender Blick in Vertrautheit und Gemeinschaft.

Im Laufe der Jahre habe ich gelernt zu erspüren, wie weit ich Gefühle Sterbender aufnehmen kann und darf. Ich glaube, das Wichtigste ist, nur auf die Fragen einzugehen, die sie von sich aus ansprechen. Eine zu große Offenheit kann auch zur Überforderung werden, und eine kleine Hoffnung muss immer bleiben, denn ohne Hoffnung ist kein Leben möglich. Diese Hoffnung geben auch die Märchen. Eine Lebensrückschau, das Aufarbeiten von Unerledigtem und auch die Hoffnung können sich durch Märchen und Geschichten entwickeln.

5. Gruppenstunde

Märchen: Die Alte und das Feuer, Provence

Einst geriet Gottvater in großen Zorn über die Menschen, denn sie hielten sich nicht an seine Gebote. Herzlos gingen sie miteinander um, und sie betrogen und belogen einander, dass es nur so eine Art hatte. Lange, lange Zeit schon hatte der Herr dies alles in seiner großen Güte und Geduld ertragen. Aber nun war es auch ihm zu viel geworden, denn jetzt wagten die Menschen gar, die heilige Fastenzeit zu verletzen, und aßen, tranken, sangen und feierten nach Herzenslust. Der Braten- und Weinduft drang bis in den Himmel hinauf, und die Wände der heiligen Hallen erzitterten von wilden Gesängen. Da sprach endlich der Allerhöchste: »Ich will die Menschheit um ihrer Sünden willen bestrafen. Fortan sollen die Menschen kein Feuer mehr besitzen!« Da hob aus der Erde ein Jammern und ein Klagen unter den Menschen an. Mussten sie nun das Fleisch roh verzehren und konnten auch kein gekochtes Gemüse mehr essen. Nicht einmal ein Pfeifchen konnten sie mehr rauchen und kein Brot und keinen Kuchen mehr backen.

Die Erde wurde traurig wie das Grab. Sie war wie ein Leib ohne Seele. Die Menschen gingen trübsinnig umher, und so war es nicht weiter verwunderlich, dass auch ihre Lieder verstummten und schließlich auch die Liebe erlosch. Trotz seiner unermesslichen Weisheit hatte Gottvater dies nicht alles vorhergesehen. Das Allerschlimmste aber für ihn war, dass sich die Menschen weniger denn je um Religion kümmerten.

Da scharte Gott, der Herr, alle Engel und Heiligen um sich und fragte sie um Rat, was hier zu tun sei. Lange schwiegen die himmlischen Heerscharen. Endlich aber erhob sich der schöne, lichte Gabriel und sprach: »O Herr, wenn Ihr gestattet, so lasst mich hinab zur Erde gehen. Als Feuerverkäufer möchte ich zu den Menschen gehen und ihnen meine Ware auf dem Markt feilhalten. Sie werden kommen und mir dafür all ihre Schätze anbieten, denn groß ist ja ihr Verlangen danach. Ich werde ihnen aber kein Fünkchen Glut geben, wenn sie mir nicht versprechen, von nun ab ein frommes und sündenfreies Leben zu führen. Wer mir aber solches gelobt, dem will ich das Feuer schenken.« Alle Versammelten bewunderten Gabriels große Klugheit und klatschten laut Beifall. Mit vielen Segenswünschen wurde er zur Erde hinabgesandt.

Groß war die Freude der Menschen, als sie den Feuerverkäufer erblickten. Groß aber war auch ihre Bestürzung, als jener sprach: »Verkäuflich ist mir das Feuer nicht, aber wenn ihr ein Leben in Vollkommenheit und Gottesfurcht gelobt, so schenke ich es euch.« Niemand wagte, solches zu geloben. Zu gut kannten sie sich selbst, und zu gut wussten sie um ihre Schwächen und Sünden. Als die Nacht hereinbrach, wollte der Engel traurig ins Paradies zurückkehren. Doch da humpelte eine alte Frau auf seinen Marktstand zu. Sie war gezeichnet von Armut und Alter.

»Gebt mir doch nur ein winziges Fünkchen von Eurem Feuer!«, bettelte sie. Dabei berührte sie mit ihrem Stock ein brennendes Stück Kohle. Gabriel antwortete ihr und sprach, was er allen anderen Menschen zuvor schon gesagt. Nachdenklich berührte die Alte ein zweites Stück Kohle mit ihrem Stock. Noch einmal bat und bettelte sie, doch Gabriel sprach, er könnte ihr nichts von dem Feuer geben, wenn sie nicht ein vollkommenes, sündenfreies Leben gelobte. Unterdessen hatte die Alte ein drittes Stück brennender Kohle mit ihrem Stock berührt. Dann ging sie murrend hinweg.

Der Engel kehrte seufzend ins Paradies zurück, um dort von seinem Missgeschick zu berichten. Wie aber wunderten sich Gottvater und alle Bewohner des Himmels, als auf einmal Bratenduft und Pfeifenrauch und laute fröhliche Gesänge zu ihnen emporstiegen. Was war geschehen? Gabriel war ein Opfer der Weiberlist geworden: Die Alte hatte so viel Glut mit ihrem Stock aufgefangen, wie für ihren heimischen Herd notwendig war. Weil Gabriel nicht daran gedacht hatte, dass ihr Stock aus Holz war, konnte sie damit ein schönes Feuer entfachen und allen Nachbarn und allen Menschen das Feuer bringen.

Gabriel wollte sich erbosen in seinem Zorn, denn er war gekränkt in seinem Stolz. Der Allermächtige aber hielt ihn zurück und lachte von Herzen. In seiner unendlichen Güte vergab er der alten Frau und der ganzen Menschheit und ließ sie das Feuer behalten und freute sich, wenn Lieder zu seinem Lob und Preis erklangen.

Gesprächsimpuls: Weiberlist

War Gabriel ein Opfer der Weiberlist geworden? »Ja schon, die Frau war mutig.« Durch die Entbehrungen kamen die Menschen wieder zu sich. Es ist wie in schlechten Zeiten, damals im Krieg, da hielten die Menschen auch besser zusammen. Die Menschen hatten sich gebessert, waren dankbar geworden und glaubten wieder an Gott. Wer kann schon von sich behaupten, ein frommes und sündenfreies Leben gelebt zu haben?

»Das hätte meine Mutter sein können«, sagte Frau F., »sie hat beim Umschwung nach dem Krieg, als es nichts zu essen gab, aus einer Miete Kartoffeln geklaut. Mein großer Bruder war dabei. Wir anderen Geschwister warteten. Endlich kamen sie. Sie erzählten, dass meine Mutter so getan hätte, als ob sie nicht ganz normal wäre. Sie schrie und randalierte, sodass sie sie mit den Kartoffeln gehen ließen.«

Einzelgespräch

Frau E., eine Bewohnerin aus unserer Gruppe, bekam eine Schenkelhalsfraktur und konnte sich nach der OP nicht mehr erholen. Sie wurde bettlägerig. Ich besuchte sie regelmäßig. Frau E. war in Ostpreußen geboren. Als junges Mädchen musste sie im Krieg mit dem Vater und zwei weiteren Geschwistern nach Berlin flüchten, die Mutter war vorher gestorben. Vier ihrer Kinder waren im Krieg gefallen, und Frau E. war sich sicher, dass die Mutter durch den Verlustschmerz erkrankte und starb. »Das war eine schlimme Zeit«, erzählte sie, »wir Kinder hatten nichts zu essen und mussten hungern. Kriege sind schon etwas Schreckliches. Was wurde den armen Menschen da alles angetan. Ich könnte ein Buch davon schreiben. Mir geht es jetzt genauso wie damals: Ich möchte am liebsten sterben.« Sie wurde unruhig, nervös und traurig. Doch dann bat sie mich, ihr noch einmal das Märchen »Die Alte und das Feuer« zu erzählen. Beim letzten Satz, »In seiner unendlichen Güte vergab er der alten Frau und der ganzen Menschheit und ließ sie das Feuer behalten und freute sich, wenn Lieder zu seinem Lob und Preis erklangen«, wurde sie merklich ruhiger. Sie atmete wieder gleichmäßig, schaute mich an und lächelte. »Vielleicht gibt es ja doch noch einen lieben Gott.«

Am nächsten Tag war Frau E. müde und schwach. Ihre Nasenspitze war weiß. Ihre Atmung schwer. Ihr Blick war schon in die Ferne gerichtet. Sie strahlte ein gewisses Maß an Frieden und Gleichmut aus, und ich sah, dass sie nicht mehr lange leben wird. Ich nahm ihre Hand und sprach ein Gebet:

> Herr, ich weiß, dass Du mich liebst,
> dass mein Sterben genauso in Deinen Händen liegt
> wie mein Leben.
> Ich will glauben, dass alles,
> so wie es kommt, in Deine Liebe eingeschlossen ist.
> So wie Du es fügst, wird es gut sein für mich.
> Hilf mir, Deinen Willen zu verstehen und anzunehmen.
> Hilf mir, täglich bereit zu sein, wenn Du mich rufst.
> Lass mich versöhnt mit Dir sterben,
> in der Hoffnung, dass Du mir alles zum Guten wendest.
> Herr, Dein Wille geschehe.
> Amen.
>
> (Gotteslob 12)

Frau E. drückte meine Hand, und ich nickte ihr zu. Sie starb am Abend in meinem Beisein.

Gedanken

Ich habe erfahren, dass viele alte Menschen erst aufmerksam sind, wenn man sie ermutigt, wenn sie merken, dass man echtes Interesse für sie zeigt. Durch die laufenden Märchengruppenstunden wuchs das Vertrauen jedes Einzelnen, und es war immer wieder ein Geschenk, durch ein Märchen in die persönliche Biografie eintauchen zu dürfen. Es berührt mich tief, Menschen auf ihrem Weg zu begleiten. Bei Frau E. konnte ich dieses tiefe Glücksgefühl sehen, das sich im Sterbeprozess immer dann einstellte, wenn ich ein Märchen erzählte oder mit ihr betete.

6. Gruppenstunde

Ich bereite den Tisch vor. Weißes Tischtuch, Kerzen, selbstgebackene Kekse und Tee mit feinem Teegeschirr. Im Mittelpunkt eine zerbrochene Teekanne, in die ich eine kleine Rose eingepflanzt hatte.

Märchen: Die Teekanne, H. C. Andersen

Es war einmal eine stolze Teekanne, stolz auf ihr Porzellan, stolz auf ihre lange Tülle, stolz auf ihren breiten Henkel; sie hatte etwas vorne an und hinten an, den Henkel hinten, die Tülle vorn, und davon sprach sie; aber sie sprach nicht von ihrem Deckel, der war zerbrochen, der war gekittet, der hatte einen Fehler, und von seinen Fehlern spricht man nicht gerne, das tun die andern genug. Tassen, Sahnekännchen und Zuckerdose, das ganze Teegeschirr würde wohl mehr an die Gebrechlichkeit des Deckels denken und von der sprechen als von dem guten Henkel und der ausgezeichneten Tülle, das wusste die Teekanne.

»Ich kenne sie!«, sagte sie zu sich selber. »Ich kenne auch wohl meine Mängel, und ich erkenne sie, darin liegt meine Demut, meine Bescheidenheit, Mängel haben wir alle, aber man hat doch auch Begabung. Die Tassen erhielten einen Henkel, die Zuckerdose einen Deckel, und ich erhielt noch ein Ding voraus, das sie niemals erhalten, ich erhielt eine Tülle, die macht mich zur Königin auf dem Teetisch. Der Zuckerschale und dem Sahnekännchen ward es vergönnt, die Dienerinnen des Wohlgeschmacks zu sein, aber ich bin die Gebende, die Herrschende, ich verbreite den Segen unter der durstenden Menschheit; in meinem Innern werden die chinesischen Blätter mit dem kochenden geschmacklosen Wasser verbunden.«

All dies sagte die Teekanne in ihrer unternehmenden Jugendzeit. Sie stand auf dem gedeckten Tisch, sie wurde von der feinsten Hand erhoben. Aber die feinste Hand war ungeschickt, die Teekanne fiel, die Tülle brach ab, der Henkel brach ab, der Deckel ist nicht wert, darüber zu reden; es ist genug von ihm geredet. Die Teekanne lag ohnmächtig auf dem Fußboden; das kochende Wasser lief heraus. Es war ein schwerer Schlag, den sie erhielt, und das Schwerste war, dass sie lachten; sie lachten über sie und nicht über die ungeschickte Hand.

»Die Erinnerung kann ich nicht loswerden!«, sagte die Teekanne, wenn sie sich später ihren Lebenslauf erzählte. »Ich wurde Invalide genannt, in eine Ecke gestellt und tags darauf an eine Frau fortgeschenkt, die um Küchenabfall bettelte; ich sank in Armut hinab, stand zwecklos, innerlich wie äußerlich; aber da, wie ich so stand, begann mein besseres Leben; man ist das eine und wird ein ganz anderes. Es wurde Erde in mich gelegt; das heißt für eine Teekanne, begraben zu werden; aber in die Erde wurde eine Blumenzwiebel gelegt; wer sie hineinlegte, wer sie gab, das weiß ich nicht; gegeben wurde sie, ein Ersatz für die chinesischen Blätter und das kochende Wasser, ein Ersatz für den abgebrochenen Henkel und die Tülle. Und die Zwiebel lag in der Erde, die Zwiebel lag in mir; sie wurde mein Herz, mein lebendes Herz; ein solches hatte ich früher nie gehabt. Es war Leben in mir, es war Kraft, viel Kraft; der Puls schlug, die Zwiebel trieb Keime; es war, wie um zersprengt zu werden von Gedanken und Gefühlen; sie brachen auf in einer Blüte; ich sah sie, ich trug sie, ich vergaß mich selber in ihrer Herrlichkeit; gesegnet ist es, sich selber in anderen zu vergessen! Sie sagte mir nicht Dank; sie dachte nicht an mich – sie wurde bewundert und gepriesen. Ich war froh darüber, wie musste sie es da sein! Eines Tages hörte ich, dass gesagt wurde, sie verdiene einen besseren Topf. Man schlug mich mitten entzwei; das tat gewaltig weh, aber die Blume kam in einen besseren Topf – und ich wurde in den Hof hinausgeworfen – liege da als ein alter Scherbenhaufen – aber ich habe die Erinnerung, die kann ich nicht verlieren.«

Gesprächimpuls: Gebrechen

Ist es denn nicht oft so, dass die Menschen nur die »Gebrechen« sehen und gar nicht ahnen, wie es drinnen in einem aussieht und wie jung man mal war und wie schön?

Was man alles erlebt hat, gelernt und erfahren, und wer man wirklich ist und was man wirklich fühlt?

Durch die gemütliche Atmosphäre entstand bald eine angeregte Unterhaltung. Es wurde viel aus der Vergangenheit erzählt. Von der Jugend, von Liebe, von Hochzeit und Schmerz. Wir stellten fest, welch unterschiedliche Erfahrungen jeden Einzelnen durch das Leben geführt haben. Manches gelang, anderes misslang, Freude und Schmerz wechselten einander ab. Und wir waren uns alle einig, dass das Leben dennoch reich ist. Lebenserfahrungen haben zwei Seiten, und beide Seiten haben ihren Sinn. Zum Glück gehört das Unglück, zur Geburt das Sterben. Alles hat seine Zeit. Die hübsche, kaputte Schale, die unseren Tisch schmückte, erinnerte an Vergehen und die Rose an neues Entstehen, an ein Weiterleben in unseren Kindern.

Gedanken

Wer über persönliche Erfahrungen spricht, macht sich angreifbar und verletzbar. Es kann auch die Angst entstehen, dass die gewonnene Vertraulichkeit zerbrochen wird. Es braucht das richtige Verhältnis zwischen Nähe und Distanz. Das Gesagte wird lebendig, Unausgesprochenes belastet bis zuletzt. Der Sterbende möchte Bilanz ziehen, Wünsche, Sehnsüchte, Brüche in Beziehungen usw. wollen ausgesprochen werden.

Fallbeispiel

Ich wurde als Hospizmitarbeiterin zu Frau W. gerufen. Sie lag in der Finalphase auf der Palliativstation eines Krankenhauses. Ich wusste nichts von ihr, nur, dass sie oft sehr unruhig war. Durch eine Nasensonde wurde sie mit Sauerstoff versorgt.

Das Zimmer war hell und freundlich eingerichtet. In Blickrichtung schaute man auf ein großes gerahmtes Bild mit einer herrlichen Blumenwiese. Eine gegenseitige verbale Kommunikation war mit Frau W. nicht mehr möglich. So erzählte ich ihr, wer ich bin und dass ich, wenn sie möchte, auch bei ihr bleiben würde. Sie drückte meine Hand. So blieb ich bei ihr, hielt ihre Hand und kühlte ihre heiße Stirn. An diesem Tag hatte sie Geburtstag. Die Schwester bat mich, ihre Lieblings-CD leise zu spielen (»Träumerei« von Schumann). Ich spürte, dass sie in sich ruhte, so waren nur meine Gedanken bei ihr.

Nichts tun können, nur aushalten, nicht einmal mehr zuhören, nur die Atmung hören, den Pulsschlag fühlen; das ist oft schwer auszuhalten. Noch dazu erinnerte mich Frau W. an meine Mutter. Ich spürte in mir ein Chaos von Gefühlen aufsteigen. Wie verarbeite ich als Sterbebegleiterin meine eigenen Gefühle?

Wenn Frau W. schlief, verarbeitete ich meine Gefühle mit kleinen Haikus. Haikus sind japanische Kurzgedichte, die in der verbreitetsten Form aus drei Zeilen bestehen und eine vorgeschriebene Silbenzahl haben.

Das Haiku geht von einem konkreten Gegenstand oder einer konkreten Situation aus und sollte sich von einem Pol zum anderen bewegen, also dialektisch aufgebaut sein. 1. Zeile – 5 Silben, 2. Zeile – 7 Silben, 3. Zeile – 5 Silben Wenn ich die Haikus im Nachhinein lese, sehe ich Frau W. vor mir, sie ist mir unvergesslich. Obwohl die Begleitung nur zwei Tage dauerte, war sie tief und innig.

Deine Zeit vergeht.
Ruhige Atemzüge
durchströmen den Raum.

Deine Melodie
schwebt zart für dich durchs Zimmer.
Schenkt auch mir Frieden.

Fasse deine Hand.
Du ahnst, wie es um dich steht.
Du bist nicht allein.

Ein Boot – Zuversicht –
trägt dich in die neue Welt,
ohne Angst und Qual.

Nun sitze ich hier,
male mir dein Leben aus,
kann es nicht fassen.

Berühre dich sanft.
Willst du, dass ich bei dir bin,
nur so, als Fremde?

Unter meiner Hand
verfärbt sich schon deine Haut.
Ein letztes Zeichen?

Erinnerungen.
O_2-Nasensonde.
Tränen versiegen.

Wie nah oder fern
siehst du die andere Welt?
Ist sie warm und weich?

Ich kenne dich nicht.
Warum bin ich so traurig?
Sehe ich auch mich?

Spürst du die Nähe,
still, ohne laute Worte?
Sende dir Wünsche.

Spürst du das Dunkel?
Leicht ist sicher nicht dein Weg.
Lass dich begleiten.

Liegst hier und wartest.
Deine Atmung wird schwerer.
Nimm mich in dein Reich.

In dir ist Ruhe.
Rast vor einem großen Weg.
Kannst du loslassen?

Ich schaue dich an.
Dein Tempo verringert sich.
Wann bist du am Ziel?

Licht und Sonnenschein.
Siehst du die Blumenwiese?
Bald ruhst du in ihr.

Bin dein letzter Gast
an deinem schönen Feste.
Schenke dir Frieden.

Ein neuer Anlauf.
Atmest schnell und viel tiefer.
Ein letzter Versuch?

Wandre auf Blumen,
bunt, fröhlich, weich und verspielt.
Singen mir mein Lied.

Nimm mir die Ängste.
Erzähl von deiner Reise.
Ich bin neugierig.

Blickst in die Ferne
mit gebrochenen Augen.
Ich bete für dich.

Sanftes Licht erstrahlt.
Regenbogenfarben zart
streicheln dein Gesicht.

Geburtstag heute
und Ende deines Lebens?
Kommen und Gehen.

Unter meiner Hand
kalter und klebriger Schweiß.
Warum wehrst du dich?

–

–

So viele Tote,
begleitet mein Leben lang,
immer noch – Herz-Schmerz.

Anmerkungen

1 Lenz, Friedel, Bildsprache der Märchen, Stuttgart 1984
2 Kast, Verena, Mann und Frau im Märchen, München 1987
3 Eymann, Fritz, Die Weisheit der Märchen, Basel 1980
4 Hetmann, Frederik, Märchen und Märchendeutung, Klein Königsförde 1999
5 Sanders, Barry, Der Verlust der Sprachkultur, Frankfurt 1995
6 Hetmann, Frederik, Märchen und Märchendeutung, a. a.O.
7 Walker, Barbara G., Das geheime Wissen der Frauen, München 1995
8 Eliade, Mircea, Kosmos und Geschichte. Der Mythos der ewigen Wiederkehr, Reinbek 1966
9 Francia, Luisa, Die schmutzige Frau, München 1992
10 aus: Mascha Kaléko
11 Biedermann, Prof. Dr. Hans, Knaurs Lexikon der Symbole, München 1989
12 Francia, Luisa, Eine Göttin für jeden Tag, München 1996
13 Herder-Lexikon, Symbole, Freiburg i. B. 1978
14 Francia, Luisa: Eine Göttin für jeden Tag, a. a.O.
15 Biedermann, Prof. Dr. Hans, Knaurs Lexikon der Symbole, München 1989
16 Patricia Monaghan, aus: Lexikon der Göttinnen. © O. W. Barth, Bern 1997. Alle Rechte vorbehalten S. Fischer Verlag GmbH, Frankfurt am Main
17 Kübler-Ross, Elisabeth (Hrsg.), Reif werden zum Tode, Stuttgart 2004
18 Ruland, Jeanne, Krafttiere begleiten dein Leben, Darmstadt 2004, S. 300
19 Johnson, Buffie, Die große Mutter in ihren Tieren, Göttinnen alter Kulturen, Olten und Freiburg 1990
20 Kübler-Ross, Elisabeth (Hrsg.), Reif werden zum Tode, a. a.O.

Stichwortverzeichnis

Die Stichwörter beziehen sich auf die jeweiligen Märchen im Buch

Danke!

Zahlreiche Menschen haben mitgewirkt, dass dieses Buch überhaupt entstanden ist. Allen voran möchte ich meiner Agentin Christina Rakebrandt danken. Sie war es, die mir diesen »Floh ins Ohr« gesetzt hat. Mit ihrem persönlichen Engagement und ihrer Herzlichkeit hat sie mir die Kraft geschenkt, mein erstes Buch zu veröffentlichen. Ich danke Herrn Timmermanns vom Hospizverlag, mit dem die ersten praktischen Gedanken gesponnen wurden, und Hannelore Sommer, die mit ihrer jahrelangen Erfahrung in der Hospizarbeit einen wesentlichen Beitrag zu diesem Buch geleistet hat. Binnen kürzester Zeit hatte sie ihre Fallbeispiele rekonstruiert und mir damit wunderbare Anregungen für die Übungen und Gedanken gegeben.

Lisa Becker-Saaler, der dieses Buch in tiefer Verbundenheit gewidmet ist, hat mich durch diese Arbeit begleitet. Sie hat im Sterben Abschied genommen, Unerledigtes geklärt und mir einen neuen Zugang zum Leben geschenkt. Die Teilnehmer/innen meiner Seminare »Seelenbilder im Märchen« haben mich ermutigt, auch gegen Widrigkeiten anzugehen und mich in meinen Fähigkeiten gestärkt. Mein Partner Gerhard Bosche hat mir für die kreative Arbeit den Rücken freigehalten und meine Lektorin Marlene Fritsch hat mit ihrer Frische die kleinen Hürden aus dem Weg geräumt. Die Gespräche waren belebend, intensiv und bereichernd. Ich danke meinen Zuhörerinnen und Zuhörern, die beim Erzählen der Geschichten in die Seelenbilder der Märchen eintauchen, und den Lesern und Leserinnen dieses Buches, die bereit sind, sich von der Kraft der Märchen berühren zu lassen. Zu guter Letzt danke ich den Märchen, die mir schon in jungen Jahren Wegweiser für mein eigenes Leben wurden und mir Zugänge in die magische Welt der Wirklichkeit schenken.

Märchenauswahl

Brüder Grimm, Kinder- und Hausmärchen, Ausgabe letzter Hand: **Der Gevatter Tod, Die Boten des Todes, Frau Trude, Dornröschen, Frau Holle, Das Totenhemdchen, Die Lebenszeit, Die Sterntaler**

Hans Christian Andersen
Das Mädchen mit den Schwefelhölzern, Die Teekanne

Juan Holgado und Frau Tod, Caballero, Fernan:
Nach den von Fernan Caballero gesammelten Originalen ins Deutsche übertragen von Wilhelm Hosäus. Paderborn: Ferdinand Schöningh, 1862
Frau Holles Apfelgarten, aus: Früh, Sigrid: Rauhnächte, Märchen, Brauchtum, Aberglaube, © Stendel Verlag, Waiblingen
Der Tod im Pflaumenbaum, Frankreich; Fassung: Jana Raile. Dieses Märchen ist weit verbreitet, und ich habe es in Varianten von vielen Erzählern gehört.
Der Mutter Fluch und Segen, Früh, Sigrid: Märchen von Müttern und Töchtern, mit freundlicher Genehmigung der Autorin
Orpheus und Eurydike, Griechenland; Fassung: Jana Raile
Lemminkäinen, Finnland, aus der Kalevala; Fassung: Jana Raile
Schneekindlein, Russland; aus: Die schönsten Weihnachtsmärchen, © Eugen Diederichs Verlag, München 1999
Nachtfalter, weit verbreitete Sufi-Geschichte
Der selbstsüchtige Riese, Oscar Wilde
Das weiße Steinkanu, Knortz, Karl: Märchen und Sagen der Indianer Nordamerikas, Jena 1871
Der Engel des Todes, aus: Galin-Chanom, Maschdi: Wenn der Esel singt, tanzt das Kamel – Persische Märchen und Schwänke, © Hugendubel Verlag, München
Der Samurai, Japanisches Märchen, mündlich

Die Flucht, Orientalische Geschichte, mündlich

Die drei Spiegel der Zauberin, Sigrid Früh, aus: dies., Märchen von Hexen und weisen Frauen. © Fischer Taschenbuch Verlag GmbH, Frankfurt am Main 1986

Was die Menschen brauchen, Philippinisches Märchen

Das Paradies der Tiere, aus: Berger Herbert: Heiteres und Besinnliches, © Pattloch Verlag, Aschaffenburg

Die Alte und das Feuer, Märchen aus der Provence

Literatur

Bellinger, Gerhard J., Knaurs Lexikon der Mythologie, München 1989
Biedermann, Prof. Dr. Hans, Knaurs Lexikon der Symbole, München 1989
Brockhaus Lexikon, München 1982
Duden, Redewendungen und sprichwörtliche Redensarten 1998
Eliade, Mircea, Kosmos und Geschichte. Der Mythos der ewigen Wiederkehr, Reinbek 1966
Eymann, Fritz, Die Weisheit der Märchen, Basel 1980
Francia, Luisa, Die schmutzige Frau, München 1992
Francia, Luisa, Eine Göttin für jeden Tag, München 1996
Herder-Lexikon, Symbole, Freiburg 1978
Hetmann, Frederik, Märchen und Märchendeutung, Klein Königsförde 1999
Johnson, Buffie, Die große Mutter in ihren Tieren, Göttinnen alter Kulturen, Olten und Freiburg 1990
Kast, Verena, Mann und Frau im Märchen, München 1987
Kübler-Ross, Elisabeth (Hrsg.), Reif werden zum Tode, Stuttgart 2004
Kübler-Ross, Elisabeth, Interviews mit Sterbenden, Stuttgart 2001
Kübler-Ross, Elisabeth, Über den Tod und das Leben danach, Güllesheim 2002
Kübler-Ross, Elisabeth, Was können wir noch tun?, Stuttgart 2003
Lenz, Friedel, Bildsprache der Märchen, Stuttgart 1984
Monaghan, Patricia, Lexikon der Göttinnen, München 1997
Röhrich, Lutz, Lexikon der sprichwörtlichen Redensarten, Freiburg 1991
Ruland, Jeanne, Krafttiere, Darmstadt 2003
Sanders, Barry, Der Verlust der Sprachkultur, Frankfurt 1995
Walker, Barbara G., Das geheime Wissen der Frauen, München 1995
Wittmann, Ulla, Ich Narr vergaß die Zauberdinge, Freiburg 2006
Zeitenschrift, Nr. 51, 3. Quartal/06, CH-Rotkreuz